附录一　本卷洞窟调查记录文献摘录

（一）斯坦因著，中国社会科学院考古研究所主持翻译《西域考古图记》摘录

Ch. IX〔敦编第256窟〕

……大石窟 Ch. IX（附图 45）是后来修复的，其入口比目前的地面高很多。在这个窟里，我只能拍摄下来过道南墙上画的成队的菩萨像，他们衣袂飘飘，服装为深棕色和绿色（插图 225）。……

说明：1）摘自：〔英〕奥雷尔·斯坦因著，中国社会科学院考古研究所主持翻译《西域考古图记》（Aurel Stein, *Serindia*, Detailed Report of Explorations in Westernmost China）第二卷第二十五章第一节，广西师范大学出版社，桂林，1998年12月，第518页。“附图 45”，敦煌千佛洞 CH. IX、X、XII、XV 石窟佛殿平面图，第三卷第 45 页。“插图 225”，第二卷插图 225. 千佛洞 CH. IX 洞窟甬道南壁蛋彩壁画。

2）斯坦因的洞窟编号，以“Ch.”表示。增注敦煌研究院编号，简称“敦编”。

千佛洞 Ch. IX 洞窟甬道南壁蛋彩壁画
（斯坦因《西域考古图记》插图 225.）

CH. IX

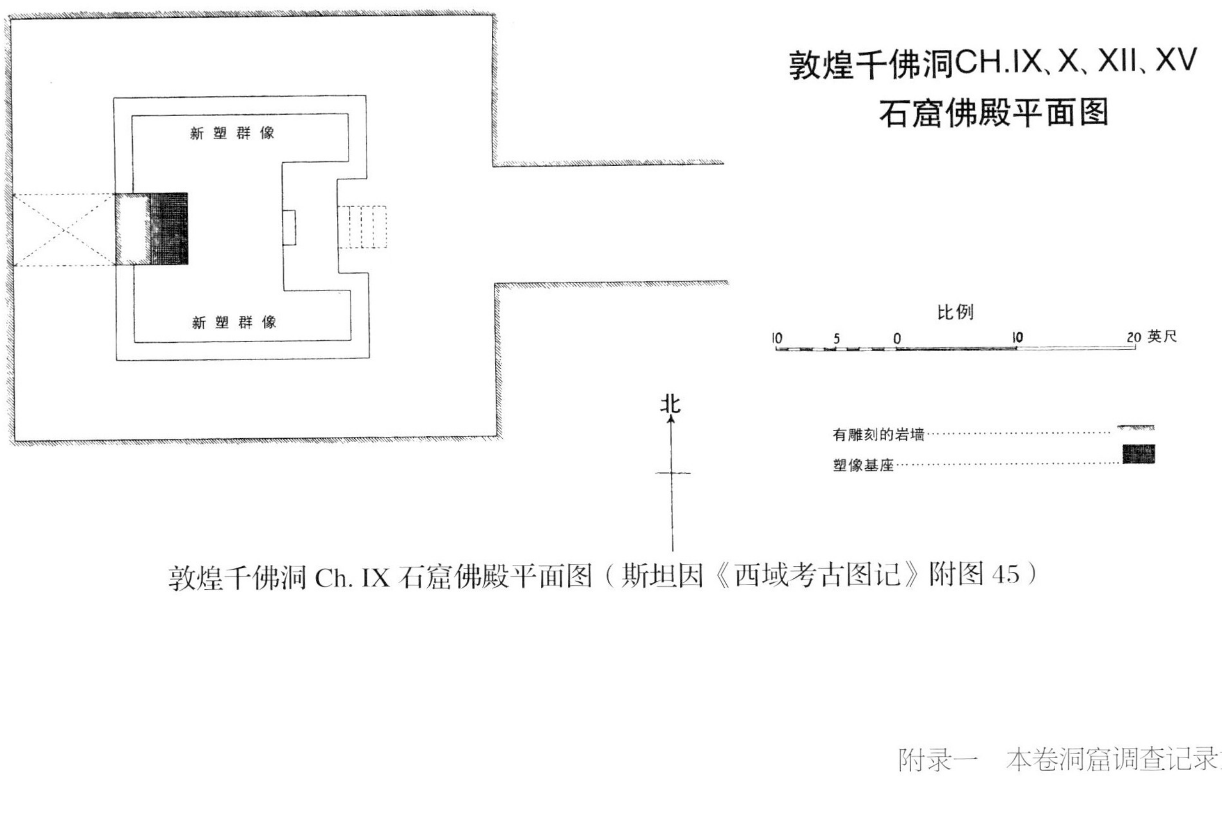

敦煌千佛洞 Ch. IX 石窟佛殿平面图（斯坦因《西域考古图记》附图 45）

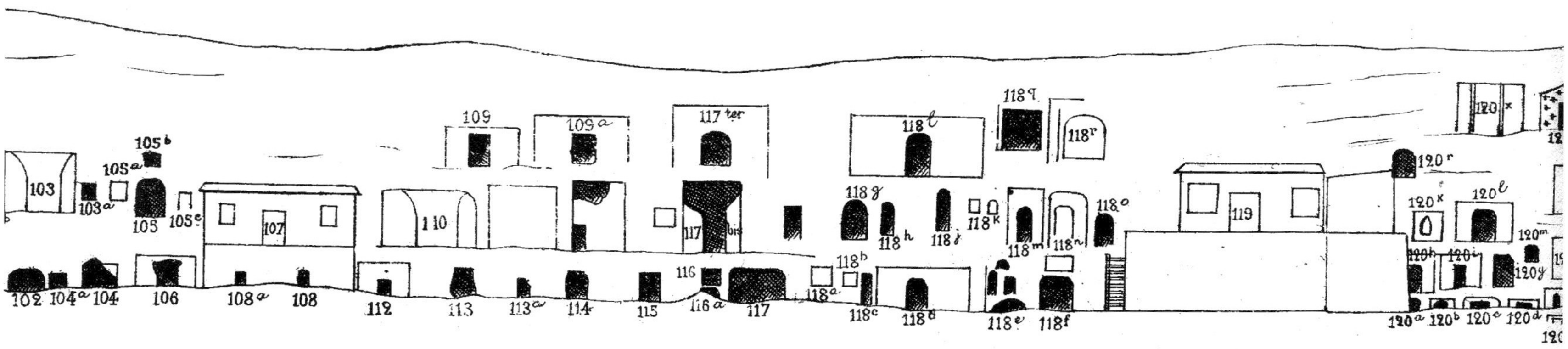

敦煌莫高窟洞窟立面图（伯希和 1908 年绘，部分）

（二）伯希和著，耿昇、唐健宾译《伯希和敦煌石窟笔记》摘录

第 107 号洞〔敦编第 256 窟〕

洞子很大，属常见风格。过道里装饰有几身菩萨。洞子中完全由佛像装饰，所有的佛像都相同。

中央佛坛上的彩塑已重塑，其中也包括底座（而且也如同前厅一样）。

前壁进口方向的左侧：可以看到两名供养人及其题记：

1．“皇祖墨釐军诸军事……银青光禄大夫检校……中书令……慕（？）容（？）中盈”

2．“窟主玉门诸军事守玉门使君银青光禄大夫检校□□校尉兼御史大夫上柱国□容歸长（？）”。

在第一条题记框中，我区别出了一条西夏文的游人题记。在第二条题记框中，一条回鹘文题识占满了汉文题识的两端。

在上部的画面中，我读到了一条字体写得很黑的游人题记，我不相信它有如此古老。该题记从第二行开始：

“此归字补写

大元国西夏寺住僧十五人”。

在这个画面的右上角，我辨认出了一条非常模糊不清的汉文游人题记。

右前图：其中包括两条女供养人的题记和一条男供养人的题记：

1．“皇太（？）谯郡夫人……一心供养”。

2．“窟主娘子阎氏一心供养”。

一条蒙文——回鹘文题识写于汉文题识各端的第二个题识框内。在题识框的下部用更黑的墨笔写下了共分成三行的十几个西夏字。第三条题识：“男节度都头银青光大夫检校左散骑常侍御史大夫慕容贵文（？）”，其中遗漏了一个“禄”字。我从中辨认出了一条汉文游人题记：“郎是大宋国至正十三年六月”。

在这幅画面的左上角有一条非常模糊不清的汉文古题记。

由洞顶脱落的泥片可以使人看到一层完全模糊不清和更为古老的装饰画。左部第一个榜题框中有一个西夏字（见笔记本 B—80）。

右部第二个女供养人题识中仅存在有前几个字（见笔记本 B—80）。其它字都非常模糊而使我无法释读。

在过道的右侧有两条蒙文游人题记。

……

第 110 号洞〔敦编第 257 窟〕

它与上洞属于同一风格。应拍摄佛坛的各部分和围绕着厅子齐胸高处所有画面，它们都非常奇怪。

它属于纯洁的第 101 号洞风格和第 97 号洞的古老风格，但在上部脊顶有一个小平台。这个小平台和洞顶其它平坦的部分形成了藻井，在每个藻井上都画有悬梁，往往还具有中心圆洞顶。

古代绘制的供养人画像围绕着小佛坛，画在把上下两部分分开的小凸边之上。其题识都不堪卒读，完全如同壁画中千佛的题识一样。相反，一行具有常见风格的供养人占据了佛坛前壁的反曲线葱形装饰之下。这些人都是一个社的成员，我还可以读出："社子高宝尊（？）"。

第 111 号洞〔敦编第 259 窟〕

还应拍摄叶饰形等图案的一些照片。它与前一个洞属于同一种风格，与第 101 号洞的纯洁风格属同一类。其类型原则上与第 97 号洞相同，带有一个以横向升向前部的加高的洞脊。但其建筑没有继续完成，所以佛坛仅有一个正面，两侧的过道刚刚开始。带有藻井和绘有悬梁的洞顶的一段平坦处已坍塌。它在很古老的时候，即在常见风格的最末一个时代曾重新修理过，绘有古老风格的 1 尊正在奇怪地发愿的和尚。

在佛坛上，我们将会发现有两尊并排坐着的佛陀，这就使人想到了第 97 号洞佛坛正面的布局。

有关其光环和光轮情况，还应指出，我个人认为在古老风格中会发现过这样的光轮（见笔记本—82），而在常见风格中则非常多见。有关这些情况，见由努埃特拍摄的以水彩画形式染色的彩色照片。

说明：1）摘自：〔法〕伯希和著，耿昇、唐健宾译《伯希和敦煌石窟笔记》（*Grottes de Touen-Houang Carnet de Notes de Paul Pelliot*），甘肃人民出版社，兰州，1993 年 4 月，第 185 ～ 189 页。

2）文中使用伯希和自己的洞窟编号。摘录时增注敦煌研究院编号，简称"敦编"。

3）伯希和《笔记》中的文字记录与其测绘图，在洞窟编号上有所出入，详情参见本附录之（十五）樊锦诗、蔡伟堂《重订莫高窟各家编号对照表》摘录。

（三）奥登堡著，季一坤译《敦煌千佛洞石窟叙录》摘录

107 号窟〔敦编第 256 窟〕

前室有新的窟前建筑，曾有坍塌的楼梯通向此处，屋顶（椽木上覆以芦苇）已坍，上面还留有旧顶的痕迹并有绘画，室顶尚可见带有浮塑棋格的团花，大概原曾泥金，室顶向上弯曲，有上端图案和佛珠。

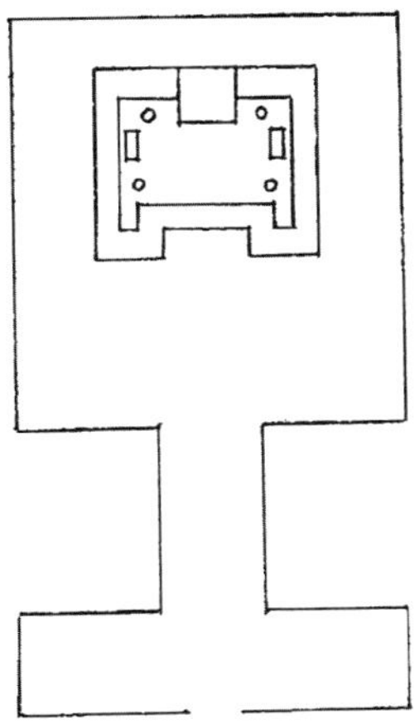

I、II 涂满墙泥。III、IV 尚可分辨，曾有很大的文殊和普贤及侍者。

一般甬道，很长，E、F 各有八个立姿大菩萨，黑绿色。d1、d2 有上端图案［垂幔］，d 为团花及十字。

A、B、C 为莲华座［千］佛，一般黑绿型，绿底色。D1 有同样佛陀及两红色供养人，D2 有佛陀及两供养人，头饰有凤凰，浮塑泥金。

覆斗顶，方格团花图案。藻井已全部剥落。

佛坛上还有第二层佛坛，两［层］皆有一般浮塑图案。龛下［下层］有［壸门］伎乐。［上层］佛坛有两力士及夜叉。

上层佛坛有画，［壸门内］诸天、花卉、珊瑚、各种乐器、佛珠，并不都很清晰。有莲华座佛塑像，裸双脚，［右手］无畏印，［左手］与愿印，重新着色。佛座［腰部］前有花卉，后有狮子。年少弟子、合十，年老弟子、双手交叠。两白色的中原式莲华座菩萨，右边的持经卷，左边的持……。右方佛［菩萨］座下面前有狮子，两边有鹿及奔马。左方：前有狮子，两边有鹤（？）于树上，及奔牛。此乃某一画匠的粗劣新作。略远更各有一立姿塑像，白色菩萨或提婆，右边的持珊瑚于黄色盆中，捧盆之手裹于巾中；左边的持红花于蓝色盆中，手同样裹于巾中。塑像皆是新的，但并不很坏，除佛陀以外都是纯中原式的，佛陀看来是重绘了的。

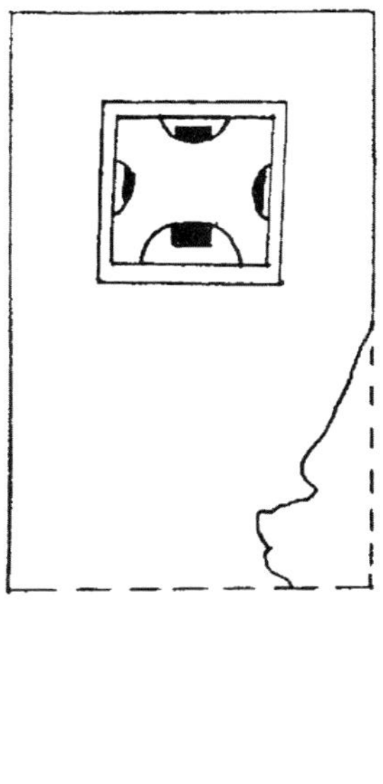

……

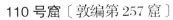

110 号窟〔敦编第 257 窟〕

唐代旧窟。D 墙、C 墙部分、B 墙少许以及人字披顶的前披都已坍毁，这么一来通常也就不存在前

室和甬道了。

B、A、C 墙的构图如下：从下面起：力士，几条碎块［分段边饰］图案，然后，B、C 墙的窟顶处各有一大画［说法图］，以一同样的图案将画和图案条隔开，从图案条至上直达窟顶。C 墙［说法图］已毁掉一半，只见一佛头部，看不清坐的姿势及手印，火焰佛光，华盖，右边有画像残迹，此画像比下述十三提婆［菩萨］和三个纵列飞天略大一些。B 墙有一立佛，看不清右手，因右侧已擦掉，左手提衣，华盖，火焰佛光。右侧隐约可辨一画像，略大于其他的，比丘……接着某一弯腰人物，还有十一……画像，按墙皮上的佛光残迹便可确定。左边有一大金刚手菩萨，双手执金刚杵，九提婆［菩萨］，三［六］飞天。右边亦如是。B、A、C 墙的这一部分已换成［中部为］小千佛，在 A［B、C］墙小千佛中间［各］有一小画［说法图，A］：莲华座佛，右手抬起，掌心向外，略向一侧（非无畏印），左手提衣，华盖，两菩萨，莲花中两人头［化生］，佛座上有简单图案。上有千佛，一般的垂幔或方块、椽木，房屋中或洞窟［天宫］中有提婆［天宫伎乐］。上面有一条浅蓝色图案。千佛之下沿 B、A、C 墙有一整条小故事画。A 墙一半及 C 墙共有十五组（A 墙四组，C 墙十一组），画的是须摩提女因缘（Sumāgadhā vadāna），每幅皆有榜题（抄录，有的要拍照）。接着 A 墙有六幅（榜题），鹿的本生经（比较巴赫特 Bharhut，我确定为渡河）。C 墙有四幅，第一幅已熏黑，只见一树、一茅舍、一人物。接着一比喻故事［沙弥守戒自杀因缘］（avadāna），120n 窟 B 墙也有此画，画的是某人出家为僧，而其妻或母则为此而悲伤，有六或七幅，而且很可能那女子也削发了。

中心塔柱周围窟顶为方格团花：B、C 方向各四个，A 和前方各两个，共十二个，皆有画像（见照片）。近中心塔柱一边的斜披［西披］以红色椽木分成十六椽间，每间下方各一提婆［菩萨］。上有弯曲莲梗上的莲花。两披之间有一条［脊枋］图案，上画同样方格莲花（略小），两边有泥塑绘画梁木，损坏较大，看不清有多少方格莲花。中心塔柱下开四龛，上开三龛。D1 弥勒座佛，双手已毁坏，但可确定为无畏印和与愿印，脸部已毁坏。佛光，内圈莲花中有头［化生］，外圈有飞天（见 105 窟）。［两侧］四飞天，二十个立着的提婆［菩萨］，下边各有模式的图画，佛座上有看不明白的画迹。中心柱［龛口外沿］有浮塑边框［龛柱、龛梁、龛楣］，每一方框中有［柱头各绘］一绿色鹦鹉（阿弥陀佛），龙［首龛梁］，有图案条与之交织成辫状（龙贝格处有没有？），其上方［龛楣］有火焰，里面有一条莲花图案：［中部］有人物从莲花中露出半身［化生］，两手于两边执花茎。右边的执箜篌［琵琶］和笛子。左边的执鼓和笛子（半身）。龛之左右各有一天王，第［右边］一个已毁，上方贴有影塑小像。

B1 龛有苦修像，工艺很差，无头。［龛外］浮塑树木，然后绘画。佛光，四菩萨，火焰，花卉。龛两侧各有两立姿菩萨，所有下边［层］的三佛龛两侧皆有此菩萨。

C1 龛莲花座佛，双手置腹上，无头，火焰佛光；四菩萨，花卉，浮塑边框［龛柱、龛梁、龛楣］：立柱，树叶，辫状火焰。

A1 龛，完全同于 C1，只［龛楣］没有火焰却有一条莲花［忍冬］图案，看不清画像，已被擦掉。A1 上龛亦和 C1［A1 下龛］相同，有一条莲花［忍冬］图案，［龛内画］两菩萨，莲花中两头［化生］。B1 龛、C1 龛皆有菩萨在房舍［阙形龛］中。B1 处的，把右脚放在左脚下［腿上］边，忧郁状，偏头，以手托之。［龛内］-a- 处有火焰圆光，两菩萨，-b-、-c- 各有一菩萨，莲花中一头。C1 处的坐姿，两脚下端相交，双手已折断，没有有头的莲花，其余跟 B1 相同。上边全都是影塑的诸天［菩萨］，持花，祈祷状，贴于中心柱上。塔柱凸沿［座沿］画供养人，被擦掉并乱涂了，下边有几条图案，底下前方看不清，A1 处有两个画得很好的古老的长狮子［虎］，伸出长舌，看来 B1、C1 处亦曾有过，现已无存。

B 和 C 墙有两幅几乎相同的小画［说法图］：佛立于塔内（B 墙的结转法轮印，C〔墙〕的抬［右］手，掌心向外，另一手置一边，两提婆［菩萨］，莲中有两头［化生］），后面有很多火苗，有白色的、绿色的、黑一绿色的，从塔上有彩带向两边飘去。

照片

俄罗斯考察队

2490—49、50、52、55、56、57、58、59、60、72、73、74、75、76、77、78、79、80、81、82、181、185、186、187、222、223、604、605、606

伯希和考察队

CLXXXIX-CXC

……

110a 号窟〔敦编第 259 窟〕

双佛窟（见……）

唐代旧窟，前面部分已毁，相当部分的 B 墙亦随之失去。窟内多佛龛，至少有十四个（含 A 龛），D 墙是否也曾有过佛龛，便不得而知了。

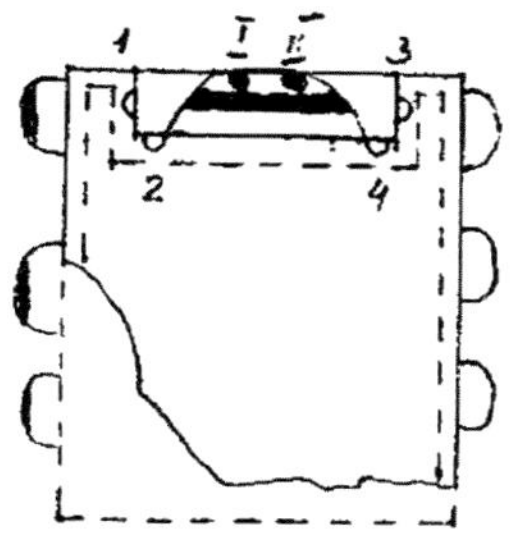

A 处几乎整个为一很宽的塔柱所占，塔柱不深，亦无环形道，周围有放塑像的凸沿；中间有一不深的小龛，里面一椅上作游戏座，有释迦牟尼（Sākyamuni）佛和……［多宝佛］，但不是像通常那样面对面，而是正面坐着，右手结无畏印（从观者方向看右边佛的此手已断，就是说左边佛的左［右］手已断），左手置膝上。火焰佛光，华盖。华盖上方两边各有五飞天。佛龛［内］每边各有六提婆［菩萨］，此外，在佛陀之间，华盖之下，佛光之上，每一佛皆有一提婆。边框不是柱形而是很窄的一条图案，严重被擦，辫状交缠的顶端是一布结团花［浮塑龛柱，采帛龛梁］。在其上方有一条火焰莲花图案［龛楣］，像通常一样，都已重修过。莲花图案的中间有一人［化生］自莲花中出，双手抬起，两边各有三人［化生］一头自莲花中伸出，交替画出空［无人物］的莲花和有人物的莲花。在佛龛两边，以及在塔柱两边，B1、C1 处，各有一立姿菩萨（共四身），并有一排散花或祈祷的诸天影塑贴于柱上。每一凸檐边上有普通图案，下面可能是力士，就像屏风处的一样，因保存极少，无法断言，但由于檐边一直延续到 A1、A2、B 墙、C 墙，而这些地方下边皆为力士，故推断塔柱之下亦为力士。

A1、A2 的凸檐之上由小佛（四种：红、黑、绿、蓝）。如按 C 墙推断，B 墙下亦应有三龛，上边可见有三残迹（对面 C 墙有四龛）。下面龛中曾有佛及两菩萨。边框［龛口沿］为相同的柱形，大同小异，C 墙有两种形式，第一种的画有龙，第二种的画有叶子［忍冬］，辫状，图案条［龛梁］，火焰［边饰］之下各种图案条［龛楣］，火焰也是各种各样的。在 A1 和佛龛之间有小千佛。壁龛 B1［B 下层西起第一龛］的佛陀，头略向下倾，右手抬起，已折断，左手置膝上，莲花座。两个菩萨的塑像中保存有左面的一个。［佛光两侧］画有圆光，里面两个有头的莲花［化生］，并有两模式的莲花。壁龛［东侧，即第一、二龛］之间有八个提婆，下四个站着，上四个坐于空中。龛 BII［西起第二龛］只剩边框之一块残迹。龛中各有四提婆。上边有圆形凸檐呈辫状。其上方从 A 到壁龛 I［西起第一龛之间］有小千佛。龛呈房舍状，现房顶已毁。四个柱子（每边两个）的柱头，各有一小鸟图案。下边［龛内］菩萨交脚而坐，有带花纹的圆光，上边顶上［龛顶背光两侧］各有一莲花，两边墙上各画一菩萨，双手合十。［第一、二］壁龛之间下方有四提婆［菩萨］，上面有一飞天。第二龛同样如此，但菩萨双手已断，墙上里面［龛内壁背光两侧］各有两［菩萨］像。第三龛大一些，按 C 墙同样窟［龛］估计，此地曾坐一“忧郁型”菩萨，曾有画。龛顶有两诸天。［有塑像］的背屏，背屏上方有两像。龛上方正好是人字披顶的三角形正中间，所以上面就有个莲华座像，结说法印，八个侍者，右边两个已毁坏。II、III 佛龛之间有七个提婆。

C 墙亦大同小异，下边［层］有三［龛，内有］佛陀，中间是弥勒座佛，并有四个在上面［上层有四龛］。C 墙的保存好一些，见照片。

塔柱周围三面窟顶上是普通的方格团花。塔柱前面的顶上，人们曾试图用粗劣的红－绿色莲华座佛来代替那些方格［莲］花结。前面是中间有木梁［浮塑脊枋］的人字披顶，每披有九个椽间，靠塔柱方向里面［西披椽间］有三飞天，……［东披椽间绘］弯弯曲曲的莲花梗及莲花，上面的花上坐着诸天［供养 菩萨］，下面的已毁了。

说明：1）摘自：〔俄〕奥登堡（С. Ольденбург）著，季一坤译〈敦煌千佛洞石窟叙录〉，俄罗斯国立艾尔米塔什博物馆、上海古籍出版社《俄藏敦煌艺术品》第 6 册，上海古籍出版社，上海，2005 年 10 月，第 153 ～ 159 页。

2）文中大多使用伯希和洞窟编号，但不尽相同，经奥氏自编。译者加注敦煌研究院编号，以“D.”表示，此改为“敦编”。

3）文中使用拉丁字母、希腊字母及罗马数字表示窟内的不同部位，例如以 A、B、C、D 表示西南北东四壁，E、F 表示甬道南、北壁，α、β、γ、δ 表示窟顶四披，d 表示甬道顶的正脊，d1、d2 表示甬道顶的南北两披，-a-、-b-、-c- 表示西壁龛内西、南、北壁，罗马数字表示前室的壁面，等等。详见该书中的洞窟部位示意图及方位代号说明。

4）原文中叙述多有缺漏、不完整或含义不清之处，译者尽量在“［ ］”号内加以说明和补充。

（四）张大千《漠高窟记》摘录

第二百四十二窟〔敦编第 259 窟〕北魏

窟前半，已崩毁。积沙深数尺。顶崩毁顶前半，如作船篷式。

佛龛　西壁正龛一，南、北壁上四龛、下三龛。南壁、东首上下二龛，俱毁。北壁上、东首一龛，毁。下、东首一龛，略毁。上龛、有屋椽，以木为斸工。

西龛　高五尺六寸，深二尺四寸半，广五尺三寸半。

北壁、上龛、自西至东

第一龛　高一尺八寸，深六寸，广一尺七寸。

第二龛　高二尺有半寸，深六寸，广一尺七寸半。

第三龛　高二尺五寸，深七尺，广三尺一寸半。

第四龛　毁

南壁、诸上龛，尺寸同北壁上龛。

北壁下龛，高三尺三寸，深一尺一寸，广三尺一寸。下龛旁、双龙。

南壁诸下龛，尺寸同。

塑像：

西龛　释迦、多宝、二区，高四尺一寸，左、右胁侍二区，高三尺八寸。

北壁、上龛一　菩萨一区，高一尺七寸。

二　菩萨一区，高二尺一寸。

三　菩萨一区，高二尺三寸。

南壁、上龛，塑像同。

北壁、下龛　本尊，各一区。高一尺五寸。胁侍二区，高二尺二寸。

影塑、千佛　剥落。

画记：

诸菩萨

西龛内、十二身

北壁上龛、九身　剥落

北壁龛旁、十一身

南壁上龛内、六身

南壁上龛旁、十身

南壁下龛旁、八身

北壁下龛旁、十四身

屋顶上、东半　剥落

贤劫千佛　西、南、北壁

小佛、二铺　南、北壁、近屋顶处

飞天

西龛内、十身

北壁近屋顶处、八身

南壁、六身

屋顶上、西半　剥落

方格莲花、四角隙处、四飞天　窟顶

夜叉　已剥落　南、北壁下

第二百四十三窟〔敦编第257窟〕北魏

半已崩毁，飘沙深积。高一丈三尺，广一丈八尺六寸。顶前半，作船篷式。正中、四面佛龛一座，高与顶接。东、西面广八尺二寸，南、北面广八尺六寸。

佛龛

西龛　高七尺一寸，深二尺三寸，广五尺五寸半。

南、西、北上各二龛，上龛有屋檐。

北上龛　高三尺，深八寸，广二尺七寸。

北下龛　高四尺二寸，深一尺一寸，广三尺。

东上龛　高二尺九寸，深八寸，广二尺七寸。

东下龛　高四尺一寸，深一尺一寸，广三尺。

南龛、同北龛

塑像：

西龛　本尊、高五尺七寸，龛旁、胁侍二身，毁。高三尺七寸。

北龛上　菩萨、二区，高二尺六寸。

北龛下　本尊，高二尺四寸，龛旁肱侍、四身，高三尺五寸，左二身、头毁。

东龛上　菩萨一区，高二尺二寸。

东龛下　本尊，一区，高二尺四寸，胁侍、毁。

南龛、同北龛

影塑、千佛　半已剥落　佛龛上、四面　原塑

画记：

佛、三铺　高二尺，广一尺五寸。　西、南、北壁中

佛、二铺　残毁　南、北、前半壁

佛经故事三段，高一尺九寸，广二丈一尺二寸。　西、南、北壁　西壁壁画，广与壁同。

北壁、画十一菩萨，骑龙、凤、狮、象、牛、马等。

南壁　削发、等

西壁　鹿女、等

诸菩萨

西壁上、十六身　南壁上、廿三身　北壁上、二十身

西龛内、二十身

东、南、北（壁）上下、龛内各六身

贤劫千佛　西、南、北三壁上半

夜叉　西、南、北三壁下　剥落

窟顶、大半已毁，南首、尚有一方格，内画绿水萍藻，四人裸泳其中。

第二百四十五窟〔敦编第256窟〕晚唐 宋

洞口　高一丈二尺三寸，深一丈七尺六寸，广九尺九寸。六角顶。窟前、窟檐，后建。

洞内　高一丈六尺三寸，深三丈六尺八寸，广三丈二尺八寸。顶、崩毁。

佛龛　高三尺四寸，纵一丈七尺，横一丈八尺一寸。（此系佛台）

塑像：七区，新塑。

画记：

菩萨、十八区　高五尺二寸　洞口、南、北壁

千佛、四壁　西壁，残毁。

团花、方格　残顶　洞口、顶

供养人像：

东壁、右下、洞口旁男像二身，北向立。

第一身　高三尺八寸，朱衣、束带，捧香炉。　题名：

皇祖、墨釐軍諸軍事（中缺）光祿大夫、………

第二身　同第一身。执笏。　题名：

窟主、玉門諸軍事守玉門使君、銀青光禄大夫、檢校尚書左僕射、兼御史大夫、上柱國、慕容言長。

东壁、左下、洞口旁女像二身，男像一身，南向立。

第一身　高四尺四寸，凤冠、朱衣，捧香炉。题名：

皇………………

第二身　同第一身。　题名：

窟主、娘子閻氏，一心供養。

第三身　高及女像之半。　题名：

男、節度都頭、銀青光祿大夫、檢校左散騎常侍、□□史大夫、慕容貴隆。

说明：1）摘自：张大千《漠高窟记》，台北·故宫博物院，1985年4月，第491～498页。偶有排印错误，本卷编者予以订正。

2）文中使用张大千自己的洞窟编号。摘录时增注敦煌研究院编号，简称“敦编”。

（五）谢稚柳《敦煌艺术叙录》摘录

第二百四十二窟〔敦编第259窟〕北魏

洞前半已崩毁，洞中积沙数尺，顶已残毁，顶前半如屋顶。

佛龛：西壁正中有一龛。南、北壁，上有四龛，下有三龛。南上毁东二龛，南下毁东二龛。北上毁东一龛，北下东一龛略毁。上龛有屋檐，以木为斸工。西龛高五尺六寸，深二尺四寸半，广五尺三寸半。南上龛自西至东，第一龛高一尺八寸，深六寸，广一尺七寸。第二龛高二尺有半寸，深六寸，广一尺七寸半。南下龛自西至东，第一龛高三尺三寸，深一尺一寸，广三尺一寸，龛旁双龙。北上龛自西至东，第一第二龛，与南上第一第二龛同，第三龛高二尺五寸，深七寸，广三尺一寸半，北下诸龛，与南下第一龛同。

塑像：西龛，释迦多宝二区，高四尺一寸，胁侍二区，高三尺八寸，南上第一龛菩萨一区，高一尺七寸；第二龛菩萨一区，高二尺一寸；第三龛菩萨一区，高二尺三寸；南下诸龛本尊各一区，高一尺五寸，胁侍二区，高二尺二寸，龛上塑影壁千佛，剥落。北上诸龛与南上龛同。北下诸龛与南下龛同。原塑。

画记：

南壁

贤劫千佛。

小佛一铺及飞天六身（近顶处）。

菩萨十区（诸上龛左右帐门）。

菩萨八区（诸下龛左右帐门）。

菩萨六区（上二龛内）。

夜叉，剥落（诸下龛下）。

西壁

贤劫千佛。

菩萨十二区及飞天十身（龛内）。

北壁

贤劫千佛。

小佛一铺及飞天八身（近顶处）。

菩萨十一区（诸上龛左右帐门）

菩萨十四区（诸下龛左右帐门）。

菩萨九区，剥落（上三龛内）。

夜叉，剥落（诸下龛下）。

窟顶

菩萨，剥落（屋顶东半）。

飞天，剥落（屋顶西半）。

正方形中作莲花，四角内四飞天。

第二百四十三窟〔敦编第257窟〕北魏

洞前半已崩毁，半为沙没，高一丈三尺，广一丈八尺六寸，顶前半如屋顶。

佛龛：中央佛龛一座，高与顶接，四面造龛；东、南、北面，上下有二龛，上龛有屋檐。东上龛高二尺九寸，深八寸，广二尺七寸，东下龛高四尺一寸，深一尺一寸，广三尺。南上龛高三尺，深八寸，广二尺七寸，南下龛高四尺一寸，深一尺一寸，广三尺。西龛高七尺一寸，深二尺三寸，广五尺五寸半。北上下龛与南上下龛同。

塑像：东上龛菩萨一区，高二尺二寸。东下龛本尊，高二尺四寸，胁侍毁，南上龛菩萨一区，高二尺六寸，南下龛本尊，高二尺四寸，胁侍四区，高三尺五寸，左二区头毁。西龛本尊，高五尺七寸，胁侍二区，高三尺七寸，右一区毁。北上下龛与南上下龛同。佛龛四周塑影壁千佛，半已剥落。原塑。

画记：

南壁

贤劫千佛（壁上半）。

佛一铺，半毁（壁东）。

佛一铺，高二尺，广一尺五寸（壁中）。

菩萨二十三区（壁中上）。

佛传图，高一尺九寸，广一丈一尺二寸半（壁中下）。

夜叉，剥落（壁下）。

西壁

贤劫千佛（壁上半）。

佛一铺，高二尺，广一尺五寸（壁中）。

菩萨十六区（壁中上）。

鹿王本生，高一尺九寸，广与壁同（壁中下）。

夜叉，剥落（壁下）。

北壁

贤劫千佛（壁上半）。

佛一铺，半毁（壁东）。

佛一铺，高二尺，广一尺五寸（壁中）。

菩萨二十区（壁中上）。

十一菩萨骑龙凤狮象牛马等，高一尺九寸，广一丈一尺二寸半（壁中下）。

夜叉，剥落（壁下）。

中央佛龛

菩萨六区（东上下龛内）。

菩萨六区（南上下龛内）。

菩萨二十区（西龛内）。

伎乐飞天四身（西龛顶）。

菩萨六区（北上下龛内）。

窟顶大半已毁，南首尚有一方格，内作绿水萍藻，四人裸泳其中，极妙。

……

第二百四十五窟〔敦编第256窟〕晚唐　宋重画

洞口：高一丈二尺三寸，深一丈七尺六寸，广九尺九寸，六角顶，前有窟檐一间，后建。

洞内：高一丈六尺三寸，深三丈六尺八寸，广三丈二尺八寸，顶崩毁。

佛台：高三尺四寸，长一丈七尺，阔一丈八尺一寸。

塑像：七区，新塑。

画记：

东壁

千佛。

南壁

千佛。

西壁

千佛，残毁。

北壁

千佛。

窟顶

团花方格（残顶）。

洞口

菩萨十八区，高五尺二寸（南北壁）。

团花方格（顶）。

供养人像：

东壁

女像二身，男像一身，南向立（左壁下洞口旁）。

第一身，高四尺四寸，凤冠、朱衣，持香炉。题名：

皇………………………

第二身，尺寸服饰同第一身。题名：

窟主娘子閻氏一心供養。

第三身，高及女像之半。题名：

男節度都頭銀青光祿大夫檢校左散騎常侍御史大夫慕容貴隆………

男像二身，北向立（右壁下洞口旁）。

第一身，高三尺八寸，朱衣，束带，持香炉。题名：

皇祖墨釐軍諸軍事…………光禄大夫…………

第二身，尺寸服饰同第一身，执笏。题名：

窟主玉門諸軍事守玉門使君銀青光祿大夫檢校尚書左僕射兼御史大夫上柱國慕容言长……

说明：1）摘自：谢稚柳《敦煌艺术叙录》，上海出版公司，上海，1955 年 11 月，第 320 ～ 325 页。

2）文中使用张大千洞窟编号。摘录时增注敦煌研究院编号，简称“敦编”。

（六）石璋如《莫高窟形》摘录

C242 窟〔敦编第 259 窟〕

测期：民国三十一年（1942），八月十五日。

座向：东偏南 4 度，与 C240 窟同层之南（见图六（五）：C242）。

时代：北魏

（一）何：魏　　（二）谢：北魏　　（三）张：北魏

（四）录、宁：北魏（宋重修）　　（五）史：北魏　　（六）窟、表：魏

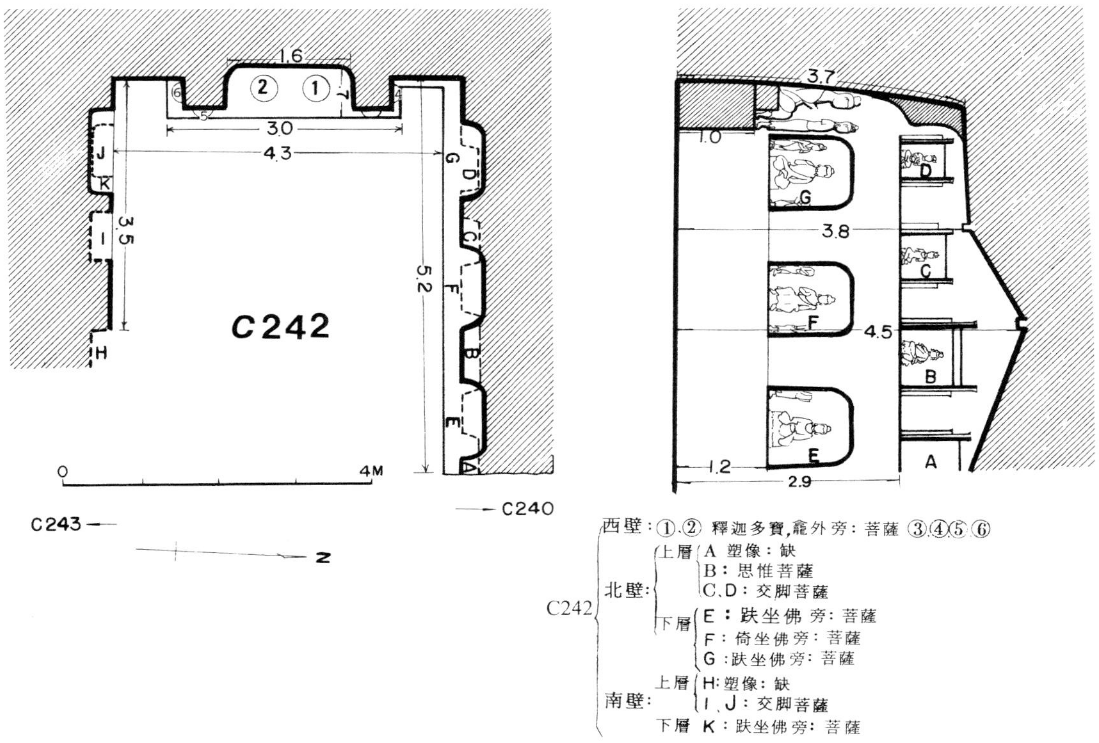

莫高窟 C242 平面及剖面图（《莫高窟形》图二〇二）

一、窟室

形制：丁中，近方（纵），前人后平多龛式（见图二〇二）。

前室：残毁无存。

门洞：残毁无存。

主室：东南隅残，东壁毁，现存南壁（东西）长 3.5 公尺，北壁（东西）长 5.2 公尺，西壁（南北）宽 4.3 公尺，约 22.36 平方公尺，合 6.76 坪。

窟高：壁高 3.7 ～ 3.8 公尺，连人字脊高 4.5 公尺，平均高 4.13 公尺。

窟顶：前人字后平顶。平顶两侧同为二方套圆图案，前坡椽各八根，中绘花草，惟不清。脊有架木梁痕。

容积：约 92.34 立方公尺。

二、龛坛

类别：壁龛

形制：西壁一龛，东西深 0.7 公尺，南北宽 1.6 公尺，计 1.12 平方公尺，合 0.34 坪。底平，高 1.0 公尺。北壁下层三龛为 E、F、G，距地面高 1.2 公尺；上层四阙形龛为 A、B、C、D，距地面 2.9 公尺。南壁上层残存三阙形龛为 H、I、J，下层残存一龛 K。依次叙述如下：

北壁：	号数	深	宽	高	平方公尺	坪	容积（立方公尺）
上	A	0.20	残	残	残	残	残
	B	0.20	0.90	0.80	0.18	0.05	0.14
	C	0.20	0.50	0.60	0.10	0.03	0.06
	D	0.20	0.70	0.60	0.14	0.04	0.08
下	E	0.50	1.00	1.00	0.50	0.15	0.55
	F	0.50	1.00	1.10	0.50	0.15	0.55
	G	0.50	1.00	1.10	0.50	0.15	0.55

南壁：	号数	深	宽	高	平方公尺	坪	容积（立方公尺）
上	H	残	残	残	残	残	残
	I	0.20	0.70	残	0.14	0.04	残
	J	0.20	0.80	残	0.16	0.05	残
下	K	0.50	1.00	1.10	0.50	0.15	0.55

塑像：应为三十二尊式。西壁龛内释迦多宝，二佛并坐屈膝相对（南屈左伸右，北屈右伸左）著红衣。龛外二菩萨，龛侧二菩萨。北壁自东起，上层阙形龛A：龛内塑像无存，阙形龛B：龛内思惟菩萨；阙形龛C、D内交脚菩萨。下层三龛自东起，龛E：内塑趺坐佛，西侧残存胁侍菩萨一身，龛F：内塑倚坐佛，两侧各有胁侍菩萨一身，龛G：内塑趺坐佛，两侧各有胁侍菩萨一身（见图版叁贰壹）。南壁残存上层三阙形龛自东起，龛H：已残，塑像无存，龛I及龛J：内各塑交脚菩萨一身，西端仅有一下层龛K：内塑趺坐佛，仅存西侧胁侍菩萨一身。

三、画题

画记：南、北二壁各龛外画菩萨立于各龛之两侧。西壁龛内二佛光上画飞天。

供人：不清。

题记：不清。

四、附洞

附洞：无。

五、窟积

本窟窟室面积残约22.36m^2，合6.76坪，容积约92.34立方公尺。

西壁龛室面积约1.12 m^2，合0.34坪。

南、北壁小龛洞室面积共计2.72 m^2，合0.82坪，容积约2.48立方公尺。

洞窟总面积：26.2 m^2。

坪数：7.92坪。

容积：约94.82立方公尺。

注：此窟可能原为中柱形，经宋代把后部封死，仅留东面一龛。其证据（一）后部为中柱形，由底至顶痕迹清晰。（二）中柱形为每面一龛，龛内为佛，龛外为菩萨，菩萨的数目为龛外两侧各一，其面向与佛同。此龛之外面除两侧各一菩萨面东外，其北面另一面北菩萨，南面另一面南菩萨有何用途，实即为南、北两龛之侧菩萨的遗留。（三）魏窟中柱前的中庭多为东西5.0公尺左右。此窟亦如此。（四）南侧的C243窟，北侧的C240窟均为中柱形而未改。或由于山基不固而塌毁，宋人把塌毁的部分堵塞，其前部虽经改修现又塌毁了。

C243窟〔敦编第257窟〕

测期：民国三十一年（1942），八月十六日。

座向：正东，与C242窟同层之南（见图六（五）：C243）。

时代：北魏

（一）何：魏　　（二）谢：北魏　　（三）张：北魏

（四）录、宁：北魏（宋重修）　　（五）史：北魏　　（六）窟、表：魏

一、窟室

形制：丁上，纵长，中柱龛后平前人字顶（见图二〇三）。

前室：无存。

门洞：无存。

主室：残存东西长9.90公尺，南北宽6.10公尺，计60.39平方公尺，合18.27坪。北壁残毁一部分，室内积沙。

窟高：壁高4.45～4.50公尺，前人字脊高5.30公尺，平均4.90公尺。

窟顶：窟前前部人字坡，脊部突出为平顶；东坡残毁一部分，椽间存莲花、西坡画供养天人持莲，惟均已模糊不清；后部平顶为二方相套图案，中心及四角为飞天。

容积：主室容积约295.91立方公尺，减去中柱所占容积48.97立方公尺，窟室实际容积为246.94立方公尺。

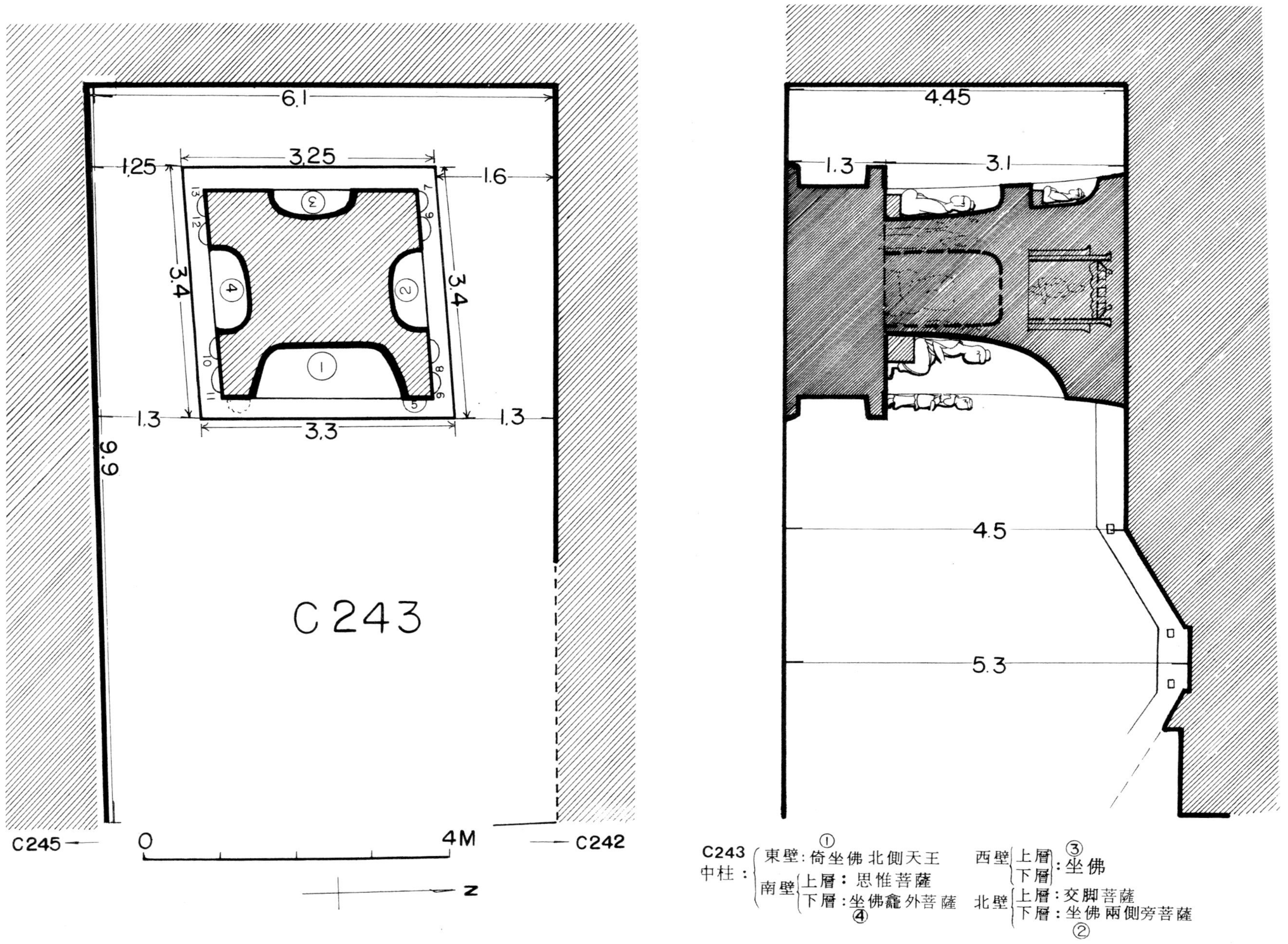

莫高窟 C243 平面及剖面图（《莫高窟形》图二〇三）

二、龛坛

形制：中柱七龛式。柱方形；东西长 3.40 公尺，南北宽（前）3.30 公尺、（后）3.25 公尺，计 11.13 平方公尺，合 3.37 坪。分三层；底层高 1.30 公尺、中层 1.9 公尺、上层 1.20 公尺。四面造龛。仅面东下层唯一层龛，其它三面均上、下两层龛，龛均浅小。上层南、北龛为阙形门，上西及下层龛为圆券门，并有浮塑龛楣。各龛度量如下：

面东龛	东西深 0.90 公尺	南北宽 1.90 公尺	高 2.40 公尺
面南下	东西宽 1.00 公尺	南北深 0.50 公尺	高 1.50 公尺
面南上	东西宽 0.80 公尺	南北深 0.30 公尺	高 0.80 公尺
面西下	东西深 0.40 公尺	南北宽 1.00 公尺	高 1.50 公尺
面西上	东西深 0.30 公尺	南北宽 0.80 公尺	高 0.80 公尺
面北下	东西宽 1.00 公尺	南北深 0.40 公尺	高 1.50 公尺
面北上	东西宽 0.80 公尺	南北深 0.30 公尺	高 0.80 公尺

容积：中柱约占 48.97 立方公尺。

塑像：应为二十七尊式。东向面龛内塑倚坐佛，龛外北侧塑天王（见图版叁贰贰），南侧缺。南面上层阙形龛内思惟菩萨，下层龛内坐佛无头。西面上层龛及下层龛各塑一坐佛。北面上层阙形龛内塑交脚菩萨，下层龛内坐佛。除东面龛外塑天王外，其余各龛外两侧均塑菩萨，惟西面两侧四菩萨全失。

三、画题

画记：南壁上画伎乐，中画毗卢舍那佛，后部为千佛中央“说法图”；下为沙弥守戒自杀故事。北壁上画伎乐，中“说法图”，后部千佛；下为须摩提女像故事（见图版叁贰叁）。西壁上画伎乐，中千佛，中央“说法图”；下鹿王故事。

供人：不清。

题记：不清。

四、附洞

附洞：无。

五、窟积

本窟窟室面积：60.39m²，合 18.27 坪，容积约 295.91 立方公尺。

（扣除中柱所占面积约 11.13 m²，合 3.37 坪，容积约 48.97 立方公尺）窟室实际面积为 49.26 m²，合 14.9 坪，容积约 246.94 立方公尺。

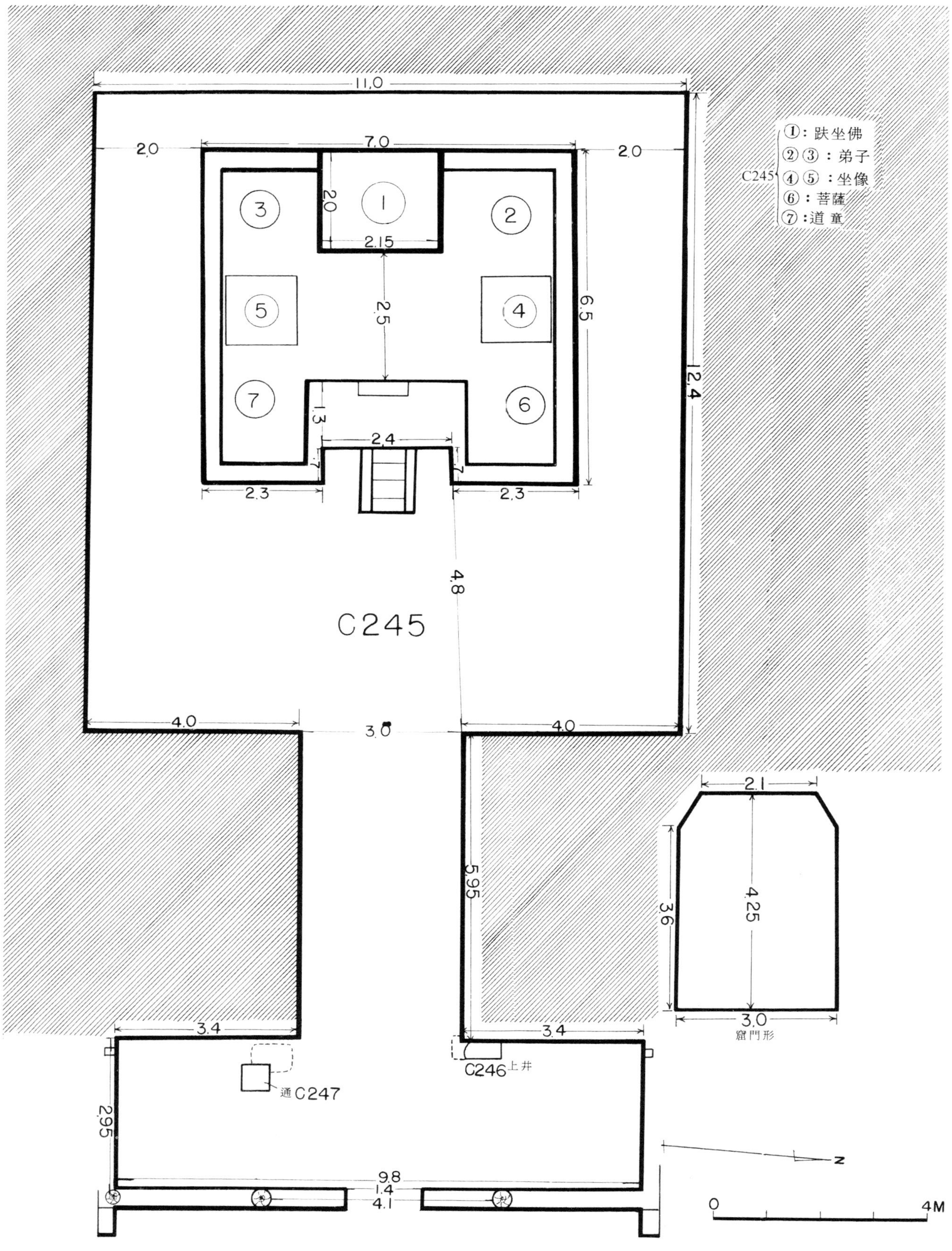

莫高窟 C245 平面及剖面图（《莫高窟形》图二〇五）

……

C245窟〔敦编第256窟〕

测期：民国三十一年（1942），八月十六日。

座向：东偏南5度，在C244窟南下，与C243窟同层之南（见图六（五）：C245）。

时代：宋

（一）何：唐　　　　（二）谢：晚唐、宋重画　（三）张：晚唐　宋

（四）录、宁：宋（清重修塑像）（五）史：夏　（六）窟、表：宋

一、窟室

形制：乙上，纵方，斗单中坛式（见图二〇五）。

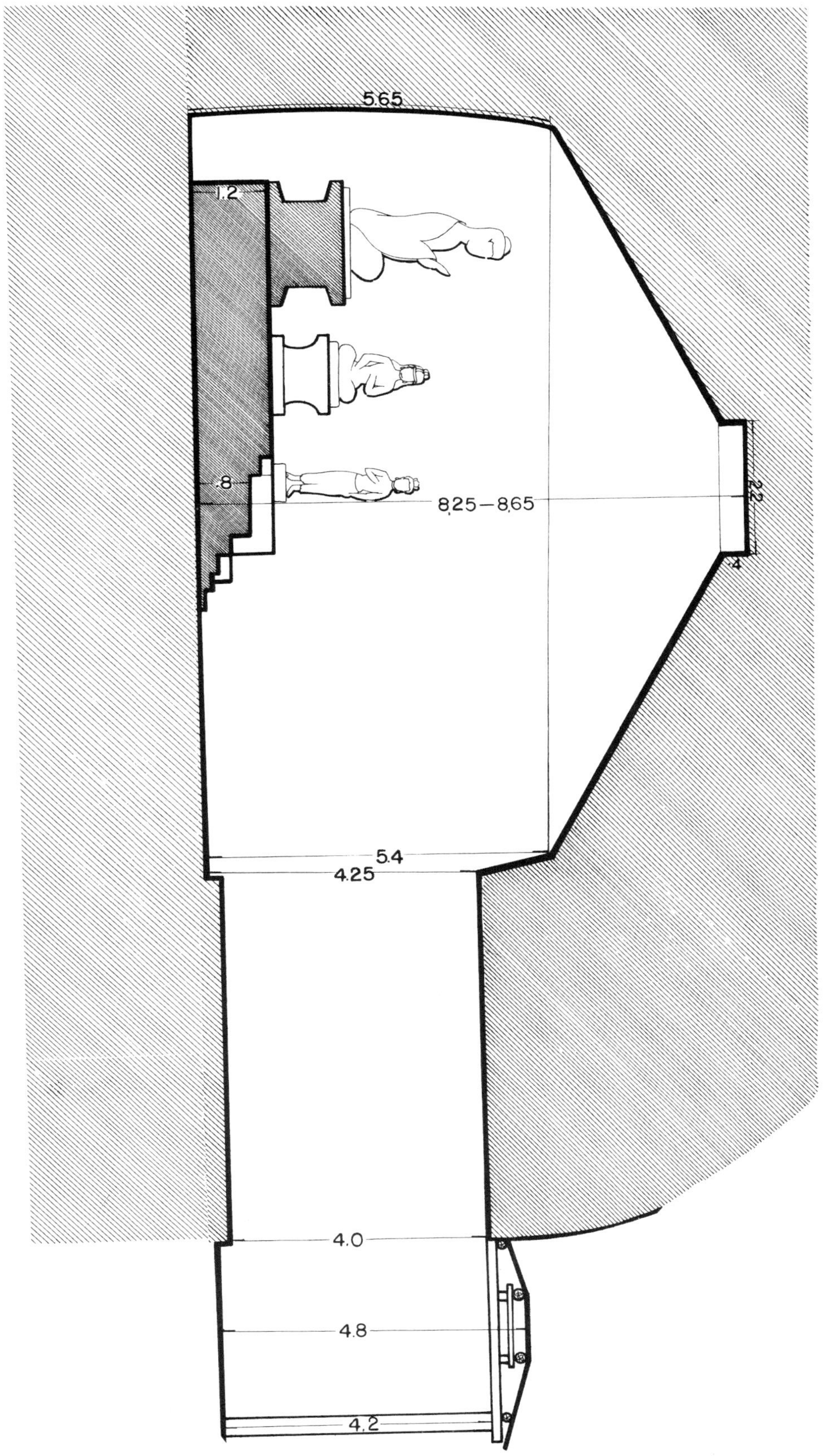

前室：东西 2.95 公尺，南北 9.8 公尺，计 28.91 平方公尺，合 8.75 坪。高 4.2 ～ 4.8 公尺，筑有三间木构窟檐，顶作券棚式。门北一洞通下 C246 窟、门南另一洞通 C247 窟。

门洞：东西深 5.95 公尺，南北宽 3.0 公尺，计 17.85 平方公尺，合 5.40 坪。高 4.25 公尺，平券斜肩门，底高起 0.3 公尺。甬道顶绘团花图案。

主室：东西 12.4 公尺，南北 11.0 公尺，计 136.4 平方公尺，合 41.26 坪。

窟高：壁高（前）5.4 公尺、（后）5.65 公尺，连井顶 8.25 ～ 8.65 公尺，平均 7.09 公尺。

窟顶：覆斗式。藻井（残）方 2.2 公尺，深 0.40 公尺。东坡及南北二坡画团花图案，（顶角有天王痕迹）？

容积：主室容积约 967.07 立方公尺。

二、龛坛

类别：中坛。

形制：中央佛坛为凹形二层；上层高 1.2 公尺、次层（即凹处）高 0.8 公尺，东西长 6.5 公尺，南北宽 7.0 公尺，计 45.5 平方公尺，合 13.76 坪。坛前梯阶四级，次又有一阶可升降。

容积：约 54.6 立方公尺。

塑像：七尊式。主像为趺坐佛、胁侍左右为二弟子。二弟子之前，左右又两坐像，长发束有额带，似道教像。坛前北侧菩萨、南侧似道童。

三、画题

画记：四壁千佛。前室西壁门南北画文殊、普贤。南、北两壁画供养菩萨。

供人：东壁门北供养女像二身、男像一身；门南供养男像二身。

题记：东壁门南第一身题名有“皇祖墨釐軍諸軍事……光禄大夫……”，第二身“窟主玉門諸軍事守玉門使君銀青光禄大夫檢校尚書左僕射兼御史大夫上柱國慕容言长……”；东壁门北第一身仅一“皇”字，第二身“窟主娘子閻氏一心供養”，第三身“男節度都頭銀青光禄大夫檢校左散騎常侍御史大夫慕容貴隆”。

四、附洞

附洞：无。

五、窟积

本窟前室面积：28.91m²，合 8.75 坪，容积约 130.09 立方公尺。

甬道面积：17.85 m²，合 5.40 坪，容积约 75.86 立方公尺。

窟室面积：136.4 m²，合 41.26 坪，容积约 967.07 立方公尺。

（扣除中坛所占面积约 45.5 m²，合 13.76 坪）窟室实际面积、坪数为 90.9 m²，合 27.5 坪。

洞窟总面积：137.66 m²

坪数：41.65 坪

容积：约 1173.02 立方公尺

说明：1）摘自：石璋如《莫高窟形》上册，台北·历史语言研究所，1996 年 4 月，第 471 ～ 478 页。偶有排印错误，本卷编者予以订正。

2）文中使用张大千洞窟编号，以“C”表示，后随括弧内为敦煌研究院编号，以“T”表示，此改为“敦编”。

3）各窟时代下皆注明各家不同意见，其中：何正璜《敦煌莫高窟现存佛洞概况之调查》，简称“何”；谢稚柳《敦煌石窟艺术叙录》，简称“谢”；张大千《漠高窟记》，简称“张”；敦煌文物研究所《敦煌莫高窟内容总录》，简称“录”；史苇湘《关于敦煌莫高窟内容总录分期》，简称“史”；《中国石窟·敦煌莫高窟》和敦煌文物研究所，各家编号对照表（1982 年），分别简称“窟”、“表”，合为“窟、表”；宁强《敦煌佛教艺术》，简称“宁”，因其与《总录》相同，简称“录、宁”。凡六种。

（七）何正璜《敦煌莫高窟现存佛洞概况之调查》摘录

第二四二洞〔敦编第 259 窟〕

魏式中型洞，已塌去一角，内有魏塑像，惟略有残缺，壁画均为魏式。

第二四三洞〔敦编第 257 窟〕

魏式中型洞，洞前壁已塌，神龛上四周均有塑像，壁画左边有各骑象马虎龙鹤孔雀牛等佛像，右边有一故事图，为灌顶受戒之情况，后壁又有一故事图，图中有骑鹿骑马乘车等情状，洞内壁画均尚完整，技巧亦甚精优。

……

第二四五洞〔敦编第 256 窟〕

唐式大型洞，洞有前窟檐，光线不足，塑像七尊，辨其作风，似系宋制，壁画均宋式小佛，洞顶已塌，藻井装饰无。

说明：1）摘自：何正璜《敦煌莫高窟现存佛洞概况之调查》，《说文月刊》第 3 卷第 10 期，1943 年，第 67 页。

2）文中使用张大千洞窟编号。摘录时增注敦煌研究院编号，简称“敦编”。

（八）史岩《千佛洞初步踏查纪略》摘录

第二四二窟 P. 111〔敦编第 259 窟〕

壁画：北魏作，满壁小型千佛。

造像：正龛为多宝释迦二佛并坐像，左右各二夹侍；左壁分上下层，各存三龛，上层者各一佛，下层者各一佛二夹侍；右壁上存二龛，各一佛，下存一龛，一佛二夹侍，缺一夹侍。

窟在第二层，前可凿石为级，以通上下。

前部崩裂，约十五六。

第二四三窟 P. 110〔敦编第 257 窟〕

壁画：魏作，多小佛及佛传。

造像：中柱前龛一佛二夹侍，右夹侍失。左右后各有上下龛，上龛一佛，下龛一佛四夹侍，隙地布满小泥佛。

窟之前部全崩落，大石当前，旁有二灶，均应清除。

位在第二层，原有通路，攀登甚险，近塌，应速安梯。

天井左方有圆孔，上第二四四窟。

……

第二四五窟 P. 107〔敦编第 256 窟〕

壁画：宋作，全壁大型千佛，入口两侧壁作等身接引菩萨。

造像：中央佛坛七尊，后加，完好。

窟前有屋三间，中间上穿，地面有二穴，左穴下通第二四六窟，右穴下通第二四七窟，门前已凿石级，盖可上下。

说明：1）摘自：史岩《千佛洞初步踏查纪略》手稿，1943 年 8 月记录，现藏敦煌研究院敦煌学信息中心。

2）文中使用张大千洞窟编号，加注伯希和编号，以“P. ”表示。摘录时增注敦煌研究院编号，简称“敦编”。

3）参见冯志文主编《中国西北文献丛书续编·敦煌学文献卷》第 20 册，甘肃文化出版社，兰州，1999 年，第 89 ～ 90 页。

（九）史岩《敦煌石室画象题识》摘录

第一九二窟〔敦编第256窟〕

本殿前壁右方第一剥处题名

题名处表层被剥，像列右向。题名高存五一公分，广一〇公分，字径四公分。正书。

故□□□太夫人鉅□（鹿）索氏一……

又第二剥处题名

题名高存四二公分，广一〇公分，字径四公分。正书。

………夫人廣平□（宋）氏………

本殿前壁左方第二剥处题名

画墙表层亦被局部铲剥。像列左向。题名高存四六公分，广一〇公分，字径四公分。正书。

故□（太）□□十一小娘子一心……

本殿前壁右方像列第一身题名

此以下并属画壁表层题名。像列右向。题名高九五公分，广七．五公分，字径三．五至四公分。正书。

皇祖墨□軍………………

又同列第二身题名

题名高九二公分，广九公分，字径四至五公分。正书。

窟主玉門諸軍事守玉門使君銀青光祿大夫檢校………………

本殿前壁左方像列第二身题名

像列左向，题名高八二公分，广七公分，字径五至六公分。正书。

窟主娘子閻氏一心供養

又同列第三身题名

题名高三八．五公分，广六公分，字径二至三公分。正书。

男節度都頭銀青光大夫檢校左散騎常侍………□（慕）□（容）貴□〔□+人/□〕。

"光"下原缺"禄"字。

说明：1）摘自：史岩《敦煌石室画象题识》，比较文化研究所、国立敦煌艺术研究所、华西大学博物馆，成都，1947年联合出版，第55～56页。

2）文中使用史岩自己的洞窟编号。摘录时增注敦煌研究院编号，简称"敦编"。

（十）民权、子青《敦煌壁画内容调查报告》摘录

第二四二窟 P. 111〔敦编第259窟〕魏

南壁：东边菩萨（半坍），西边贤劫千佛。

西壁：贤劫千佛。

北壁：同南壁。

佛龛：南北壁上层五龛内各有菩萨二躯，中为大龛有菩萨十四躯飞天十身。

第二四三窟 P. 110〔敦编第257窟〕西魏

南壁：一立佛及菩萨一铺，一佛二菩萨一铺，贤劫千佛，佛本生故事一排，金刚一排。

西壁：贤劫千佛，鹿王本生故事画，下边为金刚一排。

北壁：立佛与众菩萨一铺，一佛二菩萨一铺，贤劫千佛，佛赴会十一铺，下金刚一列。

佛龛：南北西三龛：各有菩萨四躯，正面大龛有菩萨二十躯飞天四身。

……

第二四五窟 P. 107〔敦编第256窟〕宋

东壁：贤劫千佛，下边有男女供养人四身。

南北西三壁：贤劫千佛。

窟口：南北壁赴会菩萨各八躯。

附记：下边剥出有五代画残迹。

说明：1）摘自：民权、子青《敦煌莫高窟壁画内容调查报告》手稿，20世纪40年代记录，现藏敦煌研究院敦煌学信息中心。民权，前敦煌艺术研究所职工张民权笔名；子青，系李浴别名。偶有书写错误，本卷编者予以订正。

2）文中使用张大千洞窟编号，加注伯希和编号，以“P.”表示。摘录时增注敦煌研究院编号，简称“敦编”。

3）参见冯志文主编《中国西北文献丛书续编·敦煌学文献卷》第21册，甘肃文化出版社，兰州，1999年，第232～234页。

（十一）李浴《莫高窟各窟内容之调查》摘录

C. 242 P. 111〔敦编第259窟〕乙式中型 北魏

塑像　释迦多宝佛与菩萨一铺 一佛二菩萨 及坐菩萨五躯

壁画　南北壁：贤劫千佛 菩萨多躯

西壁：贤劫千佛

窟顶：前后披菩萨 飞天

佛龛：南北壁上五龛各有菩萨二躯

西龛菩萨十四躯飞天十躯

C. 243 P. 110〔敦编第257窟〕甲式中型（南北六公尺 东西九公尺七）北魏

塑像　佛四铺十五躯 影塑菩萨存卅九躯

壁画　南壁：贤劫千佛 佛与菩萨二铺 佛传经一带 金刚经力士一排

西壁：贤劫千佛 一佛二菩萨一铺 佛降生与鹿王本生一带 力士一排

北壁：贤劫千佛 佛与菩萨二铺 乘五瑞禽兽比丘（牛凤鹅龙鹤螭虎马象）

窟顶：菩萨一排 金刚力士一排 窟中修道佛一 佛菩萨弟子等一铺

佛龛：南北西三龛各有菩萨四躯 东龛菩萨廿躯飞天四躯

浴按　此窟壁画以劲拔胜特别加重形与线之力的表现中央一带本生图为尤显著如马与各兽之四肢细而特长虽云扩张而实由实写中化出则魏风中又一型也

……

C. 245 P. 107〔敦编第256窟〕丙式大型 宋

塑像　清塑佛一铺七躯

壁画　东壁：贤劫千佛 下男女供养人四身

南西北壁：贤劫千佛

窟口：赴会菩萨十六躯

题记摘　东壁剥出有五代宋初供养人题名“故郡君太夫人钜鹿索氏”“郡君太夫人廣平宋氏”

浴按　此窟原为宋初曹元忠一辈所修证之剥出之供养人题名及窟顶四角之四天王位置可无疑表面一层壁画以其东壁二男二女供养人

之装饰视之与延禄男女辈同故其与延禄等为一时人无疑其为曹宗寿兄弟夫妇欤

说明：1）摘自：李浴《莫高窟各窟内容之调查》手稿，1944年4月～1945年8月记录，现藏敦煌研究院敦煌学信息中心。

2）文中使用张大千洞窟编号，加注伯希和编号，以“P.”表示。摘录时增注敦煌研究院编号，简称“敦编”。

3）参见冯志文主编《中国西北文献丛书续编·敦煌学文献卷》第19册，甘肃文化出版社，兰州，1999年，第290～294页。

（十二）阎文儒《洞窟内容说明》摘录

第256窟 宋 丙式大型

入口　赴会菩萨十六躯

东壁　贤劫千佛男女供养人四身

南壁　贤劫千佛

西壁　同上

北壁　同上

塑像　清塑佛一铺七躯（7）

题记　东壁剥出有五代宋初供养人题名“故郡太夫人钜鹿索氏”“郡君太夫人廣平宋氏”

备注　此窟原为宋初曹元忠一辈所修证之剥出之供养人题名及窟顶四角之四天王位置可无疑表面一层壁画以其东壁二男二女供养人之装饰视之与延禄男女同辈故其与延禄等同一时代人物按史记延禄于延平四年为宗寿弑后宗寿即继其位但莫高窟无宗寿一辈遗迹故疑其或为其造像

第257窟 北魏 甲式中型

南壁　贤劫千佛佛与菩萨二铺佛传经一金刚经力士一排

西壁　贤劫千佛一佛二菩萨一铺佛降生与鹿王本生金刚力士一排

北壁　贤劫千佛佛与菩萨二铺乘五瑞禽兽比丘（牛凤鹅龙鹤螭虎马象）

藻井　菩萨一排金刚力士一排窟中修道佛一佛与菩萨弟子等一铺

佛龛　南北西三龛各有菩萨四躯东龛菩萨二十躯飞天四身

塑像　佛四铺十五躯影塑菩萨三十九躯（A(15)）

备注　此窟壁画以劲拔胜特别加重形与线之力表现中央一带本生图尤为显著如马与各兽之四肢细长而有力类似希腊画风而雄健力则过之是魏窟壁画中另一特殊风格代表

……

第259窟 北魏 乙式中型

南壁　贤劫千佛菩萨多躯

西壁　贤劫千佛

藻井　前后披菩萨飞天

神龛　南北壁上佛龛各有菩萨二躯西龛菩萨十四躯飞天十躯

塑像　释迦多宝佛与菩萨一铺一佛二菩萨及坐菩萨五躯（A(12)）

说明：1）摘自：阎文儒《洞窟内容说明》手稿，1961年记录，现藏敦煌研究院敦煌学信息中心。

2）文中使用敦煌研究院洞窟编号。

3）参见冯志文主编《中国西北文献丛书续编·敦煌学文献卷》第22册，甘肃文化出版社，兰州，1999年，第172～175页。

（十三）敦煌文物研究所整理《敦煌莫高窟内容总录》摘录

第256窟

修建时代：宋（清重修塑像）

洞窟形制：覆斗形顶，设中心佛坛

内容：前室**西壁**门南画文殊变一铺（模糊），门北画普贤变一铺（模糊）。

甬道盝形**顶**中央画团花图案，南、北披画垂幔。

南壁画供养菩萨八身。

北壁画供养菩萨存五身。

主室**中心佛坛**上宋塑趺坐佛一身，清塑二弟子、四菩萨。

坛上佛床四周壶门共六十六个，下佛坛壶门共三十四个。

窟顶西、北披存棋格团花图案一角，东、南披各存藻井回纹卷草边饰、棋格团花与帷幔（模糊）。

西壁画千佛（模糊）。

南壁画千佛，下壶门内供宝。

北壁画千佛（残，模糊），下壶门内供宝（模糊）。

东壁门上画莲上千佛；门南画千佛，下慕容氏男供养像二身；门北画千佛，下女供养人二身、从女一身。

第257窟

修建时代：北魏（宋重修）

洞窟形制：前部人字披顶，后部平棋顶，有中心塔柱，柱东向面开一龛，南西北向三面上、下层各开一龛

内容：**中心塔柱东向面**圆券龛内塑倚坐说法佛一身，龛外北侧存天王一身。

龛壁画火焰化生佛光，两侧画供养菩萨各十身，上飞天各二身。

龛楣画化生伎乐。浮塑龙首龛梁、龛柱，柱头上各画一鹦鹉。两侧画二供养菩萨、四化生，影塑供养菩萨存一身。

塔座座沿北魏画供养人（模糊）。

下座身宋画供养人（模糊）。

南向面上层阙形龛内塑思惟菩萨一身。

龛壁佛光两侧画供养天人、化生各一身。龛外两侧存影塑菩萨四身。

下层双树圆券龛，内塑苦修像一身（无头），龛外两侧菩萨各二身（一身无头）。

龛壁佛光两侧画供养菩萨各二身。

龛外东侧残存影塑二身。

龛下塔座座身画青龙（模糊）。

西向面上层圆券龛内塑禅定佛一身。

龛壁佛光两侧画供养天人、化生各一身。

龛楣画忍冬。

龛外两侧存影塑供养菩萨十三身。

下层圆券龛内塑禅定佛一身，龛外两侧四身塑像全失。

龛壁画佛光、供养菩萨四身。

龛楣画忍冬。

龛下塔座座身画双虎。

北向面上层阙形龛内塑交脚菩萨一身。

龛壁佛光两侧画供养天人、化生各二身。

龛上画莲花。

龛外两侧存影塑菩萨九身。

下层圆券龛内塑禅定佛一身。龛外两侧存影塑菩萨三身。

龛楣画火焰。浮塑龛梁、龛柱。

窟顶前部东披椽间存莲花一角，西披画供养天人持莲花（模糊），脊枋存斗四图案一部分。

后部平棋仅存东南角斗四莲池童子、忍冬、飞天图案一方，斗四莲花忍冬飞天图案一方（皆残）。

西壁上画天宫伎乐十六身，中画千佛，中央趺坐佛说法图一铺，下南起画九色鹿王本生一铺、须摩提女因缘（前半部）。图下画边饰一条，下药叉一排（模糊）。

南壁前部上画天宫伎乐，残存七身，中画毗卢舍那佛一铺（大部模糊）。

后部上画天宫伎乐十六身。中画千佛，中央一阙形塔内立佛一铺。下东起沙弥守戒自杀品、沙弥均提品各一铺。图下画边饰一条，下药叉一排（模糊）。

北壁前部上画天宫伎乐，残存四身，中画说法图一铺（存一角），下毁。

后部上画天宫伎乐十七身，中画千佛，中央一阙形塔内立佛一铺。下须摩提女因缘（后半部：佛与诸弟子赴会十一组）。图下画边饰一条，下药叉一排。

……

第259窟

修建时代：北魏（宋重修）

洞窟形制：前部人字披顶，后部平棋顶，西壁中间出半塔柱形，正面开一龛，南壁上层存三龛、下层存一龛，北壁上层开四龛、下层开三龛

内容：**窟顶**前部西披残存莲花、飞天一部（模糊），东披残存莲花供养菩萨一部（模糊）。

后部平棋存斗四莲花忍冬飞天图案二组。宋重画千佛六身。

西壁中部塔柱形正面圆券龛内塑释迦多宝二佛并坐像，龛外两侧塑菩萨二身，塔柱形南、北侧面各塑菩萨一身。

龛壁画供养菩萨十四身、宝盖二个、飞天十身。

龛楣画化生伎乐。浮塑采帛龛梁。两侧影塑仅北侧面残存二身。

塔座座沿北魏画供养人（模糊）。

塔柱形两侧面画千佛，北侧下存力士一身（残）。

南壁上层残存三阙形龛。东起第一龛存一角，龛上画说法图，龛外西侧画二供养菩萨。

第二龛内塑交脚菩萨；龛内、外两侧各画四供养菩萨（模糊）。

第三龛内塑交脚菩萨；东侧画二供养菩萨，西侧千佛。

下层西端存一圆券龛，内塑趺坐佛一身，胁侍菩萨存西侧一身。

龛壁画佛光、二化生。

龛楣画忍冬。浮塑龙首龛梁。

龛外东侧画八供养菩萨，存西起第二龛浮塑龛楣一角。

龛外西侧画千佛。

北壁人字披下画说法图一铺（一佛、二菩萨、八飞天），图下壁面上层四阙形龛。东起第一龛残，龛壁画佛光（存一半），龛外西侧画二供养菩萨。

第二龛内塑思惟菩萨一身。

龛壁背光两侧各画二供养菩萨、一飞天。

龛外西侧画五供养菩萨。

第三龛内塑交脚菩萨一身。

龛壁背光两侧各画二供养菩萨。

龛外西侧画四供养菩萨、一飞天。

第四龛内塑交脚菩萨一身。

龛壁背光两侧各画一供养菩萨。

龛上画莲花。

龛外西侧画千佛。

上层四龛龛沿下浮塑采帛混脚一条。

下层三圆券龛。东起第一龛内塑趺坐禅定佛一身，西侧残存胁侍菩萨一身。

龛壁画佛光、二飞天。

龛外西侧画供养菩萨七身。

第二龛内塑倚坐说法佛一身。东、西两侧塑胁侍菩萨各一身（残）。

龛壁画佛光、二化生。

龛楣画忍冬。浮塑忍冬龛梁、束帛龛柱。

龛外西侧画供养菩萨七身。

第三龛内塑趺坐说法佛一身，东、西两侧塑胁侍菩萨各一身（东侧龛）。

龛壁画佛光、二化生，龛楣画忍冬。浮塑龙首龛梁、龛柱。

龛外西侧画千佛。

下层三龛龛沿画供养人、边饰（均模糊）。

沿下画药叉一排（模糊）。

说明：摘自敦煌文物研究所整理《敦煌莫高窟内容总录》，文物出版社，北京，1982年11月，第90～91页。

（十四）敦煌研究院编《敦煌莫高窟供养人题记》摘录

第256窟

东壁门北侧供养人像列南向第一身题名

绿地　高95、宽8.5厘米

皇□（太）譙郡夫人……一心供養

同列第二身题名

绿地　高82、宽7厘米

窟主娘子閻氏一心供養

同列第三身题名

绿地　高38.5、宽6厘米

男節度都頭銀青光大夫檢校左散騎常侍御史大夫慕容貴隆……

东壁门南侧供养人像列北向第一身题名

绿地　高95、宽9厘米

皇祖墨釐軍諸軍事……銀青光祿大夫檢校

……中書令……□（慕）□（容）中盈

（注："中"字似为"歸"字之误）

同列第二身题名

绿地　高92、宽9.5厘米

窟主玉門諸軍事守玉門使君銀青光祿大夫檢校尚書左僕射兼御使大夫上柱國慕容言長……

东壁门南侧剥离处晚唐供养人题名

绿地　高存51、宽10厘米

故郡君太夫人鉅鹿索氏一……

东壁门南第二剥离处晚唐供养人题名

绿地　高存42、宽10厘米

郡君太夫人廣平宋氏……

同壁门北侧第三剥离处晚唐供养人题名

高存46、宽10厘米

故太□□十一小娘子一心……

第257窟

中心塔柱东向面龛下座身宋供养人像列北向第五身题名

黑地　高33、宽3厘米

社子高……

说明：1）摘自：敦煌研究院编《敦煌莫高窟供养人题记》，文物出版社，北京，1986年12月，第109～110页。

2）原文照录，仅对书中个别错误作了订正，在“〔〕”号内加注按语。

（十五）樊锦诗、蔡伟堂《重订莫高窟各家编号对照表》摘录

D 敦研所	斯 斯坦因	P 伯希和	O 奥登堡	C 张大千	S 史岩	备　注
256	Ⅸ	107	107	245	192	本窟伯希和洞窟编号，伯《笔记》与伯《图》不同。此处从伯《笔记》。
257		110	110	243	193	
259		111	110a	242	194	

说明：1）原文载《俄藏敦煌艺术品》第6册（上海古籍出版社，2005年）。经笔者修订，刊于《敦煌研究》2005年第6期，第14页。摘录略去时代栏，增加备注。

2）表中D代表敦煌研究所编号；斯代表斯坦因编号；P代表伯希和编号；O代表奥登堡编号；C代表张大千编号；S代表史岩编号。

3）伯希和编号：伯希和“敦煌石窟测绘图”（略称“伯《图》”）洞窟编号（另可参见本卷第一章〈绪论〉图1）和《伯希和敦煌石窟笔记》（略称“伯《笔记》”）洞窟编号不尽相同。

附录二　本卷洞窟历史照片选辑

（一）伯希和敦煌摄影*

第257窟（P. 110）北部

第257窟（P. 110）西壁南侧壁画

* 伯希和（Paul Pelliot, 1878–1945）1908年拍摄。

第259窟（P. 111）北壁

第259窟（P. 111）塔柱形

（二）奥登堡敦煌摄影 *

第71～76、250～256窟（P. 102–108[a]，101[b]–107）外景

第66～71、256～257窟（P. 108[a]–114, 107–110）外景

* 奥登堡（Сергей Федорович Ольденбург，1863–1934）1914～1915年拍摄。

第 66 ～ 70、256 ～ 260、258 ～ 261 窟（P. 108–114, 107–111[a], 109–109[a]）外景

第 61 ～ 67、259 ～ 263、261 ～ 264 窟（P. 113[a]–117, 111–117[乙], 109[a]–117[丙]）外景

第 257 窟（P. 110–1）西壁九色鹿本生局部

第 257 窟（P. 110–2）西壁九色鹿本生局部

第 257 窟（P. 110–3）西壁九色鹿本生局部

第 257 窟（P. 110–4）西壁九色鹿本生局部

第 257 窟（P. 110–5）西壁九色鹿本生局部

第 257 窟（P. 110–6）西壁须摩提女因缘局部

第 257 窟（P. 110–7）西壁须摩提女因缘局部 **

第 257 窟（P. 110–8）西壁须摩提女因缘局部 **

** 原图镜像反。

第 257 窟（P. 110–9）西壁须摩提女因缘局部

第 257 窟（P. 110–10）南壁前部说法图

第 257 窟（P. 110–11）南壁沙弥守戒自杀因缘局部

第 257 窟（P. 110–12）南壁沙弥守戒自杀因缘局部

第 257 窟（P. 110–13）南壁沙弥守戒自杀因缘局部

第 257 窟（P. 110–14）南壁沙弥守戒自杀因缘局部

第 257 窟（P. 110–15）南壁沙弥守戒自杀因缘局部

第 257 窟（P. 110–16）南壁沙弥守戒自杀因缘局部

第 257 窟（P. 110–17）南壁西端北魏故事画局部

第 257 窟（P. 110–18）北壁须摩提女因缘局部

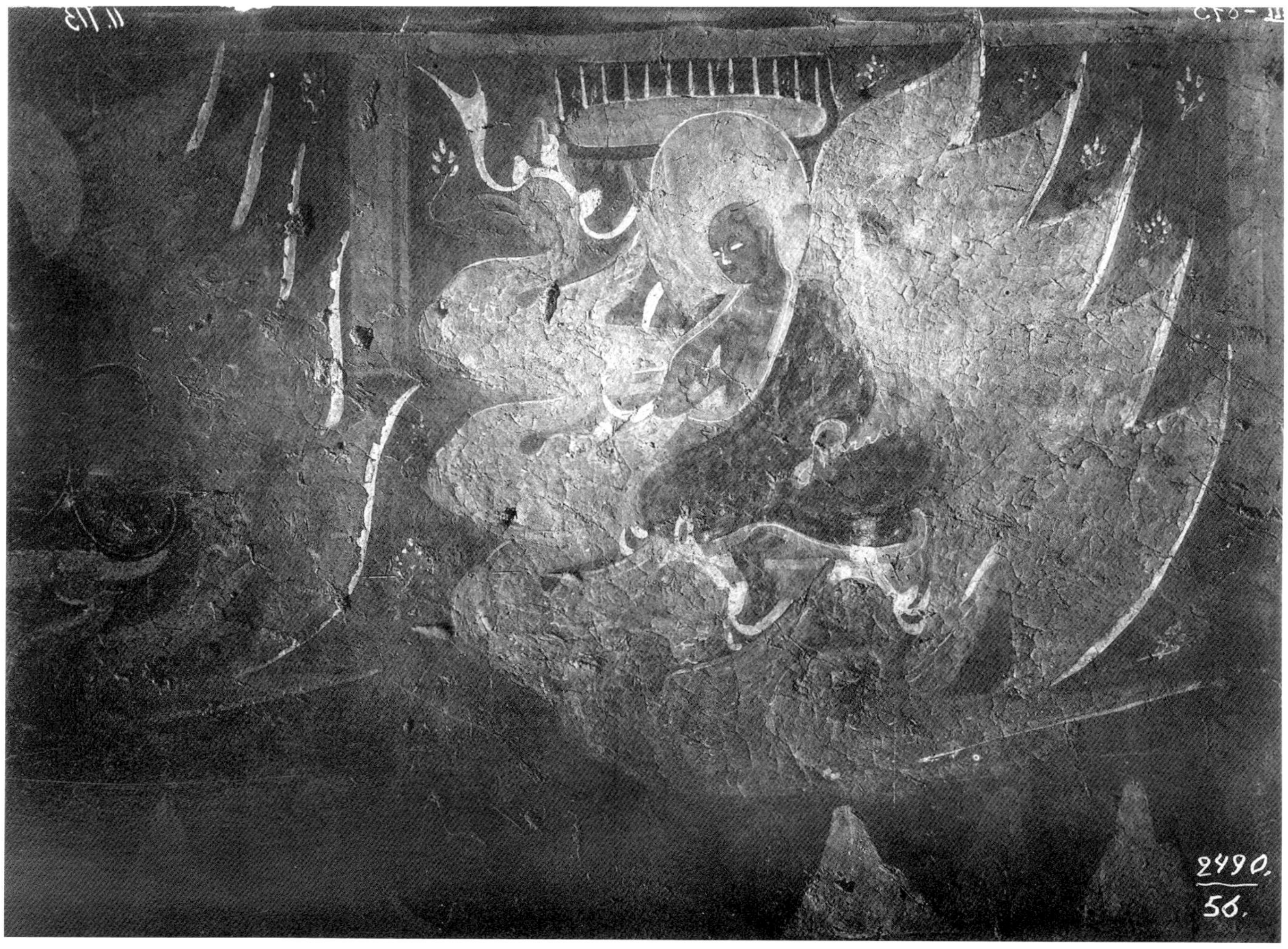

第 257 窟（P. 110–19）北壁须摩提女因缘局部

第 257 窟（P. 110–20）北壁须摩提女因缘局部

第 257 窟（P. 110–21）北壁须摩提女因缘局部

第 257 窟（P. 110–22）北壁须摩提女因缘局部

第 257 窟（P. 110–23）北壁须摩提女因缘局部

第 257 窟（P. 110–24）北壁须摩提女因缘局部

第 257 窟（P. 110–25）北壁须摩提女因缘局部

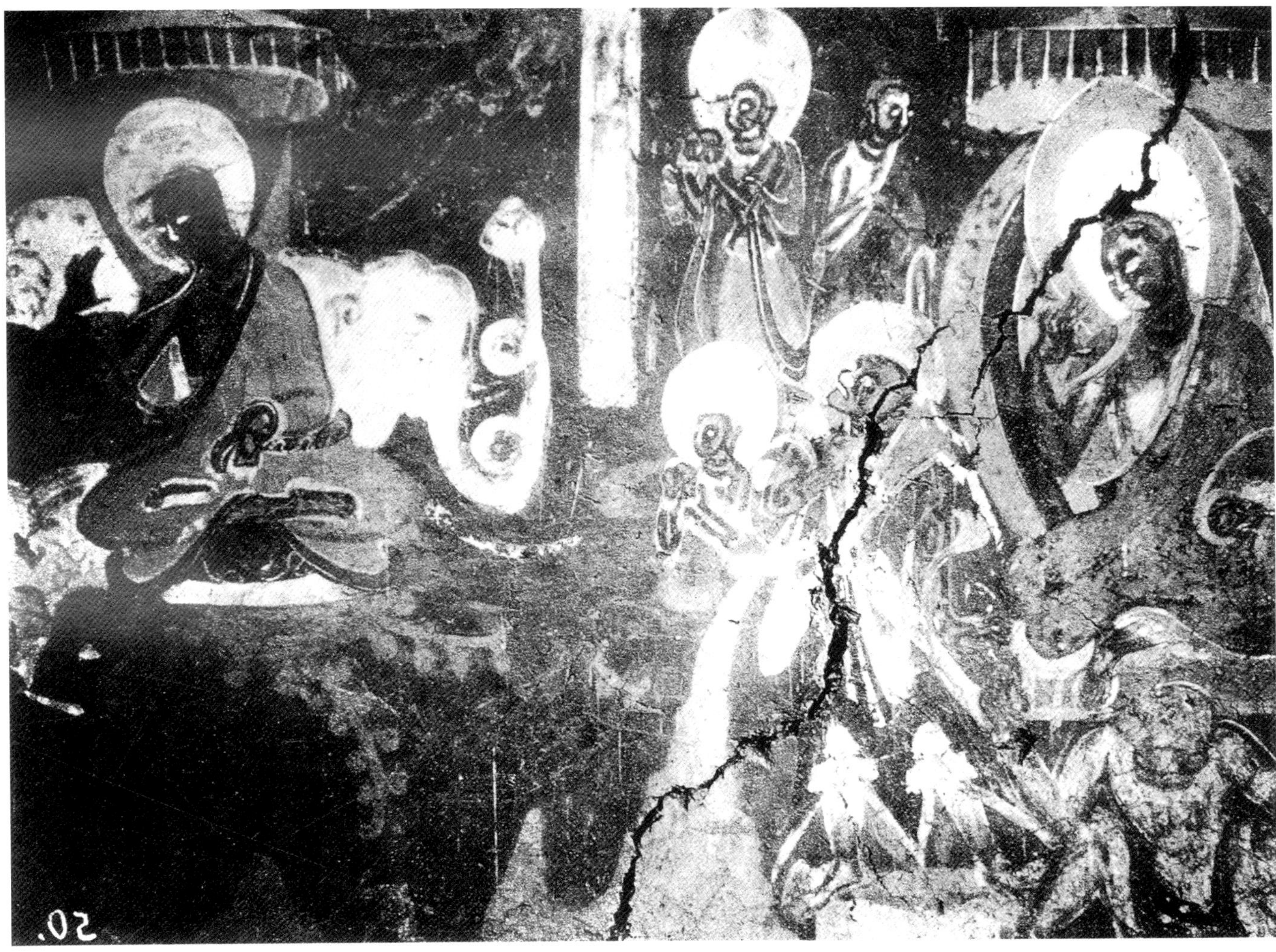

第 257 窟（P. 110–26）北壁须摩提女因缘局部 **

** 原图镜像反。

第 257 窟（P. 110）中心塔柱

第 259 窟（P. 111）西壁塔柱形

第 259 窟（P. 111）南壁西部

第 259 窟（P. 111）北壁东部

（三）巴慎思敦煌摄影 *

第 257 窟中心塔柱东向面龛像

* 巴慎思（Desmond Parsons, 1910–1937）1935年拍摄。

第 257 窟北壁前部（部分）

第257窟北壁前部（部分）

第257窟北壁千佛图、须摩提女因缘、药叉（部分）

第259窟北壁

（四）石璋如敦煌摄影 *

第259窟（C. 242）主室北壁之佛龛（《莫高窟形》图版叁贰壹）

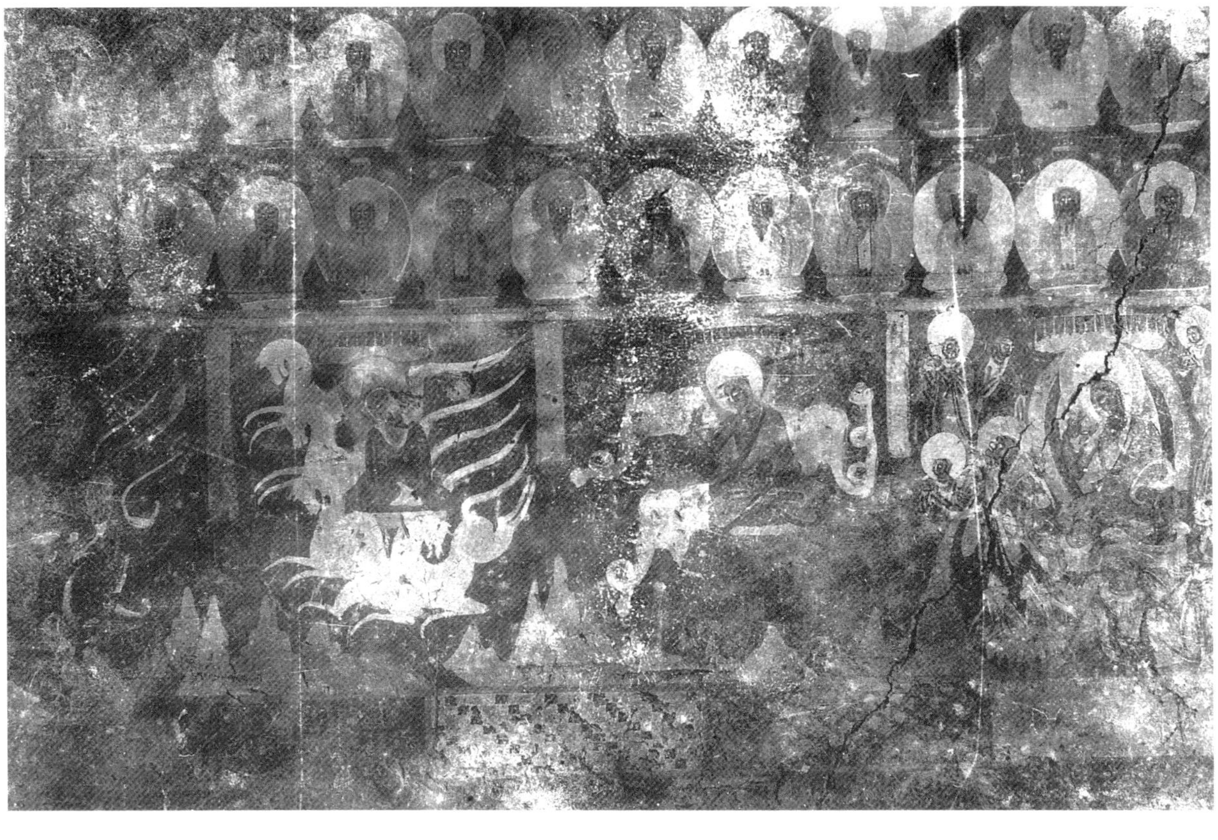

第257窟（C. 243）北壁后部画须摩提女缘故事后段（《莫高窟形》图版叁贰叁）

* 石璋如（1902–2004）1942年拍摄

（五）李约瑟敦煌摄影 *

第259窟外景

* 李约瑟（Joseph Terence Montgomery Needham, 1900–1995）1943年拍摄。

第 257 窟中心塔柱东向面

第 259 窟西壁塔柱形龛像

（六）罗寄梅敦煌摄影 *

第 256 窟甬道南壁

第 257 窟中心塔柱（向西北）

第 257 窟中心塔柱东向面龛外北侧塑像

* 罗寄梅（1902–1987）1943～1944年拍摄。

第 257 窟中心塔柱南向面上层龛内思惟菩萨（正面）

第 257 窟中心塔柱南向面上层龛内思惟菩萨（左侧）

第 257 窟南壁沙弥守戒自杀因缘局部之一

第 257 窟南壁沙弥守戒自杀因缘局部之二

第 257 窟南壁沙弥守戒自杀因缘局部之三

第257窟南壁沙弥守戒自杀因缘局部之四

第257窟南壁沙弥守戒自杀因缘局部之五

第 257 窟南壁西端故事画

第 257 窟西壁九色鹿本生局部之一

第 257 窟西壁九色鹿本生局部之二

第 257 窟西壁九色鹿本生局部之三

第 257 窟西壁九色鹿本生局部之四

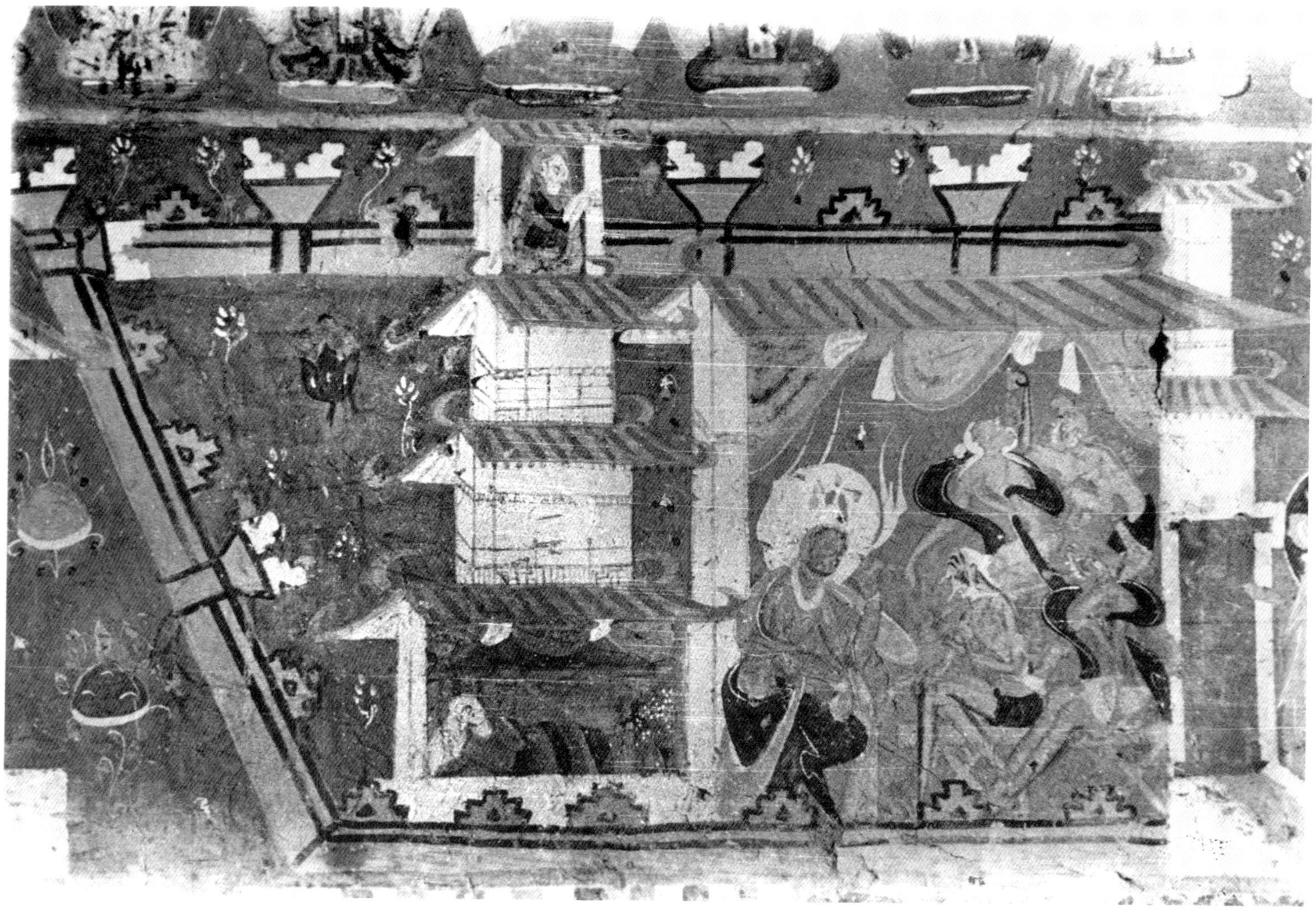

第 257 窟西壁须摩提女因缘局部之一

第 257 窟西壁须摩提女因缘局部之二

第 257 窟北壁须摩提女因缘局部之三

第 257 窟北壁须摩提女因缘局部之四

第 257 窟北壁须摩提女因缘局部之五

第257窟北壁须摩提女因缘局部之六

第257窟北壁须摩提女因缘局部之七

第 257 窟北壁须摩提女因缘局部之八

第 259 窟北壁和窟外环境

第257、259窟北壁前端

第259窟西壁塔柱形龛像

第259窟西壁塔柱形龛外北侧菩萨像

第259窟北壁下层西起第三龛内佛坐像

（七）艾琳·文森特敦煌摄影*

第257窟中心塔柱东向面龛像

* 艾琳·文森特（Erin Vincent, 1919–1997）1948年拍摄。

第 257 窟中心塔柱南向面龛外西侧菩萨像和西壁壁画（部分）

第 257 窟北壁须摩提女因缘及千佛图（部分）

第 259 窟北壁后部

第 259 窟北壁下层西起第三龛

（八）约翰·文森特敦煌摄影 *

第 257 窟中心塔柱东向面龛像 **

* 约翰·文森特（John Vincent，？–2012）1948年拍摄。

** 原图镜像反。

第 257 窟中心塔柱东向面龛像

第 257 窟中心塔柱东向面龛像

第 259 窟西壁塔柱形龛像

第 257 窟北壁须摩提女因缘局部 **

** 原图镜像反。

第 257 窟西壁九色鹿本生局部

第 257 窟西壁九色鹿本生局部

第 257 窟西壁须摩提女因缘局部 **

第 257 窟南壁沙弥守戒自杀因缘局部 **

** 原图镜像反。

（九）敦煌研究院藏历史照片

第 257、259 窟北壁部分（1953 年）

第 256 ～ 259 窟加固施工情况（1953 年）

第257窟加固施工情况（1954年11月24日）

第256、257窟及上下洞窟加固施工情况（1954年5月17日）

第256～259窟加固施工情况（1954年10月12日）

第256窟加固施工情况（1955年3月）

第256～259窟加固施工情况（1955年6月）

第257、259窟及上下洞窟（1955年12月20日）

第257窟加固施工情况（1956年8月30日）

第257窟北壁加固施工情况（1956年7月）

第256～259窟附近下层洞窟加固施工情况（1957年11月1日）

第 256 窟南侧洞窟加固施工情况（1957 年 11 月 8 日）

第 256 ～ 259 窟及上下洞窟加固施工情况（1957 年 11 月 5 日）

第 256 ～ 259 窟加固施工情况（1957 年 11 月 14 日）

第 257、259 窟及下层洞窟加固施工情况（1957 年 11 月 3 日）

第 257、259 窟及下层洞窟加固施工情况（1957 年 11 月 3 日）

第 256 ～ 259 窟及上下洞窟外景（1957 年 5 月 25 日，孙儒僩摄）

第 257、259 窟及上下洞窟外景（1957 年 4 月 2 日）

第 259 窟地面及北壁（1957 年 4 月 2 日）

第 257、259 窟及下层洞窟外景（1957 年 7 月 15 日）

第 257、259 窟及上层洞窟外景（1957 年 7 月 15 日）

第 254 ～ 257 窟及下层洞窟外景（1957 年 10 月 7 日）

第 256 ～ 259 窟及下层洞窟外景（1957 年 7 月 28 日）

第 256 窟及下层洞窟外景（1957 年 4 月 26 日）

第 257、259 窟及上下层洞窟外景（1957 年 4 月 26 日，孙儒僩摄）

第 256 窟外景（1957 年 7 月 28 日）

第 256 窟及下层洞窟外景（1957 年 4 月 26 日，孙儒僩摄）

第 257、259 窟窟顶仰视（1957 年 7 月 19 日）

第 257、259 窟窟顶仰视及加固施工情况（1957 年 7 月 15 日）

从第 68 窟仰视第 259 窟（1957 年 7 月 19 日）

从第 68 窟仰视第 257、259 窟（1957 年 7 月 19 日）

第 256 窟外流沙堆积及以南洞窟加固施工情况（1960 年 6 月 3 日，李贞伯摄）

第256～259窟及以北上下洞窟外景（1964年8月22日）

仰视第257窟顶及第258窟前室
（1955年12月）

第257、259窟南壁及窟顶前部（1955年12月）

仰视第257窟顶部人字披（1955年12月20日）

第256窟主室东壁门北侧千佛（1965年2月18日）

第256窟甬道南壁供养菩萨（1984年5月，祁铎摄）

第 257 窟中心塔柱（1955 年 12 月）

第 257 窟中心塔柱东向面龛外
北侧塑像（1955 年 12 月 20 日）

第 257 窟中心塔柱北向面下层龛内禅定佛像（1955 年 12 月）

第 257 窟中心塔柱南向面下层龛内苦修像（1955 年 12 月 20 日）

第 257 窟中心塔柱南向面上层龛内思惟菩萨像（1955 年 10 月）

第 257 窟中心塔柱南向面上层龛内思惟菩萨像（1964 年 3 月 24 日）

第 257 窟中心塔柱北向面下层龛外西侧菩萨像（1955 年 12 月，李贞伯摄）

第 257 窟中心塔柱北向面上层龛内交脚菩萨像（1955 年 12 月）

第 257 窟中心塔柱西向面下层龛内禅定佛像（1955 年 12 月 20 日）

第 257 窟中心塔柱北向面上层龛内交脚菩萨像（1955 年 12 月 20 日）

第 257 窟南壁前部说法图西侧局部（1966 年 2 月 15 日）

第 257 窟南壁前部说法图西侧局部（拍摄时间不详）

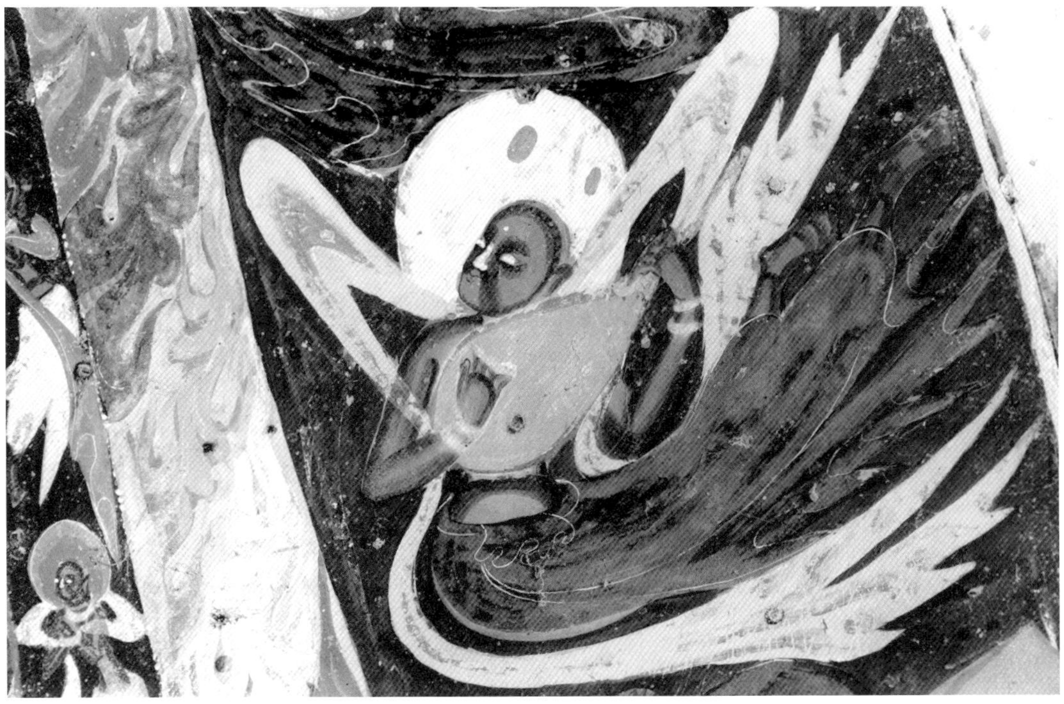

第 257 窟中心塔柱东向面龛顶北侧伎乐飞天（20 世纪 50 ～ 60 年代，彭华士摄）

第 257 窟中心塔柱东向面龛顶南侧伎乐飞天（20 世纪 50 ～ 60 年代，彭华士摄）

第 257 窟南壁沙弥守戒自杀因缘局部之一（1955 年 10 月）

第 257 窟南壁沙弥守戒自杀因缘局部之二（1955 年 10 月）

第257窟南壁沙弥守戒自杀因缘局部之三（1955年10月）

第257窟南壁沙弥守戒自杀因缘局部之四（1955年10月）

第257窟南壁沙弥守戒自杀因缘局部之五（1955年10月）

第257窟南壁沙弥守戒自杀因缘局部之六（1955年10月）

第257窟南壁沙弥守戒自杀因缘局部之七（1955年10月）

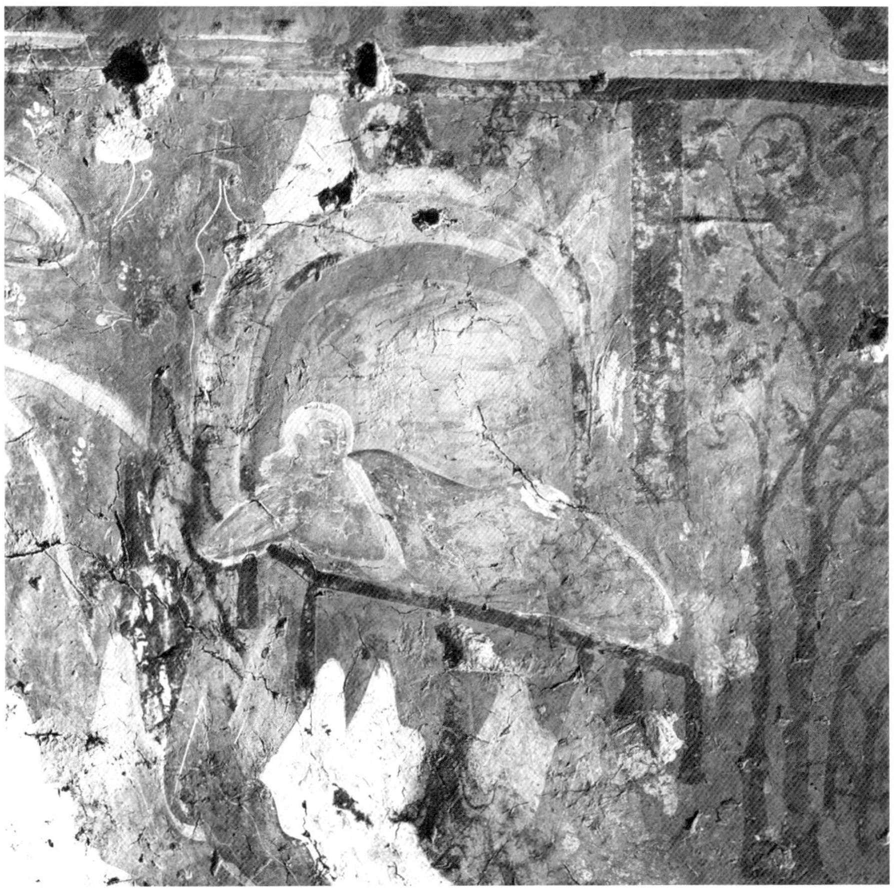

第 257 窟南壁西端故事画局部之一（1955 年 10 月）

第 257 窟南壁西端故事画局部之二（1955 年 10 月）

第 257 窟南壁千佛图中说法图（1955 年 10 月）

第 257 窟西壁九色鹿本生局部之一（1957 年 3 月 29 日）

第 257 窟西壁九色鹿本生局部之二（1957 年 11 月 1 日）

第 257 窟西壁九色鹿本生局部之三（1959 年 4 月 24 日）

第 257 窟西壁须摩提女因缘局部之一（1957 年 4 月 12 日）

第 257 窟西壁须摩提女因缘局部之二（1957 年 4 月 12 日）

第 257 窟西壁须摩提女因缘局部之三（1959 年 4 月 24 日）

第 257 窟西壁须摩提女因缘局部之四（1955 年 10 月）

第 257 窟北壁须摩提女因缘局部之五（1955 年 12 月）

第 257 窟北壁须摩提女因缘局部之六（1955 年 12 月）

第 257 窟北壁须摩提女因缘局部之七（1955 年 12 月）

第 257 窟西壁千佛中说法图（1955 年 12 月）

第 257 窟北壁千佛图中说法图（1955 年 12 月）

第 257 窟北壁须摩提女因缘局部之八（1957 年 11 月 6 日，李贞伯摄）

第 257 窟北壁须摩提女因缘局部之九
（1957 年 11 月 6 日，李贞伯摄）

第 257 窟北壁须摩提女因缘局部之十（1957 年 12 月）

第 257 窟窟顶平棋（1964 年 6 月 11 日）

第 257 窟窟顶平棋（1958 年 6 月 5 日，祁铎摄）

第 257、259 窟北壁前部
（1955 年 12 月 20 日）

第259窟西壁塔柱形龛像（1955年12月20日）

第259窟西壁（1957年10月14日）

第 259 窟西壁塔柱形北侧面菩萨像
（1955 年 11 月 3 日）

第 259 窟西壁塔柱形龛内顶部（1955 年 12 月 20 日）

第 259 窟西壁塔柱形龛外北侧菩萨像
（1955 年 11 月 3 日）

第 259 窟西壁塔柱形龛外南侧菩萨像（1955 年 12 月 20 日）

第 259 窟西壁塔柱形龛外南
侧菩萨（1964 年 3 月 24 日）

第259窟西壁、北壁（1957年10月14日）

第259窟北壁（1957年10月14日）

第259窟北壁上层龛像（拍摄时间不详）

第259窟北壁下层西起第三龛内禅定佛像
（1964年5月14日，李贞伯、彭华士摄）

第259窟北壁下层西起第三龛内禅定佛像
（1984年10月31日，吴健摄）

附录三　本卷洞窟相关论著、资料目录

P. Pelliot, Les Grottes de Touen-Houang, I, Paris, 1920.

A. Stein, Serindia, Oxford, 1921.

贺昌群〈敦煌佛教艺术的系统〉，《东方杂志》第 28 卷第 17 号，1931 年。

羽溪了谛著、贺昌群译《西域之佛教》，商务印书馆，上海，1933 年 5 月。

向达译《斯坦因西域考古记》，中华书局，上海，1936 年 9 月。

松本榮一《燉煌畫の研究》，同朋舍，東京，1937 年 3 月。

藤枝晃〈沙州帰義軍節度使始末〉，《東方學報》第 12、13 冊，京都，1941 年 12 月、1943 年 1 月。

何正璜〈敦煌莫高窟现存佛洞概况之调查〉，《说文月刊》第 3 卷第 10 期，1943 年。

史岩《敦煌石窟画象题识》，比较文化研究所、国立敦煌艺术研究所、华西大学博物馆，成都，1947 年 2 月。

常书鸿〈敦煌艺术的源流与内容〉，《文物参考资料》第 2 卷第 4 期，1951 年。

王逊〈敦煌壁画中表现的中古绘画〉，《文物参考资料》第 2 卷第 4 期，1951 年。

周一良〈敦煌壁画与佛经〉，《文物参考资料》第 2 卷第 4 期，1951 年。

阎文儒〈莫高窟的石窟构造及其塑像〉，《文物参考资料》第 2 卷第 4 期，1951 年。

梁思成〈敦煌壁画中所见的中国古代建筑〉，《文物参考资料》第 2 卷第 5 期，1951 年。

向达〈莫高榆林二窟杂考〉，《文物参考资料》第 2 卷第 5 期，1951 年。

敦煌文物研究所〈莫高窟各家编号对照表〉，《文物参考资料》第 2 卷第 5 期，1951 年。

福山敏男〈敦煌石窟編年試論〉，《佛教藝術》第 19 期，1953 年。

Irene Vongehr Vincent, The Sacred Oasis, University of Chicago Press, 1953.

王履祥〈略谈敦煌的图案艺术〉，《艺术生活》1954 年第 4 期。

赵正之、莫宗江、宿白、余鸣谦、陈明达等〈敦煌石窟勘察报告〉，《文物参考资料》1955 年第 2 期。

谢稚柳《敦煌艺术叙录》，上海出版公司，上海，1955 年 11 月。

宿白〈参观敦煌第 285 号窟札记〉，《文物参考资料》1956 年第 2 期。

常书鸿〈谈敦煌图案〉，《文物参考资料》1956 年第 8 期。

金维诺〈智慧的花朵——谈敦煌图案的艺术成就〉，《文物参考资料》1956 年第 8 期。

O. Siren, Chinese Paintings, Leading Masters and Principles, New York and London, 1956.

辜其一〈敦煌石窟宋初窟檐及北魏洞内斗栱述略〉，《重庆建筑工程学院学报》1957 年第 1 期。

金维诺〈敦煌本生图的内容与形式〉，《美术研究》1957 年第 3 期。

向达《唐代长安与西域文明》，生活・读书・新知三联书店，北京，1957 年 4 月。

敦煌文物研究所编《敦煌壁画集》（临摹本），文物出版社，北京，1957 年 6 月。

敦煌文物研究所编《敦煌莫高窟》，甘肃人民出版社，兰州，1957 年 11 月。

水野清一〈敦煌石窟ノート・北朝窟について〉，《佛教藝術》第 34 号，1958 年 5 月。

Alexander C. Soper, Northern Liang and Northern Wei in Kansu, Artibus Asiae, vol. XXI, No. 2, Ascona, Switzerland, 1958.

西域文化研究会編《西域文化研究》第一：敦煌佛教資料、第五：中央アジア佛教美術、第六：歴史と美術の諸問題，法藏館，京都，1958、1962、1963 年。

敦煌文物研究所编《敦煌壁画》，文物出版社，北京，1959 年。

潘絜兹编绘《敦煌壁画服饰资料》，中国古典艺术出版社，北京，1959 年 3 月。

Basil Grey, J. B. Vincent, Arthur Waley, Buddhist Cave Painting at Tun-Huang, Literary Licensing, LLC, 1959.

孙作云〈敦煌壁画中的神怪画〉，《考古》1960年第6期。

陈祚龙〈新校重订莫高窟重要公私诸家编号对照表〉，《亚洲学报》，1962年。

佐和隆研〈敦煌石窟の壁画〉，《西域文化研究》第五，法蔵館，京都，1962年。

佐和隆研《インドの美術》，社会思想社，東京，1963年。

北川桃雄《敦煌美術の旅》，雪華社，東京，1963年9月。

杨泓〈试论南北朝前期佛像服饰的主要变化〉，《考古》1963年第6期。

高田修、上野照夫《インド美術》（全二巻），日本経済新聞社，東京，1965年11月。

高田修《佛像の起源》，岩波書店，東京，1967年9月。

中村元《インドの仏積とヒンドゥ寺院》，講談社，東京，1968年。

高田修《佛教美術史論考》，中央公論美術出版，東京，1969年。

樋口隆康《インドの仏跡》，朝日新聞社，東京，1969年。

横超慧日編《北魏仏教の研究》，平楽寺書店，1970年3月。

敦煌文物研究所〈新发现的北魏刺绣〉，《文物》1972年第2期。

李浴〈敦煌莫高窟〉，《中国美术史纲》，中华书局，北京，1973年6月。

《アジア仏教史》インド編III《大乗仏教〈新しい民衆仏教の誕生〉》，佼成出版社，東京，1973年2月。

塚本善隆《北朝仏教史研究》，大東出版社，東京，1974年10月。

Marylin M. Rhie, Some Aspects of the Relation of 5th-Century Chinese Buddha Images with Sculpture from N. India, Pakistan, Afghanistan and Central Asia, EAST AND WEST, ISMEO, Via Merulana 248, Rome, 1976.

敦煌文物研究所考古组〈敦煌莫高窟北朝壁画中的建筑〉，《考古》1976年第2期。

桑山正進〈サーサーン冠飾の北魏流入〉，《オリエント》20-1，1977年。

沈以正《敦煌艺术》，雄狮图书公司，台北，1978年2月。

刘慧达〈北魏石窟与禅〉，《考古学报》1978年第3期。

宿白〈云冈石窟分期试论〉，《考古学报》1978年第1期。

宿白〈敦煌莫高窟早期洞窟杂考〉，《大公报在港复刊三十周年纪念文集》上册，香港大公报社，香港，1978年。

敦煌文物研究所《敦煌彩塑》，文物出版社，北京，1978年12月。

段文杰〈敦煌早期壁画的民族传统和外来影响〉，《文物》1978年第12期。

姜亮夫〈瓜沙曹氏年表补正〉，《杭州大学学报》1979年第1、2期合刊。

高田修〈ガンダーラ美術における大乘的徵証——彌勒像と観音像〉，《佛教藝術》第125号，1979年7月。

宿白〈石窟寺考古的回顾〉，《文物》1979年第10期。

贺世哲、孙修身〈《瓜沙曹氏年表补正》之补正〉，《甘肃师范大学学报》1980年第1期。

李其琼、施萍亭〈奇思驰骋为“皈依”——敦煌、新疆所见《须摩提女因缘》故事画介绍〉，《敦煌学辑刊》第1集，1980年2月。

小杉一雄《中国仏教美術史の研究》，新樹社，東京，1980年4月。

土肥義和〈帰義軍（唐後期・五代・宋初）時代〉，《講座敦煌2・敦煌の歴史》，大東出版社，東京，1980年7月。

森安孝夫〈ウイグルと敦煌〉，《講座敦煌2・敦煌の歴史》，大東出版社，東京，1980年7月。

樋口隆康《バーミヤーンの石窟》，同朋舎，東京，1980年9月。

敦煌文物研究所编《敦煌的艺术宝藏》，生活・读书・新知三联书店香港分店，香港，1980年10月。

敦煌文物研究所编《中国石窟・敦煌莫高窟》第一卷，文物出版社、平凡社，东京，1980年12月；北京，1981年12月。

万庚育〈谈谈莫高窟的早期壁画及其装饰性〉，《敦煌研究》1981年第1期。

孙纪元〈敦煌早期彩塑〉，《敦煌研究》1981年第1期。

金维诺〈佛本生图的内容与形式〉，《中国美术史论集》，人民美术出版社，北京，1981年3月。

吴曼英、李才秀、刘恩伯〈从敦煌壁画中的舞姿看古代西域与内地的乐舞补充〉，《敦煌舞姿》，上海文艺出版社，上海，1981年4月。

常书鸿〈《中国石窟・敦煌莫高窟》序〉，《中国石窟・敦煌莫高窟》第一卷，文物出版社、平凡社，北京，1981年12月。

段文杰〈早期的莫高窟艺术〉，《中国石窟·敦煌莫高窟》第一卷，文物出版社、平凡社，北京，1981年12月。

樊锦诗、马世长、关友惠〈敦煌莫高窟北朝洞窟的分期〉，《中国石窟·敦煌莫高窟》第一卷，文物出版社、平凡社，北京，1981年12月。

冈崎敬〈四、五世纪的丝绸之路与敦煌莫高窟〉，《中国石窟·敦煌莫高窟》第一卷，文物出版社、平凡社，北京，1981年12月。

Grottes de Touen-Houang Carnet de Notes de Paul Pelliot, I-VI, Paris, 1981-1992.

段文杰〈九色鹿的故事〉，《飞天》1981年12月号。

关友惠〈敦煌莫高窟早期图案纹饰〉，《甘肃工艺美术》1982年第1期。

段文杰〈略论敦煌壁画的风格特点和艺术成就〉，《敦煌研究》1982年第2期。

段文杰〈十六国、北朝时期的敦煌石窟艺术〉，《敦煌研究文集》，甘肃人民出版社，兰州，1982年3月。

段文杰〈敦煌壁画中衣冠服饰〉，《敦煌研究文集》，甘肃人民出版社，兰州，1982年3月。

史苇湘〈丝绸之路上的敦煌与莫高窟〉，《敦煌研究文集》，甘肃人民出版社，兰州，1982年3月。

贺世哲〈敦煌莫高窟北朝石窟与禅观〉，《敦煌研究文集》，甘肃人民出版社，兰州，1982年3月。

刘玉权〈敦煌莫高窟、安西榆林窟西夏洞窟分期〉，《敦煌研究文集》，甘肃人民出版社，兰州，1982年3月。

孙纪元〈谈谈敦煌彩塑的制作〉，《敦煌研究文集》，甘肃人民出版社，兰州，1982年3月。

孙纪元〈敦煌彩塑的衣褶〉，《飞天》1982年7、8月号。

苏莹辉〈莫高窟C.245窟及榆林窟C.6窟慕容氏题名考〉，《敦煌学》1982年第5辑。

敦煌文物研究所整理《敦煌莫高窟内容总录》，文物出版社，北京，1982年11月。

史苇湘〈关于敦煌莫高窟内容总录〉，《敦煌莫高窟内容总录》，文物出版社，北京，1982年11月。

敦煌文物研究所编，鄧健吾文《敦煌石窟》，平凡社，東京，1982年4月。

郎绍君〈早期敦煌壁画的美学性格〉，《文艺研究》1983年第1期。

汤用彤《汉魏两晋南北朝佛教史》（全二册），中华书局，北京，1983年3月。

王伯敏〈敦煌莫高窟壁画变色记略〉，《新美术》1983年第2期。

宿白〈两汉魏晋南北朝时期的敦煌——《敦煌两千年》之一〉，《丝路访古》，甘肃人民出版社，兰州，1983年4月。

苏莹辉〈中国彩塑艺术之特征〉，《敦煌论集》，学生书局，台北，1983年。

樋口隆康编《BĀMIYĀN》第III卷（本文篇：アフガニスタンにおける仏教石窟寺院の美術考古學的調查，1970–1978》，同朋舍，京都，1984年2月。

杉本卓洲《インド仏塔の研究》，平楽寺書店，京都，1984年2月。

刘敦桢主编《中国古代建筑史》（第二版），中国建筑工业出版社，北京，1984年6月。

周国信〈古代壁画颜料的X-射线衍射分析〉，《美术研究》1984年第3期。

费秉勋〈敦煌壁画的古代舞蹈〉，《阳关》1984年第5、6期。

庄壮《敦煌石窟音乐》，甘肃人民出版社，兰州，1984年7月。

萧默〈敦煌莫高窟的洞窟形制〉，《中国石窟·敦煌莫高窟》第二卷，文物出版社、平凡社，北京，1984年10月。

高田修〈佛教故事画与敦煌壁画——专论敦煌前期的本缘故事画〉，《中国石窟·敦煌莫高窟》第二卷，文物出版社、平凡社，北京，1984年10月。

藤枝晃著，魏英邦译〈敦煌学研究〉，《西北师院学报》（增刊）1984年第10期。

苏莹辉《敦煌绘画》，行政院文化建设委员会，台北，1984年。

陈履生〈谈丝路石窟壁画中的荷花形象〉，《敦煌学辑刊》1985年第1期。

易绍武〈敦煌壁画中所见的古代体育〉，《敦煌学辑刊》1985年第1期。

张大千《漠高窟记》，故宫博物院，台北，1985年4月。

刘良佑〈敦煌的彩塑艺术〉，《故宫文物月刊》第3卷第3期，1985年。

万庚育〈敦煌壁画中的技法之一——晕染〉，《敦煌研究》1985年第3期。

顾森〈交脚佛及有关问题〉，《敦煌研究》1985年第3期。

王逊〈两晋南北朝时代的美术〉，《中国美术史讲义》，上海人民出版社，上海，1985年。

王泷〈甘肃早期石窟的两个问题〉，《1983年全国敦煌学术讨论会文集》石窟·艺术编（上），甘肃人民出版社，兰州，1985年8月。

王伯敏〈莫高窟早中期壁画山水探渊〉，《1983年全国敦煌学术讨论会文集》石窟·艺术编（下），甘肃人民出版社，兰州，1985年8月。

谭树桐〈敦煌飞天艺术初探〉，《1983年全国敦煌学术讨论会文集》石窟·艺术编（下），甘肃人民出版社，兰州，1985年8月。

李遇春〈浅淡敦煌石窟艺术和新疆石窟艺术的历史关系〉，《1983年全国敦煌学术讨论会文集》石窟·艺术编（下），甘肃人民出版社，兰州，1985年8月。

敦煌研究院编《中国美术全集·绘画编·敦煌壁画》（上），上海人民美术出版社，上海，1985年9月。

段文杰〈莫高窟早期壁画的风格特点和艺术成就〉，《中国美术全集·绘画编·敦煌壁画》（上），上海人民美术出版社，上海，1985年9月。

鄧健吾《敦煌行》，新潮社，東京，1985年10月。

東山健吾〈敦煌莫高窟北朝期尊像の図像的考察〉，《東洋學術研究》第24卷第1号，1985年。

佐藤宗太郎《インド石窟寺院》，東京書籍株式会社，東京，1985年12月。

潘玉闪、马世长《莫高窟窟前殿堂遗址》，文物出版社，北京，1985年12月。

樊锦诗、马世长〈莫高窟北朝洞窟本生、因缘故事画补考〉，《敦煌研究》1986年第1期。

董玉祥、杜斗城〈北凉佛教与河西诸石窟的关系〉，《敦煌研究》1986年第1期。

萧默〈阙史小议——从莫高窟的阙形龛谈起〉，《向达先生纪念论文集》，新疆人民出版社，乌鲁木齐，1986年2月。

樋口隆康《敦煌から日本へ》，法蔵館，京都，1986年5月。

吉村怜著，贺小萍译〈卢舍那法界人中像的研究〉，《敦煌研究》1986年第3期。

宁强、胡同庆〈敦煌莫高窟第254窟千佛画研究〉，《敦煌研究》1986年第4期。

敦煌研究院编《敦煌莫高窟供养人题记》，文物出版社，北京，1986年12月。

万庚育〈珍贵的历史资料——莫高窟供养人画像题记〉，《敦煌莫高窟供养人题记》，文物出版社，北京，1986年12月。

贺世哲〈从供养人题记看莫高窟部分洞窟的营建年代〉，《敦煌莫高窟供养人题记》，文物出版社，北京，1986年12月。

段文杰〈飞天——乾闼婆与紧那罗——再谈敦煌飞天〉，《敦煌研究》1987年第1期。

阎文儒《中国石窟艺术总论》，天津古籍出版社，天津，1987年3月。

姜亮夫〈敦煌造型艺术〉，《敦煌学论文集》，上海古籍出版社，上海，1987年6月。

孙纪元〈略论敦煌彩塑及其制作〉，《中国石窟·敦煌莫高窟》第三卷，文物出版社、平凡社，北京，1987年8月。

施萍婷、贺世哲〈敦煌壁画中的法华经变初探〉，《中国石窟·敦煌莫高窟》第三卷，文物出版社、平凡社，北京，1987年8月。

邓健吾〈敦煌莫高窟彩塑的发展〉，《中国石窟·敦煌莫高窟》第三卷，文物出版社、平凡社，北京，1987年8月。

刘玉权〈瓜、沙西夏石窟概论〉，《中国石窟·敦煌莫高窟》第五卷，文物出版社、平凡社，北京，1987年9月。

甘肃文物考古研究所等编《河西石窟》，文物出版社，北京，1987年10月。

胡同庆〈莫高窟早期龙图像研究〉，《敦煌研究》1988年第1期。

万庚育〈敦煌早期壁画中的天宫伎乐〉，《敦煌研究》，1988年第2期。

金维诺〈敦煌窟龛名数考补〉，《敦煌研究》1988年第2期。

董玉祥〈北魏时期的甘肃石窟寺〉，《敦煌研究》1988年第2期。

张宝玺〈河西北朝中心柱窟〉，《敦煌研究》1988年第2期。

杨雄〈莫高窟壁画中的化生童子〉，《敦煌研究》1988年第3期。

孙修身〈瓜、沙曹氏卒立世次考〉，《郑州大学学报》，1988年第4期。

宁强〈敦煌早期图案研究〉，《新疆艺术》1988年第5期。

東山健吾〈敦煌莫高窟における樹下説法図形式の受容とその展開〉，《成城大学文芸学部創立35周年記念論文集》，成城大学文芸学部，東京，1988年。

谢生保〈敦煌壁画中的佛教故事画〉，《文史知识》1988年第8期。

赵声良〈敦煌北朝的故事画艺术〉，《文史知识》1988年第8期。

郑汝中〈敦煌壁画乐器分类考略〉，《敦煌研究》1988年第4期。

宁强〈《历代名画记》与敦煌早期壁画——兼论南朝绘画与敦煌早期壁画的关系〉，《敦煌研究》1988年第4期。

栗田功《ガンダーラ美術》（I、II），二玄社，東京，1988年11月、1990年1月。

郭峰〈慕容归盈与瓜沙曹氏〉，《敦煌学辑刊》1989年第1期。

贺世哲〈关于北朝石窟千佛图像诸问题〉，《敦煌研究》1989年第3、4期。

黄文昆〈麦积山的历史与石窟〉，《文物》1989年第3期。

李玉珉〈中国早期佛塔溯源〉，《故宫学术季刊》（台湾）第6卷第3期，1989年。

萧默《敦煌建筑研究》，文物出版社，北京，1989年10月。

万庚育〈敦煌壁画中的构图〉，《敦煌研究》1989年第4期。

赵声良〈敦煌早期故事画的表现形式〉，《敦煌研究》1989年第4期。

苏莹辉〈莫高窟早期壁画源流新论（上）——敦煌艺术系列〉，《故宫文物月刊》第7卷第9期，1989年。

宿白〈莫高窟现存早期洞窟的年代问题〉，《香港中文大学中国文化研究所学报》第20卷，1989年。

王逊〈莫高窟的北魏洞窟壁画〉，《中国美术史》，上海人民出版社，上海，1989年6月。

肥塚隆〈莫高窟第275窟交脚菩萨像与犍陀罗的先例〉，《敦煌研究》1990年第1期。

马德〈莫高窟崖面使用刍议〉，《敦煌学辑刊》1990年第1期。

何山《西域文化与敦煌艺术》，湖南美术出版社，长沙，1990年2月。

苏莹辉〈敦煌早期壁画源流新论（下）——敦煌学术系列〉，《故宫文物月刊》第7卷第10期，1990年。

段文杰〈莫高窟早期壁画的时代风格探讨〉，《1987年敦煌石窟研究国际讨论会文集》石窟艺术编，辽宁美术出版社，沈阳，1990年10月。

傅天仇〈敦煌彩塑与环境艺术〉，《1987年敦煌石窟研究国际讨论会文集》石窟艺术编，辽宁美术出版社，沈阳，1990年10月。

关友惠〈敦煌北朝石窟中的南朝艺术之风〉，《1987年敦煌石窟研究国际讨论会文集》石窟艺术编，辽宁美术出版社，沈阳，1990年10月。

万庚育〈敦煌早期壁画中的天宫伎乐〉，《1987年敦煌石窟研究国际讨论会文集》石窟艺术编，辽宁美术出版社，沈阳，1990年10月。

张学荣、何静珍〈论莫高窟和麦积山等处早期洞窟中的交脚菩萨〉，《1987年敦煌石窟研究国际讨论会文集》石窟艺术编，辽宁美术出版社，沈阳，1990年10月。

王静芬〈弥勒信仰与敦煌《弥勒变》的起源〉，《1987年敦煌石窟研究国际讨论会文集》石窟艺术编，辽宁美术出版社，沈阳，1990年10月。

郑汝中〈敦煌壁画乐器研究〉，《1987年敦煌石窟研究国际讨论会文集》石窟艺术编，辽宁美术出版社，沈阳，1990年10月。

刘玉权〈关于沙州回鹘洞窟的划分〉，《1987年敦煌石窟研究国际讨论会文集》石窟艺术编，辽宁美术出版社，沈阳，1990年10月。

张宝玺〈河西北朝中心柱窟〉，《1987年敦煌石窟研究国际讨论会文集》石窟艺术编，辽宁美术出版社，沈阳，1990年10月。

赵声良〈敦煌莫高窟早期山水画与南北朝山水画风貌〉，《敦煌研究》1990年第4期。

樋口隆康著，蔡伟堂译〈敦煌石窟系谱〉，《敦煌研究》1990年第4期。

敦煌研究院考古所、内蒙古师范大学蒙文系〈敦煌石窟回鹘蒙文题记考察报告〉，《敦煌研究》1990年第4期。

释晓云〈敦煌壁画之山水背影与中国山水画之发展和其演变〉，汉学研究中心编印《敦煌学国际研讨会论文集》，台北，1990年。

史苇湘〈敦煌佛教艺术新思维〉，麦积山石窟艺术研究所《石窟艺术》，陕西人民出版社，西安，1990年11月。

敦煌研究院主编《敦煌》，甘肃人民出版社，兰州，1990年。

孙国璋《敦煌——丝路文化瑰宝》，万卷楼图书有限公司，台北，1990年。

山本智教《インド美術史大觀》，每日新聞社，東京，1990年12月。

Roderick Whitfield, Anne Farrer, Caves of the Thousand Buddhas: Chinese art from the Silk Route, George Braziller Inc., New York, 1990.

东山健吾著，贺小萍译〈敦煌莫高窟树下说法图形式的外来影响及其变迁〉，《敦煌研究》1991年第1期。

宫治昭《涅槃と彌勒の図像學——インドから中央アジアへ》，吉川弘文館，東京，1992年2月。

郑汝中〈敦煌壁画舞伎研究〉，《新疆艺术》1991年第2期。

林保尧《敦煌艺术图典》，艺术家出版社，台北，1991年3月。

段文杰〈九色鹿连环画的艺术特色——敦煌读画记之一〉，《敦煌研究》1991年第3期。

吴焯《佛教东传与中国佛教艺术》，浙江人民出版社，杭州，1991年6月。

宁强《敦煌佛教艺术》，高雄复文图书出版社，高雄，1991年8月。

贺世哲〈关于十六国北朝时期的三世佛与三佛造像诸问题〉（一、二），《敦煌研究》1992年第4期、1993年第1期。

庄壮〈敦煌壁画乐伎形式〉，《音乐研究》1993年第3期。

伯希和著，唐健宾、耿昇译《伯希和敦煌石窟笔记》，甘肃人民出版社，兰州，1993年4月。

黄文昆《法相之美》，艺术图书公司，台北，1993年4月。

孙儒僩〈敦煌莫高窟的建筑艺术〉，《敦煌研究》1993年第4期。

孙毅华〈莫高窟内中心佛坛原貌探讨〉，《敦煌研究》1993年第4期。

李最雄〈莫高窟壁画中的红色颜料及其变色机理探讨〉，《敦煌研究文集》石窟保护篇（上），甘肃人民出版社，兰州，1993年6月。

李铁朝、向晓梅〈敦煌壁画中部分红色颜料的变色及稳定性〉，《敦煌研究文集》石窟保护篇（上），甘肃人民出版社，兰州，1993年6月。

高金荣《敦煌舞蹈》，敦煌文艺出版社，兰州，1993年。

古正美《贵霜佛教政治传统与大乘佛教》，允晨文化实业股份有限公司，台北，1993年。

谢生保、凌元《敦煌艺术之最》，甘肃人民美术出版社，兰州，1993年6月。

国家文物局教育处编《佛教石窟考古概要》，文物出版社，北京，1993年11月。

宁可、郝春文《敦煌的历史和文化》，新华出版社，北京，1993年12月。

贺世哲〈关于敦煌莫高窟的三世佛与三佛造像〉，《敦煌研究》1994年第2期。

贺世哲〈再谈曹元深功德窟〉，《敦煌研究》1994年第3期。

小野玄妙《仏教美術講話》，有明書房，東京，1994年7月。

王惠民〈敦煌早期故事画的内容与艺术特征〉，《雄狮美术》1994年第12期。

樊锦诗〈简谈佛教故事画的民族化特色〉，《敦煌研究》1995年第1期。

李玉珉〈敦煌莫高窟二五九窟之研究〉，《美术史研究集刊》1995年第2期。

李金梅、刘传绪、李重申〈敦煌传统文化与武术〉，《敦煌研究》1995年第2期。

贺世哲〈莫高窟北朝五佛造像试释〉，《敦煌研究》1995年第3期。

宫治昭著，顾虹译〈敦煌美术与犍陀罗·印度美术——早期敦煌美术受西方影响的三个问题〉，《敦煌研究》1995年第3期。

杜斗城〈从转轮王到龙王〉，《1990年敦煌学国际研讨会论文集》石窟考古编，辽宁美术出版社，沈阳，1995年7月。

释依淳〈克孜尔与莫高窟的本生画之考据〉，《1990年敦煌学国际研讨会文集》石窟考古编，辽宁美术出版社，沈阳，1995年7月。

赵青兰〈塔庙窟的窟形演变及其性质〉，《1990年敦煌学国际研讨会文集》石窟考古编，辽宁美术出版社，沈阳，1995年7月。

帕特里夏·卡瑞兹克著、台建群译〈北朝时期敦煌的中心方塔柱窟〉，《1990年敦煌学国际研讨会文集》石窟考古编，辽宁美术出版社，沈阳，1995年7月。

Roderick Whitfield, Dunhuang Buddhist Art from the Silk Road, Textiles and Art Publication, Vol. 2, London, 1995.

松原三郎《中国仏教彫刻史論》（全四冊），吉川弘文館，東京，1995年11月。

姜伯勤〈莫高窟隋说法图中龙王与象王的图像学研究——兼论有联珠纹边饰的一组说法图中晚期犍陀罗派及粟特画派的影响〉，《敦煌吐鲁番研究》第1卷（1995），北京大学出版社，北京，1996年4月。

马德〈莫高窟与敦煌佛教教团〉，《敦煌吐鲁番研究》第1卷（1995），北京大学出版社，北京，1996年4月。

暨远志〈酒泉地区早期石窟分期试论〉，《敦煌研究》1996年第1期。

孙儒僩〈敦煌壁画中塔的形象〉，《敦煌研究》1996年第2期。

石璋如编著《莫高窟形》（一～三），历史语言研究所，台北，1996年4月。

殷光明〈试论北凉石塔基座像与神王〉，《敦煌研究》1996年第4期。

马世长〈克孜尔石窟中心柱窟主室券顶与后室的壁画〉，《中国石窟·克孜尔石窟》第二卷，文物出版社、平凡社，北京，1996年6月。

宿白《中国石窟寺研究》，文物出版社，北京，1996年8月。

姜伯勤《敦煌艺术宗教与礼乐文明：敦煌心史散论》，中国社会科学出版社，北京，1996年11月。

荣新江《归义军史研究——唐宋时代敦煌历史考索》，上海古籍出版社，上海，1996年11月。

敦煌研究院编《敦煌石窟内容总录》，文物出版社，北京，1996年12月。

马德《敦煌莫高窟史研究》，甘肃教育出版社，兰州，1996年12月。

王素、李方《魏晋南北朝敦煌文献编年》，新文丰出版公司，台北，1997年。

暨远志〈武威天梯山早期石窟分期试论〉，《敦煌研究》1997年第1期。

蔡伟堂〈莫高窟壁画中的沙弥守戒自杀图研究〉，《敦煌研究》1997年第4期。

徐自强〈新订敦煌莫高窟诸家编号对照表〉，《敦煌吐鲁番研究》第2卷，北京大学出版社，北京，1997年。

郑汝中〈敦煌乐舞壁画的分期和图式〉，《敦煌研究》1997年第4期。

郑炳林主编《敦煌归义军史专题研究》（初编、续编、三编），兰州大学出版社，兰州，1997年、2003年、2005年。

刘永增〈“千佛围绕式说法图”与观佛三昧海经〉，《敦煌研究》1998年第1期。

李崇峰〈塔与支提窟〉，《北京大学百年国学文粹》考古卷，北京大学出版社，北京，1998年4月。

奥雷尔·斯坦因著，中国社会科学院考古研究所主持翻译《西域考古图记》，广西师范大学出版社，桂林，1998年12月。

季羡林主编《敦煌学大辞典》，上海辞书出版社，上海，1998年12月。

刘玉权〈敦煌西夏洞窟分期再议〉，《敦煌研究》1998年第3期。

王静如〈敦煌莫高窟和安西榆林窟中的西夏壁画〉，《王静如民族研究文集》，民族出版社，北京，1998年8月。

久野美樹《中国の仏教美術——後漢代から元代まで》，東信堂，東京，1999年3月。

索伯著，殷光明译，李玉珉校〈北凉和北魏时期的甘肃〉，《敦煌研究》1999年第4期。

常书鸿《敦煌莫高窟》（1959年手稿），《敦煌学百年文库》综述卷（二），甘肃文化出版社，兰州，1999年。

《敦煌石窟全集》19，刘玉权主编《动物画卷》，商务印书馆（香港）有限公司，香港，1999年9月。

《敦煌石窟全集》25，谭蝉雪主编《民俗画卷》，商务印书馆（香港）有限公司，香港，1999年9月。

李浴〈莫高窟各窟内容之调查〉，《中国西北文献丛书续编·敦煌学文献卷》第19册，甘肃文化出版社，兰州，1999年。

史岩〈千佛洞初步踏查纪略〉，《中国西北文献丛书续编·敦煌学文献卷》第20册，甘肃文化出版社，兰州，1999年。

民权、子清〈敦煌壁画内容调查报告〉，《中国西北文献丛书续编·敦煌学文献卷》第21册，甘肃文化出版社，兰州，1999年。

史岩〈敦煌石窟群之编号问题〉，《中国西北文献丛书续编·敦煌学文献卷》第22册，甘肃文化出版社，兰州，1999年。

阎文儒〈洞窟内容说明〉，《中国西北文献丛书续编·敦煌学文献卷》第22册，甘肃文化出版社，兰州，1999年。

石松日奈子〈敦煌莫高窟北朝时期的弥勒像〉，《敦煌研究》2000年特刊。

樊锦诗〈辉煌灿烂的敦煌石窟〉，《敦煌——纪念藏经洞发现一百周年》，朝华出版社，北京，2000年1月。

新疆龟兹石窟研究所编著《克孜尔石窟内容总录》，新疆美术摄影出版社，乌鲁木齐，2000年6月。

郑汝中〈敦煌乐舞壁画的形成分期和图式〉，《1994年敦煌学国际研讨会文集——纪念敦煌研究院成立五十周年》石窟艺术编，甘肃民族出版社，兰州，2000年6月。

孟嗣徽〈敦煌早期艺术的图像与结构空间〉，《1994年敦煌学国际研讨会文集——纪念敦煌研究院成立五十周年》石窟艺术卷，甘肃民族出版社，兰州，2000年6月。

卢秀文〈敦煌莫高窟早期的背光〉，《1994年敦煌学国际研讨会文集——纪念敦煌研究院成立五十周年》石窟考古卷，甘肃民族出版社，兰州，2000年6月。

张宝玺〈河西北朝石窟编年〉，《1994年敦煌学国际研讨会文集——纪念敦煌研究院成立五十周年》石窟考古卷，甘肃民族出版社，兰州，2000年6月。

梁尉英〈敦煌石窟贤劫千佛变相〉，《1994年敦煌学国际研讨会文集——纪念敦煌研究院成立五十周年》石窟考古卷，甘肃民族出版社，兰州，2000年6月。

金申〈关于神王的探讨〉，《1994年敦煌学国际研讨会文集——纪念敦煌研究院成立五十周年》石窟考古卷，甘肃民族出版社，兰州，2000年6月。

李崇峰〈克孜尔中心柱窟主室正壁画塑题材及有关问题〉，《汉唐之间的宗教艺术与考古》，文物出版社，北京，2000年6月。

殷光明《北凉石塔研究》，觉风佛教艺术文化基金会，台北，2000年6月。

敦煌研究院编《敦煌遗书总目索引新编》，中华书局，北京，2000年7月。

高金荣《敦煌石窟舞乐艺术》，甘肃人民出版社，兰州，2000年7月。

马世长〈敦煌石窟考古的回顾与反思〉，《文物》2000年第8期。

薄松年等《中国美术史教程》，陕西人民美术出版社，西安，2000 年 9 月。

赵青兰〈莫高窟中心塔柱窟的分期研究〉，《敦煌研究文集·敦煌石窟考古篇》，甘肃民族出版社，兰州，2000 年 9 月。

郑汝中、台建群主编《中国飞天艺术》，安徽美术出版社，合肥，2000 年 11 月。

《敦煌石窟全集》3，李永宁主编《本生因缘故事画卷》，商务印书馆（香港）有限公司，香港，2000 年 12 月。

《敦煌石窟全集》4，樊锦诗主编《佛传故事画卷》，商务印书馆（香港）有限公司，香港，2000 年 12 月。

黄文昆〈魏晋南北朝石窟〉，《魏晋南北朝文化》，学林出版社、上海科技教育出版社，上海，2000 年 12 月。

俄罗斯国立艾尔米塔什博物馆、上海古籍出版社编《俄藏敦煌艺术品》III、IV，上海古籍出版社，上海，2000 年 12 月。

王伯敏《敦煌壁画山水研究》，浙江人民美术出版社，杭州，2000 年 12 月。

常沙娜编著《中国敦煌历代服饰图案》，中国轻工业出版社，北京，2001 年 1 月。

李玉珉《中国佛教美术史》，台北图书有限股份有限公司，台北，2001 年。

魏道儒《中国华严宗通史》，江苏古籍出版社，南京，2001 年 5 月。

《敦煌石窟全集》17，王克芬主编《舞蹈画卷》，商务印书馆（香港）有限公司，香港，2001 年 10 月。

《敦煌石窟全集》21，孙儒僩、孙毅华主编《建筑画卷》，商务印书馆（香港）有限公司，香港，2001 年 10 月。

《敦煌石窟全集》23，王进玉主编《科学技术画卷》，商务印书馆（香港）有限公司，香港，2001 年 10 月。

马世长《中国佛教石窟考古文集》，觉风佛教艺术文化基金会，台北，2001 年 12 月。

赖文英〈北传早期的“法华三昧”禅法与造像〉，《圆光佛学学报》2001 年第 6 期。

《敦煌石窟全集》2，罗华庆主编《尊像画卷》，商务印书馆（香港）有限公司，香港，2002 年 3 月。

《敦煌石窟全集》5，施萍婷主编《阿弥陀经画卷》，商务印书馆（香港）有限公司，香港，2002 年 3 月。

《敦煌石窟全集》6，王惠民主编《弥勒经画卷》，商务印书馆（香港）有限公司，香港，2002 年 3 月。

王惠民〈鹿头梵志与婆薮仙〉，《敦煌研究》2002 年第 2 期。

杜元〈早期山水画与敦煌壁画中的树木描写〉，《敦煌学辑刊》2002 年第 2 期。

赵声良〈敦煌壁画说法图中的圣树〉，《艺术史研究》第 4 卷，2002 年。

《敦煌石窟全集》15，郑汝中、台建群主编《飞天画卷》，商务印书馆（香港）有限公司，香港，2002 年 9 月。

李崇峰〈西印度塔庙窟的分期与年代〉，《宿白先生八秩华诞纪念文集》（下），文物出版社，北京，2002 年 9 月。

郑汝中《敦煌壁画乐舞研究》，甘肃教育出版社，兰州，2002 年 9 月。

谢成水〈从栖霞山石窟看南方文化对敦煌艺术的影响〉，《敦煌研究》2002 年第 5 期。

史苇湘《敦煌历史与莫高窟艺术研究》，甘肃教育出版社，兰州，2002 年 12 月。

赖鹏举〈北凉的弥勒净土思想及其禅窟造像〉，《丝路佛教的图像与禅法》，圆光佛學研究所，桃园，2002 年。

释圣凯〈论中国早期以法华经为中心的信仰形态〉，《法音》，2002 年第 8 期。

卢秀文编著《中国石窟图文志》（上、中、下），敦煌文艺出版社，兰州，2002 年。

Marylin Martin Rhite, Early Buddhist of China and Central Asia, Brill Academic Publishers, 2002.

俄罗斯国立艾尔米塔什博物馆、上海古籍出版社编《俄藏敦煌艺术品》V，上海古籍出版社，上海，2002 年 12 月。

简婉《论北朝的思惟菩萨》，元智大学，台北，2003 年。

王克芬〈图说敦煌舞蹈壁画〉，《敦煌与丝路文化学术讲座》第一辑，北京图书馆出版社，北京，2003 年 1 月。

郑汝中〈敦煌石窟音乐研究〉，《敦煌与丝路文化学术讲座》第一辑，北京图书馆出版社，北京，2003 年 1 月。

赵声良〈敦煌飞天〉，《敦煌与丝路文化学术讲座》第一辑，北京图书馆出版社，北京，2003 年 1 月。

《敦煌石窟全集》13、14，关友惠主编《图案卷》，商务印书馆（香港）有限公司，香港，2003 年 1 ～ 2 月。

酒井敦子、李静杰〈南北朝时期的织物云气纹样〉，《敦煌研究》2003 年第 2 期。

张小刚〈莫高窟第 256 窟至正年间“大宋国”题记考释〉，《敦煌学辑刊》2003 年第 2 期。

裴珍达〈敦煌莫高窟编年试论——以佛光形式为中心〉，《2000 年敦煌学国际学术讨论会文集——纪念敦煌藏经洞发现暨敦煌学百年》石窟考古卷，甘肃民族出版社，兰州，2003 年 9 月。

八木春生著，朱悦梅译〈敦煌莫高窟第 257 窟研究一得〉，《2000 年敦煌学国际学术讨论会文集——纪念敦煌藏经洞发现暨敦煌学百年》石窟艺术卷，甘肃民族出版社，兰州，2003 年 9 月。

王惠民〈敦煌净土图像研究〉，《中国佛教学术论典》第八辑，佛光出版社，高雄，2003年。

李裕群《古代石窟》，文物出版社，北京，2003年。

《敦煌石窟全集》8，刘永增主编《塑像卷》，商务印书馆（香港）有限公司，香港，2003年12月。

《敦煌石窟全集》22，孙毅华、孙儒僩主编《石窟建筑卷》，商务印书馆（香港）有限公司，香港，2003年12月。

李崇峰《中印佛教石窟寺比较研究——以塔庙窟为中心》，北京大学出版社，北京，2003年12月。

金申《佛教美术丛考》，科学出版社，2004年1月。

谢慧暹〈敦煌莫高窟九色鹿王本生故事画析探〉，《光武国文学报》第1期，2004年。

吴荣鉴〈敦煌壁画中的线描〉，《敦煌研究》2004年第1期。

唐仲明〈从帐形龛饰到帐形龛——北朝石窟中一个被忽视的问题〉，《敦煌研究》2004年第1期。

胡同庆、胡朝阳〈试论敦煌壁画中的对称中求不对称美学特征〉，《民族艺术》2004年第3期。

刘永增〈莫高窟北朝期的石窟造像与外来影响——以第275窟为中心〉（上、下），《敦煌研究》2004年第3、4期。

马德〈论敦煌石窟崖面上的“王公窟”现象〉，《麦积山石窟艺术文化论文集》下，兰州大学出版社，兰州，2004年6月。

敦煌研究院编《常书鸿文集》，甘肃民族出版社，兰州，2004年8月。

贺世哲〈关于十六国北朝时期三世佛与三佛造像诸问题〉，贺世哲《敦煌石窟论稿》，甘肃民族出版社，兰州，2004年8月。

石松日奈子《北魏仏教造像史の研究》，株式会社ブリュッケ，東京，2005年1月。

蔡伟堂〈敦煌佛教造像的汉族化与世俗化的形成〉，《敦煌学辑刊》2005年第1期。

《敦煌石窟全集》24，谭蝉雪主编《服饰画卷》，商务印书馆（香港）有限公司，香港，2005年4月。

赵声良〈敦煌北朝菩萨头冠〉，《敦煌研究》2005年第3期。

蔡伟堂〈莫高窟早期三窟佛像比例探讨〉，《敦煌研究》2005年第3期。

赵声良《敦煌壁画风景研究》，中华书局，北京，2005年6月。

郑炳林、沙武田编著《敦煌石窟艺术概论》，甘肃文化出版社，兰州，2005年8月。

李最雄编著《丝绸之路石窟壁画彩塑保护》，科学出版社，北京，2005年9月。

俄罗斯国立艾尔米塔什博物馆、上海古籍出版社编《俄藏敦煌艺术品》VI，上海古籍出版社，上海，2005年10月。

蔡伟堂〈重订莫高窟各家编号对照表说明——兼谈莫高窟各家编号及其对照表〉，《敦煌研究》2005年第6期。

赵声良〈敦煌石窟北朝菩萨裙饰〉，《敦煌研究》2005年特刊。

Eugen Y. Wang: Shaping the Lotus Sutra: Buddhist Visiual Culture in Medieval China, University of Washington Press, Seattle and London, 2005.

赵声良〈敦煌北凉·北魏壁画艺术风格〉，《中国美术分类全集31·敦煌壁画1·北凉、北魏》，天津人民美术出版社，天津，2006年1月。

余明泾〈敦煌莫高窟北朝时期佛陀造像袈裟色彩分析〉，《敦煌研究》2006年第1期。

梁晓鹏〈敦煌千佛图像的符号学分析〉，《敦煌研究》2006年第2期。

苗利辉〈论克孜尔石窟中心柱窟的建筑特点〉，《新疆师范大学学报》（哲学社会科学版），2006年第2期。

贾应逸、祁小山《佛教东传中国》，上海古籍出版社，上海，2006年5月。

贺世哲《敦煌图像研究——十六国北朝卷》，甘肃教育出版社，兰州，2006年6月。

村松哲文著、李茹译〈中国南北朝时期菩萨像胸饰之研究〉，《敦煌学辑刊》2006年第4期。

陈明〈慕容家族与慕容氏出行图〉，《敦煌研究》2006年第4期。

吉村怜、苏哲〈古代佛、菩萨像的衣服及其名称〉，《2005年云冈国际学术研讨会论文集·研究卷》，文物出版社，北京，2006年8月。

李静杰〈敦煌莫高窟北朝隋代洞窟图像构成试论〉，《2005年云冈国际学术研讨会论文集·研究卷》，文物出版社，北京，2006年8月。

张宝玺〈北魏太和期的中心柱窟〉，《2005年云冈国际学术研讨会论文集·研究卷》，文物出版社，北京，2006年8月。

赵声良〈敦煌北朝石窟形制诸问题〉，《敦煌研究》2006年第5期。

张元林〈敦煌北朝时期《法华经》艺术及信仰考察〉，《敦煌研究》2006年第5期。

王洁、赵声良〈敦煌北朝石窟佛龛形式初探〉，《敦煌研究》2006年第5期。

关友惠〈敦煌宋西夏石窟壁画装饰风格及其相关的问题〉，《2004年石窟研究国际学术会议论文集》（下册），上海古籍出版社，上海，2006年11月。

马世长〈中国佛教石窟的类型和形制特征——以龟兹和敦煌为中心〉，《敦煌研究》2006年第6期。

李玉珉〈敦煌石窟研究的传承与省思〉，《敦煌研究》2006年第6期。

孙儒僩〈我经历的敦煌石窟保护——上世纪40至60年代〉，《敦煌研究》2006年第6期。

费泳〈印度贵霜、笈多时期的佛像服饰〉，《敦煌学研究》2007年第1期。

党燕妮〈晚唐五代宋初敦煌佛教信仰特点初探〉，《世界宗教研究》2007年第2期。

柴剑虹《敦煌学与敦煌文化》，上海古籍出版社，上海，2007年4月。

王征〈龟兹石窟中心柱和大像窟塑像布局与壁画风格类型的比较〉，《敦煌研究》2007年第2期。

李映洲、董珍慧〈论敦煌壁画艺术的美学风格〉，《敦煌研究》2007年第2期。

方闻、申云艳〈敦煌的凹凸画〉，《故宫博物院院刊》2007年第3期。

蔡伟堂〈佛教造像——敦煌佛教造像的君权意识〉，《丝绸之路民族古文字与文化学术讨论会文集》，三秦出版社，西安，2007年7月。

孙儒僩《敦煌石窟保护与建筑——我经历的敦煌石窟保护工作》，甘肃人民出版社，兰州，2007年9月。

于向东〈五世纪二佛并坐像在敦煌与云冈石窟的表现〉，《圆光佛学学报》2007年第11期。

崇秀全〈莫高窟第257窟壁画《鹿王本生》释读〉，《敦煌学辑刊》2008年第1期。

刘华金〈敦煌莫高窟早期壁画绘画风格的启示〉，《美术界》2008年第1期。

崇秀全〈敦煌莫高窟第257窟壁画《鹿王本生》新读〉，《世界宗教研究》2008年第2期。

李静杰〈北朝隋代佛教图像反映的经典思想〉，《民族艺术》2008年第2期。

赵声良〈敦煌早期壁画中中原式人物造型〉，《敦煌研究》2008年第3期。

王洁〈敦煌早期覆斗顶窟形式初探〉，《敦煌研究》2008年第3期。

李敏〈敦煌北凉、北魏壁画装饰图案〉，《敦煌研究》2008年第3期。

柴剑虹〈注重敦煌学的学术背景与学术关联〉，《学习与探索》2008年第3期。

赵声良〈敦煌艺术丛谈〉，《群言》2008年第3期。

樊锦诗〈P. 3317号敦煌文书及其与莫高窟第61窟佛传故事画关系之研究〉，《华学》第九、十辑（三），上海古籍出版社，上海，2008年8月。

赖鹏举《敦煌石窟造像思想研究》，文物出版社，北京，2008年9月。

李静〈河西走廊与中原北方隋代石窟天井图样考察〉，《故宫博物院院刊》2008年第4期。

赖鹏举〈西北印弥勒菩萨在中亚石窟的大小乘异化及其对莫高窟的影响〉，《敦煌研究》2008年第4期。

张元林、魏迎春〈试论法华判教思想对敦煌北朝—隋石窟的影响〉，《敦煌研究》2008年第5期。

赵声良〈天国的装饰——敦煌早期石窟装饰艺术研究之一〉，《敦煌研究》2008年第6期。

马玉华〈敦煌北凉、北魏石窟壁画的制作〉，《敦煌研究》2008年第6期。

阎琰〈北朝忍冬装饰纹样的类型〉，《文物世界》2008年第6期。

霍秀峰〈莫高窟早期图案中的忍冬纹样〉，《敦煌壁画艺术继承与创新国际学术研讨会论文集》，上海辞书出版社，上海，2008年12月。

关晋文〈敦煌石窟早期壁画绘制方法小议〉，《敦煌壁画艺术继承与创新国际学术研讨会论文集》，上海辞书出版社，上海，2008年12月。

新疆龟兹石窟研究所编《克孜尔尕哈石窟内容总录》，文物出版社，北京，2009年1月。

林伟〈从交脚弥勒菩萨造像的流行看中国传统文化对佛教的影响〉，《江苏社会科学》2009年第1期。

赵声良〈敦煌早期壁画中“西域式”人物造型〉，《民族艺术》2009年第1期。

殷光明〈初说法图与法身信仰——初说法从释迦到卢舍那的转变〉，《敦煌研究》2009年第1期。

吴亮〈敦煌莫高窟北朝时期造像的服饰特点〉，《西北美术》2009年第3期。

费泳〈佛衣样式中的“半披式”及其在南北方的演绎〉，《敦煌研究》2009年第3期。

马玉华〈北凉、北魏时期敦煌壁画的技法及色彩构成〉，《敦煌研究》2009年第3期。

张元林〈敦煌北朝—隋时期洞窟中的二佛并坐图像研究〉，《敦煌研究》2009年第4期。

刘珂艳〈敦煌莫高窟早期石窟装饰图案分析〉，《艺术百家》2009年第4期。

宿白《中国古建筑考古》（宿白未刊讲稿系列），文物出版社，北京，2009年7月。

宫治昭著，李萍、张清涛译《涅槃和弥勒的图像学——从印度到中亚》，文物出版社，北京，2009年8月。

张景峰〈敦煌石窟的中心佛坛窟〉，《敦煌研究》2009年第5期。

新疆龟兹石窟研究所编《森木塞姆石窟内容总录》，文物出版社，北京，2009年10月。

吉村怜著，卞立强译《天人诞生图像研究——东亚佛教美术史论文集》，上海古籍出版社，上海，2009年12月。

刘进宝《百年敦煌学——历史、现状、趋势》，甘肃人民出版社，兰州，2009年12月。

金申《佛教美术丛考续编》，华龄出版社，2010年1月。

方立天《中国佛教与传统文化》，中国人民大学出版社，北京，2010年1月。

宫治昭《インド仏教美術史論》，中央公論美術出版，東京，2010年2月

周国信〈中国的辰砂及其发展史〉，《敦煌研究》2010年第2期。

沈淑萍〈试论敦煌早期壁画的线描艺术〉，《敦煌研究》2010年第2期。

李敏〈敦煌北朝龛楣图案演变及其装饰特征〉，《敦煌研究》2010年第3期。

徐玉琼〈论传统绘画技法在莫高窟北朝佛教壁画中的运用〉，《美与时代》2010年第3期。

沙武田〈千佛及其造像艺术〉，《法音》2011年第7期。

陆敬国〈浅论敦煌壁画中西域绘画特点与汉画风格的融合〉，《美术教育研究》2011年第7期。

汪娣〈敦煌造像本土化探析〉，《才智》2010年第8期。

宿白《中国佛教石窟寺遗迹——3至8世纪中国佛教考古学》（宿白未刊讲稿系列），文物出版社，北京，2010年9月。

宿白《汉唐宋元考古——中国考古学（下）》（宿白未刊讲稿系列），文物出版社，北京，2010年9月。

宿白〈编写龙门窟龛档案和考古报告应予关注的几个问题〉，《石窟寺研究》第一辑，2010年11月

李敏〈敦煌北凉、北魏石窟图案的装饰风格〉，《大众文艺》2011年第3期。

竺小恩《敦煌服饰文化研究》，浙江大学出版社，杭州，2011年6月。

敦煌研究院编《敦煌石窟全集》第一卷《莫高窟第266～275窟考古报告》，文物出版社，北京，2011年8月。

刘羽迪〈北魏时期壁画中的乐器世界〉，《大众文艺》2011年第10期。

马世长〈敦煌莫高窟魏窟佛像比例实测报告〉，《石窟寺研究》第二辑，2011年12月。

朴基宪〈论云冈石窟所见楼阁式佛塔的起源及演变〉，《石窟寺研究》第二辑，2011年12月。

敦煌研究院、甘肃省文物局编《甘肃石窟志》，甘肃教育出版社，兰州，2011年12月。

杨宝玉《敦煌史话》，社会科学文献出版社，北京，2011年12月。

扬之水《曾有西风半点香》，生活·读书·新知三联书店，北京，2012年1月。

宁强《敦煌石窟寺研究》，甘肃人民美术出版社，兰州，2012年2月。

米德昉〈敦煌曹氏归义军时期石窟四角天王图像研究〉《敦煌学辑刊》，2012年第2期。

张善庆〈河西石窟阙形龛溯源刍议〉，《考古与文物》2012年第3期。

段奇三、吕文旭〈三维激光扫描技术在曲面展开中的应用〉，《敦煌研究》2012年第3期。

费泳《中国佛教艺术中的佛衣样式研究》，中华书局，北京，2012年4月。

李崇峰〈克孜尔部分中心柱窟与《长阿含经》等佛典〉，《徐苹芳先生纪念文集》，上海古籍出版社，上海，2012年5月。

石松日奈子著，筱原典生译《北魏佛教造像史研究》，文物出版社，北京，2012年9月。

唐仲明〈克孜尔中心柱窟分期及影响初探〉，《东方考古》第9集，2012年。

濱田瑞美《中国石窟美術の研究》，中央公論美術出版，2012年10月。

陈悦新〈南北朝早期佛衣类型探源〉，《石窟寺研究》第三辑，2012年12月。

黄文昆〈敦煌石窟研究与图书出版——从美术图录到考古报告〉，《庆贺饶宗颐先生九十五华诞敦煌学国际学术研讨会论文集》，中华书局，北京，2012年12月。

《世界佛教美术图说大辞典》（二十卷册），佛光山宗委会，高雄，2013年3月。

王惠民《敦煌佛教与石窟营建》，甘肃教育出版社，兰州，2013年11月。

甘肃北石窟寺文物保护研究所《庆阳北石窟寺内容总录》，文物出版社，2013年12月。

李崇峰《佛教考古——从印度到中国》，上海古籍出版社，上海，2014年1月。

唐仲明〈响堂山石窟北朝晚期中心柱窟的“西方”因素〉，《故宫博物院院刊》2014 年第 2 期。

赵声良等《敦煌石窟美术史·十六国北朝》，高等教育出版社，北京，2014 年 3 月。

赵声良〈罗寄梅拍摄敦煌石窟照片的意义〉，《敦煌研究》2014 年第 3 期。

何俊华、包菁萍〈巴慎思敦煌之行的石窟照片〉，《敦煌研究》2014 年第 6 期。

孙晓峰〈北朝时期水波纹发髻佛像及相关问题研究〉，《石窟寺研究》第五辑，2014 年 12 月。

黄文昆〈中国早期佛教美术考古泛议〉，《敦煌研究》2015 年第 1 期。

黄火、黄雅雯〈论贵霜经雕造像对早期敦煌石窟的影响——以“护法”模式和“二佛并坐”模式为例〉，《中北大学学报（社会科学版）》2015 年第 1 期。

魏丽〈敦煌故事画的构图研究〉，《艺术设计研究》2015 年第 3 期。

东山健吾著、李梅译〈敦煌莫高窟北朝尊像图像学考察〉，《敦煌研究》2015 年第 6 期。

刘艳燕、吴军〈敦煌莫高窟礼佛仪式的左旋和右旋〉，《敦煌研究》2015 年第 6 期。

王惠民〈敦煌早期洞窟分期及存在的问题〉，《石河子大学学报（哲学社会科学版）》2015 年第 6 期。

熊金华〈浅谈北魏时期敦煌壁画的表现形式及其影响〉，《艺术科技》2015 年第 7 期。

赵蓉〈敦煌石窟考古绘图中的佛龛展开图画法刍议——利用三维激光扫描数据的实践尝试〉，《敦煌研究》2016 年第 1 期。

丁晨奕〈漫谈敦煌壁画中北魏时期的天宫伎乐舞蹈形象〉，《艺术科技》2016 年第 1 期。

吕文旭、段奇三〈利用三维激光扫描测量数据与计算机绘图软件绘制敦煌彩塑〉，《敦煌研究》2016 年第 2 期。

张元林〈融通与移植：敦煌《法华经》图像的灵活性选择〉，《敦煌研究》2016 年第 3 期。

赵声良〈敦煌早期彩塑的犍陀罗影响〉，《中国美术研究》2016 年第 4 期。

胡同庆〈试探敦煌北朝时期装饰图案的美学特征〉，《敦煌研究》2016 年第 4 期。

张宝玺〈河西石窟以大梵天、帝释天为胁侍的造像〉，《敦煌研究》2016 年第 4 期。

李聿骐〈北朝石窟中弟子像法服初探〉，《石窟寺研究》第六辑，2016 年 1 月。

张宝玺《河西北朝石窟》，上海古籍出版社，上海，2016 年 10 月。

王雪梅《弥勒信仰研究》，上海古籍出版社，上海，2016 年 10 月。

郑炳林、张景峰《敦煌石窟彩塑艺术概论》，甘肃教育出版社，兰州，2016 年 10 月。

邵强军、张铭《莫高窟早期平棋图案艺术研究》，《天水师范学院学报》2016 年第 6 期。

金建荣《中国南北朝时期佛教造像背光研究》，东南大学出版社，南京，2016 年 12 月。

敦煌研究院编《2014 敦煌论坛：敦煌石窟研究国际学术研讨会论文集》，甘肃教育出版社，兰州，2016 年 12 月。

郦宁宁〈北朝石窟佛龛与柱头图像及其渊源考察〉，《石窟寺研究》第七辑，2017 年 2 月。

杨赫赫〈敦煌莫高窟石窟建筑形制演化与特征探析〉，《石河子大学学报（哲学社会科学版）》2017 年第 3 期。

高金玉〈中国古代莲华化生图像的发展与演变〉，《中国美术研究》2017 年第 4 期。

赖永海、王月清《中国佛教艺术史》，南京大学出版社，南京，2017 年 5 月。

张元林《北朝—隋时期敦煌法华图像研究》，甘肃教育出版社，兰州，2017 年 7 月。

黄文昆〈敦煌早期三窟及湿壁画技法——《敦煌石窟全集》第一卷《莫高窟第 266 ～ 275 窟考古报告》编后〉，《敦煌研究》2017 年第 5 期。

韩丛耀主编 于向东著《中华图像文化史·佛教图像》（卷上），中国摄影出版社，北京，2017 年 10 月。

赵声良〈敦煌石窟早期佛像样式及源流〉，《佛学研究》2018 年第 1 期。

张建宇〈莫高窟早期壁画的空间表现——兼论早期重点洞窟的年代关系〉，《美术观察》2018 年第 1 期。

李秋红〈南北朝隋代双茎桃形忍冬纹样分析〉，《石窟寺研究》第八辑，2018 年 2 月。

张建宇《汉唐美术空间表现研究》，中国人民大学出版社，北京，2018 年 9 月。

周倩倩〈敦煌慕容氏家族研究综述〉，《2018 年敦煌学国际联络委员会通讯》，上海古籍出版社，上海，2018 年。

黄文昆〈有关早期佛教美术考古的两个问题〉，《敦煌研究》2019 年第 3 期。

李崇峰主编《犍陀罗与中国》，文物出版社，北京，2019 年 8 月。

松本荣一著，林保尧、赵声良、李梅译《敦煌画研究》，浙江大学出版社，杭州，2019 年 9 月。

敦煌研究院编《敦煌艺术大辞典》，上海辞书出版社，上海，2019 年 12 月。
刘祎〈论“秀骨清像”在莫高窟北朝石窟中的影响〉，《中国美术研究》2020 年第 1 期。
末森薰《敦煌莫高窟と千仏図——规则性がつくる宗教空间》，法藏館，京都，2020 年 2 月。
敦煌研究院、甘肃省文物局、肃南裕固族自治县文物局编著《肃南马蹄寺石窟群》，科学出版社，北京，2020 年 7 月。
李崇峰《佛教考古：从印度到中国》（修订本），上海古籍出版社，上海，2020 年 9 月。
赵蓉〈敦煌莫高窟第 275 窟东壁残画内容试析〉，《丝绸之路研究辑刊》2020 年第五辑。
张宝洲《敦煌莫高窟编号的考古文献研究》第 5 册，甘肃文化出版社，兰州，2020 年 10 月。
樊雪崧〈莫高窟第 257 窟提婆达多图像试论——敦煌“弊狗因缘”献疑〉，《敦煌研究》2020 年第 6 期。
赵燕林、赵晓星〈莫高窟第 365 窟七佛榜题录释〉，《敦煌研究》2020 年第 6 期。
宁强、方蒙〈须摩提女请佛故事画的图像学考察——以克孜尔、敦煌为中心〉，《美术学报》2021 年第 2 期。
陈菊霞、马兆民〈延鼐夫妇供养人像辨析〉，《敦煌学辑刊》2021 年第 3 期。
李康敏、王玉芳〈莫高窟第 257 窟《鹿王本生》研究〉，《云冈研究》2021 年第 3 期。
Visualizing Dunhuang: The Lo Archive Photographs of the Mogao and Yulin Caves，Princeton University Press, 6, 2021.
张春佳、赵声良〈莫高窟北朝忍冬纹样的艺术特征〉，《敦煌研究》2021 年第 6 期。
赵晓星〈关于敦煌莫高窟西夏前期洞窟的讨论——西夏石窟考古与艺术研究之五〉，《敦煌研究》2021 年第 6 期。
杨富学、张海娟、胡蓉、王东《敦煌民族史》，社会科学文献出版社，北京，2021 年 12 月。
黄文昆《极简中国雕塑史——中国古代雕塑叙要》，文物出版社，北京，2021 年 12 月。
张春佳、赵声良〈莫高窟早期忍冬纹样的源流〉，《敦煌研究》2022 年第 1 期。
韦正、马铭悦〈河西早期石窟年代的甄别——河西早期石窟研究之上〉，《敦煌研究》2022 年第 1 期。
赵蓉〈敦煌莫高窟北凉三窟开凿次第述论〉，《敦煌研究》2022 年第 2 期。
韦正、马铭悦〈北中国视野下的河西早期石窟——河西早期石窟研究之下〉，《敦煌研究》2022 年第 5 期。

附录四　本卷洞窟碳十四（^{14}C）年代测定报告

北京大学加速器质谱（AMS）碳—14测试报告

送样单位　敦煌研究院

送 样 人　樊锦诗

测量时间　2013-12

NO. 20130153

Lab编号	样品	样品原编号	碳十四年代（BP）	树轮校正后年代	
				1σ（68.2%）	2σ（95.4%）
BA131153	麦草	1	1125±25	890AD(11.1%)950AD 910AD(57.1%)970AD	860AD(95.4%)990AD
BA131154	麦草	2	1080±25	890AD(20.7%)920AD 940AD(47.5%)1020AD	890AD(95.4%)1020AD
BA131155	麦草	3	1015±20	995AD(68.2%)1025AD	985AD(95.4%)1035AD
BA131156	麦草	4	1000±20	995AD(7.4%)1005AD 1010AD(68.8%)1035AD	980AD(86.2%)1050AD 1090AD(7.6%)1120AD 1140AD(1.6%)1150AD
BA131157	麦草	5	1150±25	830AD(2.2%)840AD 860AD(66.0%)970AD	780AD(95.4%)980AD
BA131158	木头	6	1125±25	890AD(11.1%)905AD 910AD(57.1%)970AD	860AD(95.4%)990AD
BA131159	麦草	7	1120±20	890AD(8.9%)905AD 910AD(59.3%)970AD	885AD(95.4%)980AD
BA131160	麦草	8	1105±25	895AD(27.1%)1300AD 935AD(41.1%)980AD	880AD(95.4%)990AD
BA131161	木头	9	1095±20	895AD(25.9%)920AD 945AD(42.3%)985AD	890AD(95.4%)995AD
BA131162	麦草	10	1220±30	720AD(3.9%)740AD 770AD(64.3%)870AD	690AD(20.5%)750AD 760AD(74.9%)890AD
BA131163	麦草	11	1080±15	900AD(21.2%)920AD 965AD(47.0%)995AD	890AD(26.8%)930AD 940AD(68.6%)1020AD
BA131164	麦草	12	1035±20	990AD(68.2%)1020AD	975AD(95.4%)1025AD
BA131165	麦草	13	样品无法满足实验需要		
BA131166	麦草	14	1035±15	990AD(68.2%)1020AD	985AD(95.4%)1025AD
BA131167	木头	15	1100±20	895AD(26.7%)920AD 945AD(41.5%)985AD	890AD(95.4%)990AD
BA131168	麦草	16	1085±25	895AD(22.6%)920AD 945AD(45.6%)995AD	890AD(95.4%)1020AD
BA131169	芦苇	17	540±15	1400AD(68.2%)1425AD	1320AD(10.2%)1350AD 1390AD(85.2%)1430AD
BA131170	芦苇	18	1590±20	420AD(18.9%)460AD 480AD(49.3%)540AD	420AD(95.4%)540AD

Lab 编号	样品	样品 原编号	碳十四年代（BP）	树轮校正后年代	
				1σ（68.2%）	2σ（95.4%）
BA131171	芦苇	19	1590±15	420AD(17.3%)460AD 480AD(50.9%)540AD	420AD(95.4%)540AD
BA131172	麻绳	20	1600±15	420AD(20.3%)440AD 480AD(47.9%)540AD	410AD(95.4%)540AD
BA131173	麦草	21	1560±20	430AD(51.4%)490AD 500AD(16.8%)550AD	420AD(95.4%)550AD
BA131174	芦苇	22	1565±20	430AD(51.3%)490AD 500AD(16.9%)540AD	420AD(95.4%)550AD
BA131175	麻绳	23	1545±25	430AD(40.7%)490AD 510AD(1.7%)520AD 530AD(25.8%)560AD	420AD(95.4%)580AD
BA131176	芦苇	24	1585±20	420AD(19.2%)470AD 480AD(49.0%)540AD	420AD(95.4%)540AD
BA131177	芦苇	25	1580±25	430AD(25.8%)470AD 480AD(42.4%)540AD	420AD(95.4%)550AD
BA131178	芦苇	26	1635±25	380AD(61.3%)440AD 490AD(5.8%)510AD 520AD(1.1%)530AD	340AD(76.7%)470AD 480AD(18.7%)540AD
BA131179	芦苇	27	1575±20	430AD(68.2%)540AD	420AD(95.4%)540AD
BA131180	芦苇	28	1750±20	245AD(15.4%)265AD 275AD(52.8%)330AD	230AD(94.3%)350AD 360AD(1.1%)380AD
BA131181	芦苇	29	1505±25	540AD(68.2%)595AD	440AD(6.6%)490AD 530AD(88.8%)630AD

注：所用碳十四半衰期为 5568 年，BP 为距 1950 年的年代。

样品无法满足实验需要，即有如下原因：送测样品无测量物质；样品成份无法满足制样需要；样品中碳含量不能满足测量需要。

树轮校正所用曲线为 IntCal04（1），所用程序为 OxCal v3.10（2）。

1. Reimer PJ, MGL Baillie, E Bard, A Bayliss, JW Beck, C Bertrand, PG Blackwell, CE Buck, G Burr, KB Cutler, PE Damon, RL Edwards, RG Fairbanks, M Friedrich, TP Guilderson, KA Hughen, B Kromer, FG McCormac, S Manning, C Bronk Ramsey, RW Reimer, S Remmele, JR Southon, M Stuiver, S Taiamo, FW Taylor J van der Plicht, and CE Weyhenmeyer. 2004 Radiocarbon 46:1029-1058.

2. Christopher Bronk Ramsey 2005, www.rlaha.ox.ac uk/orau/oxcal.html

北京大学 加速器质谱实验室

第四纪年代测定实验室

2013 年 12 月 19 日

样品说明

编号 BA131153，样品 MGK-1，第 256 窟主室东壁门北侧距地面 135 厘米、南距门边 17 厘米，麦草（第 256 窟第一层）

编号 BA131154，样品 MGK-2，第 256 窟主室东壁门北侧距地面 142 厘米、南距门边 19 厘米，麦草（第 256 窟第二层）

编号 BA131155，样品 MGK-3，第 256 窟主室东壁门北侧距地面 160 厘米、距北壁 150 厘米，麦草（第 256 窟第二层）

编号 BA131156，样品 MGK-4，第 256 窟主室东壁门南侧距地面 107 厘米、距南壁 118 厘米，麦草（第 256 窟第二层）

编号 BA131157，样品 MGK-5，第 256 窟主室中心佛坛东向面下层北起第七壸门距地面 2 厘米、距北向面 50 厘米，麦草（第 256 窟第一层）

编号 BA131158，样品 MGK-6，第 256 窟主室中心佛坛东向面下层南段坛沿距地面 67 厘米、距南端 182 厘米，木头（第 256 窟第一层）

编号 BA131159，样品 MGK-7，第 256 窟主室中心佛坛东向面下层南段坛沿距地面 60 厘米、距南端 182 厘米，麦草（第 256 窟第一层）

编号 BA131160，样品 MGK-8，第 256 窟主室中心佛坛西向面下层北段坛沿距地面 67 厘米、距北端 138 厘米，麦草（第 256 窟第一层）

编号 BA131161，样品 MGK-9，第 256 窟主室西壁北侧距地面 122 厘米、距北壁 172 厘米，木头（第 256 窟第二层）

编号 BA131162，样品 MGK-10，第 256 窟主室中心佛坛佛坐像须弥座西向面壸门隔梁距地面 164 厘米，距南端 76 厘米，麦草（第 256 窟第二层）

编号 BA131163，样品 MGK-11，第 256 窟主室中心佛坛南向面下层坛沿距地面 54 厘米、距西端 320 厘米，麦草（第 256 窟第二层）

编号 BA131164，样品 MGK-12，第 256 窟主室南壁东侧距地面 21 厘米、距东壁 135 厘米，麦草（第 256 窟第二层）

编号 BA131165，样品 MGK-13，第 256 窟主室南壁东侧距地面 5 厘米、距东壁 70 厘米，麦草（第 256 窟第一层），样品无法满足实验需要

编号 BA131166，样品 MGK-14，第 256 窟甬道南壁距地面 70 厘米、西距门边 83 厘米，麦草（第 256 窟第二层）

编号 BA131167，样品 MGK-15，第 256 窟甬道中间平顶西部北距南披 85 厘米、西距西沿 6 厘米，木头（第 256 窟第一层）

编号 BA131168，样品 MGK-16，第 256 窟前室西壁北侧距地面 57 厘米、距北壁 20 厘米，麦草（第 256 窟第二层）

编号 BA131169，样品 MGK-17，第 257 窟中心塔柱东向面龛内倚坐佛像右臂残断处，芦苇（第 257 窟第一层）

编号 BA131170，样品 MGK-18，第 257 窟中心塔柱东向面龛外北侧胁侍左踵，芦苇（第 257 窟第一层）

编号 BA131171，样品 MGK-19，第 257 窟中心塔柱北向面下层龛内佛坐像右腿，芦苇（第 257 窟第一层）

编号 BA131172，样品 MGK-20，第 257 窟中心塔柱南向面下层龛外西侧内侧菩萨像左臂，麻绳（第 257 窟第一层）

编号 BA131173，样品 MGK-21，第 257 窟中心塔柱北向面下层龛外距塔座上面 10 厘米、距座身西沿 33 厘米，麦草（第 257 窟第一层）

编号 BA131174，样品 MGK-22，第 257 窟中心柱塔北向面下层龛外东侧内侧菩萨像左臂，芦苇（第 257 窟第一层）

编号 BA131175，样品 MGK-23，第 257 窟中心塔柱南向面下层龛外西侧外侧菩萨像右臂，麻绳（第 257 窟第一层）

编号 BA131176，样品 MGK-24，第 259 窟西壁龛内南侧佛像左臂，芦苇（第 259 窟第一层）

编号 BA131177，样品 MGK-25，第 259 窟西壁塔柱形南向面菩萨像手腕，芦苇（第 259 窟第一层）

编号 BA131178，样品 MGK-26，第 259 窟南壁上段凸棱距地面 285 厘米、距西壁 126 厘米，芦苇（第 259 窟第一层）

编号 BA131179，样品 MGK-27，第 259 窟北壁下层龛西起第一龛内佛坐像左臂，芦苇（第 259 窟第一层）

编号 BA131180，样品 MGK-28，第 259 窟北壁下层龛西起第三龛龛底距地面 105 厘米、距西壁 505 厘米，芦苇（第 259 窟第一层）

编号 BA131181，样品 MGK-29，第 259 窟北壁上层龛西起第三龛龛内菩萨像右胫，芦苇（第 259 窟第一层）

附录五　莫高窟第 256、257、259 窟壁画彩塑制作工艺与材料研究报告

摘要

根据考古学家对莫高窟长期考古调查和研究的结果，采用原位无损分析调查技术与局部微量取样的壁画剖面分析技术和X-射线衍射分析技术相结合的研究策略，对第 256、257、259 窟不同时期壁画和彩塑制作工艺与材料的差别等进行了研究。通过对壁画和彩塑支撑层、底色层和颜料层的分析，比较了不同时期壁画和彩塑的特点。通过与莫高窟其他洞窟和丝绸之路其他佛教石窟壁画制作工艺和材料的比较，对莫高窟第 256、257、259 窟壁画制作工艺和部分颜料的来源进行了推断。

一　引言

敦煌研究院研究人员自 20 世纪 70 年代开始，与国内科研机构合作对敦煌莫高窟壁画彩塑制作材料及工艺开展了长期研究，取得了众多的成果 [1-5]。徐位业 [1]、李最雄 [3] 等根据 X- 射线衍射分析的结果，认为北魏时期壁画和彩塑主要使用朱砂（α-HgS）、铅丹（Pb_3O_4）和土红做红色颜料，蓝色颜料包括青金石［$Na_3Ca(Si_3Al_3)O_{12}S$］和蓝铜矿［$Cu_3(CO_3)_2(OH)_2$］，绿色颜料包括孔雀石［$Cu_2(CO_3)(OH)_2$］和氯铜矿［$Cu_2Cl(OH)_3$］，白色颜料大量使用高岭石［$Al_4Si_4O_{10}(OH)_8$］、滑石［$Mg_3Si_4O_{10}(OH)_2$］和生石膏（$CaSO_4 \cdot 2H_2O$），还存在含铅颜料的变色产物二氧化铅（PbO_2）；晚期五代、宋代壁画中红、蓝、绿色颜料与北魏时期种类相同，但白色颜料主要使用滑石、方解石（$CaCO_3$）、高岭石和生石膏；清代出现近代工业合成蓝色颜料群青，白色颜料种类较多，包括滑石、白云母［$KAl_2(Si_3Al)O_{10}(OH)_2$］、方解石、硬石膏（$CaSO_4$）、氯铅矿（$PbCl_2$）和白铅矿（$PbCO_3$）。90 年代李实和日本学者合作研究发现，莫高窟北魏第 263 窟、五代第 100 窟及宋代第 235 窟壁画彩绘层胶结材料可以被认为是牛皮胶 [5]。

莫高窟第 256、257、259 窟壁画和彩塑曾经在后代有过不同程度的重绘，学者通过长期考古调查和研究，基本探明了不同时期壁画和彩塑的层位关系。确认第 256 窟中现存有 3 层不同时期的壁画及彩塑，分别属于五代（东壁、北壁破损处露出下层）、宋代（主体）和清代（彩塑及佛台）；第 257 窟现存有 2 层不同时期的壁画，分别属于早期（北魏，主体）和晚期（宋代，仅存在于中心塔柱东向面塔座及南北向面塔座局部），彩塑属于早期（北魏）；第 259 窟现存有 3 层不同时期的壁画，分别属于早期（北魏或更早，北壁下层佛龛龛沿破损处露出下层）、早期（北魏，主体）和晚期（宋代，窟顶西部），彩塑属于早期（北魏）。在这些研究成果的基础上，针对这些洞窟重层壁画的特点，采用便携式 X- 射线荧光光谱（pXRF）、数码显微镜（Digital Microscope）等原位无损分析技术以及壁画剖面分析（Cross-section Analysis）、X- 射线衍射（XRD）、扫描电子显微镜 - 能谱（SEM-EDS）与傅里叶变换红外光谱（FTIR）等实验室分析技术，对上述洞窟壁画彩塑各层开展分析，为石窟考古研究提供科学的依据，同时研究了莫高窟壁画彩塑的制作工艺。

本文作者：于宗仁，敦煌研究院保护研究所
张文元，敦煌研究院保护研究所
水碧纹，敦煌研究院保护研究所
善忠伟，甘肃莫高窟文化遗产保护设计咨询有限公司
冯雅琪，敦煌研究院文物保护技术服务中心
崔　强，敦煌研究院保护研究所
赵金丽，敦煌研究院保护研究所
王　卓，敦煌研究院保护研究所
殷志媛，敦煌研究院文物保护技术服务中心
张　强，敦煌研究院麦积山石窟艺术研究所

二　实验部分

2.1　仪器和分析条件

2.1.1　X- 射线荧光光谱（pXRF）

美国 Thermo Fisher Scientific 公司 Niton XL3t800，激发源：银靶材，管电压 6 ～ 50 kV，管电流 0 ～ 200 μA，功率≤ 2W；探测器：Si-PIN（硅半导体探测器）。分辨率 < 190 eV；检测时间：60 s；分析范围直径：8 mm。

2.1.2　数码显微镜（Digital Microscope）

日本 KEYENCE 公司 VHX-600E 型，镜头型号：VH-Z20R，倍率：20 ～ 200 ×，自带照明灯。

2.1.3　光纤反射光谱（FORS）

ASD LabSpec5000 光谱仪，光源：带石英外壳卤钨灯；光谱范围：50 ～ 2500 nm；检测器：Si 检测器用于 350 ～ 1000 nm 区域，InGaAs 检测器（热电制冷）用于 1000 ～ 2500 nm 区域；分辨率：3nm（350 ～ 1000 nm 区域）、10nm（1000 ～ 2500 nm 区域）：分析范围直径：约 3mm。

2.1.4　拉曼光谱

Horiba Jobin Yvon HE785 拉曼光谱仪，激发光源：固体激光器，激发波长 785 nm；光栅：685 gr/mm；物镜：LWD50 ×；收集透镜：焦长 40 mm；光谱范围：≤ 150 ～ 3200 cm^{-1}；光谱分辨率：3 cm^{-1}/pixel；光谱采集时间：2 ～ 150 s；累计次数：3 ～ 5。

2.1.5　壁画剖面分析（Cross-section Analysis）

利用数码显微镜对壁画块状样品正反面记录后，使用标乐公司生产的 EpoThinTM2 型树脂和固化剂对样品进行包埋。待树脂固化完成后，再进行磨抛处理直至露出观察面。利用德国徕卡公司生产的 DMLP 型偏光显微镜（10 ×，目镜，FOV=22 ～ 25 mm；12V 100W 卤素灯透反射照明；CCD 或照相系统与多种显微图像分析软件共用）进行显微观察。

2.1.6　X- 射线衍射（XRD）

日本 Rigaku D/max 2500V X 射线衍射仪，测定条件：Cu 转靶 Kα1，电压 40 kV，电流 100 mA。

2.1.7　扫描电子显微镜 – 能谱（SEM-EDS）

日本 JEOL JSM-6610LV 型扫描电子显微镜用于微观形貌观察，分析电压 20 kV，最小分辨率 5.0 nm。牛津 INCA X-ACT 250 型能谱仪用于微区元素分析，最小分辨率 129 eV（5.9 keV）。

2.1.8　傅里叶变换红外光谱（FTIR）

Thermo Scientific Nicolet iN10 MX 显微 FTIR 光谱仪采集光谱，液氮冷却 MCT/A 检测器，透射模式，测试范围 4000 ～ 675 cm^{-1}。光谱分辨率 4 cm^{-1}，扫描 64 次。

2.1.9　热裂解—气相色谱和质谱联用（Py-GC/MS）

热裂解器：Frontier Lab EGA-PY3030D；气相色谱仪：Agilent7890B；质谱仪：Agilent5977B MSD；气相色谱色谱柱：HP-5MS（30 m × 250 μm × 0.25 μm）毛细管柱。热裂解条件：样品的热裂解是在 800℃，界面温度 300℃。气相色谱仪条件：柱箱初始温度设为 50℃，保持 2 min，然后以 10℃ /min 的速率升温至 300℃，氦气流速 1mL/min，分流比 50：1。质谱条件：采用电子轰击电离源、四极杆质量检测器获取质谱图，扫描速度 1 scan/sec，扫描范围 50 ～ 710 m/z，扫描时间 1 小时。Py-GC/MS 分析时，取约 0.2 mg 样品置于样品瓶中放入热解专用的石英衬管内进行测试。作为标准品的牛骨胶购于德国 Kremer Pigmente 公司。

2.2　样品的制备

X- 射线衍射分析对样品的粒度有一定要求，用玛瑙砵研磨样品，使样品粒度小于 44 微米。对样品量较大的地仗样品，采用玻璃样品片制样；对样品量很少的颜料层样品则使用无反射单晶硅样品片制样。偏光显微镜薄片样品加胶后制备，选择适当的放大倍数进行鉴定和拍照。

三　结果与讨论

3.1　第 256 窟

3.1.1　五代层位壁画

（1）制作工艺分析

五代时期壁画主要位于主室北壁下部破损处，周边为宋代壁画（图 1 左）。莫高窟晚期壁画层位结构从里至外依次为支撑体（砾岩）、粗泥层（添加麦草）、细泥层（添加麻纤维）、底色层和颜料层（图 1 右）。

莫高窟五代时期洞窟壁画地仗层包括底层粗泥层及表层细泥层。制作地仗的泥中添加有沙子和植物纤维材料，地仗层粗泥层厚 1 ～ 3 cm，细泥层厚 0.3 ～ 0.5 cm，粉土约占 44 %，沙土约 56 %[3]。第 256 窟五代时期壁画颜料层层位结构分析结果显示，绿色颜料层厚 30 ～ 40 μm，底色层厚 120 ～ 150 μm，粉色颜料层极薄，约 5 μm，底色层厚 180 ～ 200 μm（图 2a.2b）。

（2）制作材料分析

X- 射线荧光光谱元素分析结果如表 1 所示。结果显示，第 256 窟五代壁画蓝色颜料主要含 Fe、Ca 元素（图 3a）；绿色颜料中均含有 Cu 元素（图 4a）；红色颜料以 Fe、Ca 元素为主。

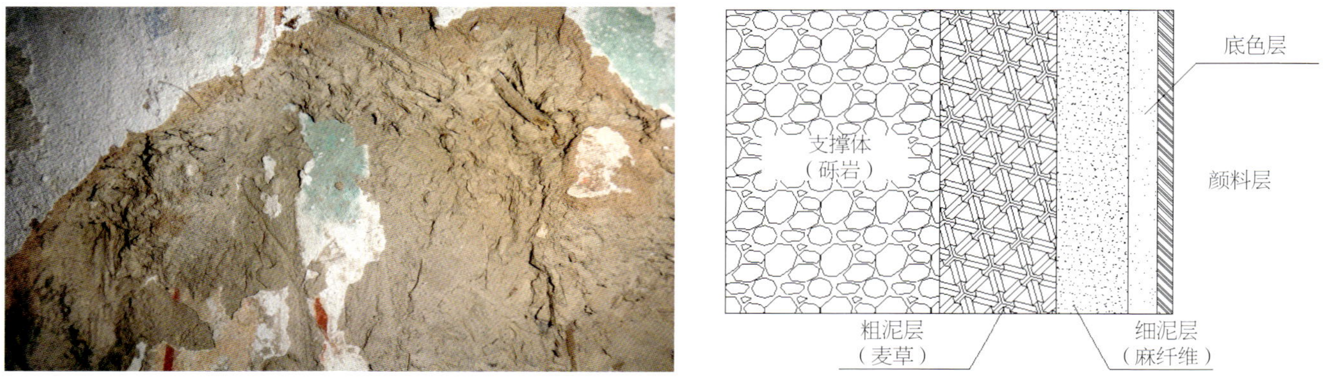

图 1　第 256 窟壁画层位结构

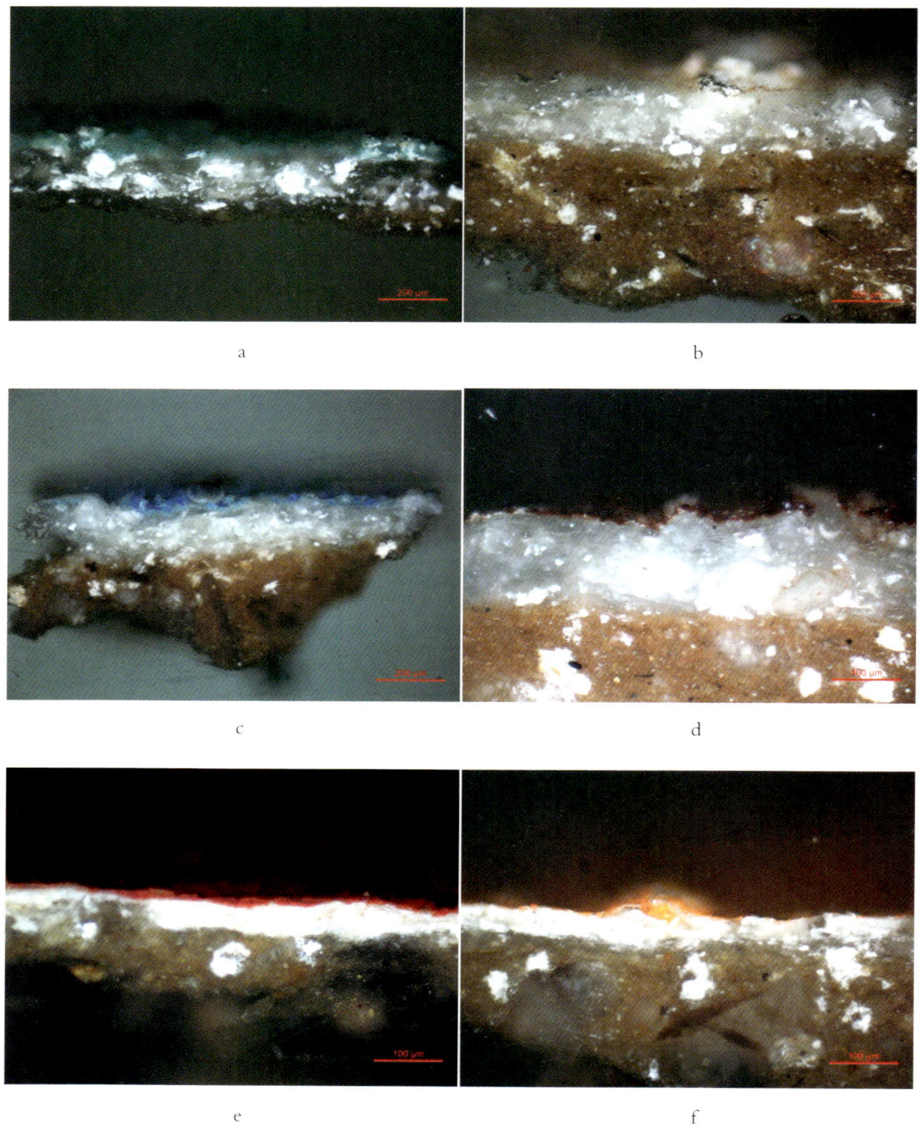

图 2　莫高窟第 256 窟不同时期壁画、彩塑层位结构信息

（a.五代绿色颜料；b.五代粉色颜料；c.宋代蓝绿色颜料；d.宋代红色颜料；e.清代红色颜料；f.清代橘色颜料）

表 1　莫高窟 256 窟五代壁画 XRF 检测结果

检测点位置	颜色	主要元素
主室北壁下部破损处底层壁画	蓝色	Fe、Ca
主室北壁下部破损处底层壁画	绿色	Cu
主室北壁下部破损处底层壁画	粉色	Fe、Ca
主室北壁下部破损处底层壁画	白色	Fe、Ca
主室北壁下部破损处底层壁画	深红色	Fe、Ca

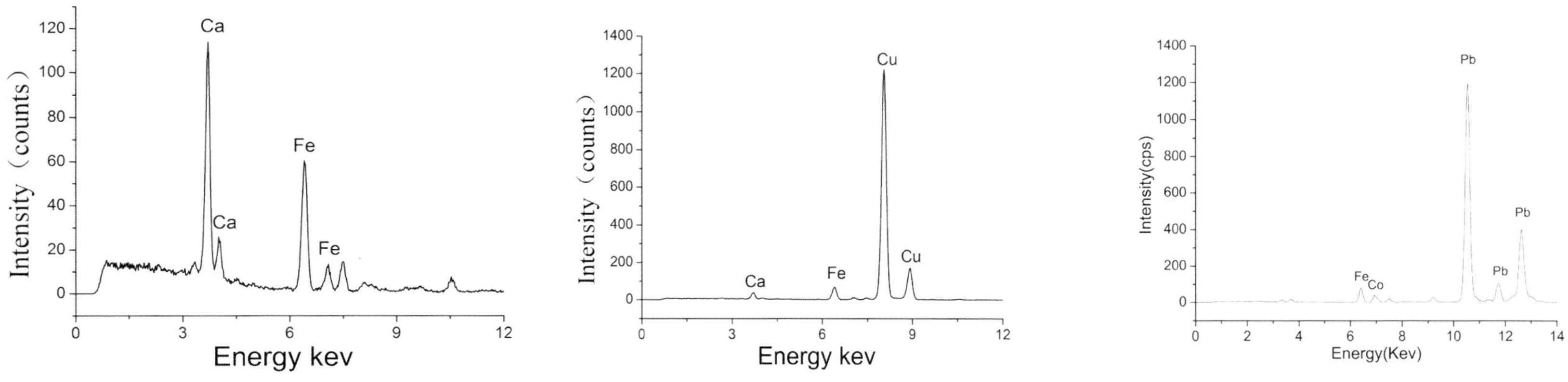

a.五代壁画　b.宋代壁画　c.清代彩塑

图 3　莫高窟第 256 窟不同时期蓝色颜料 XRF 谱图

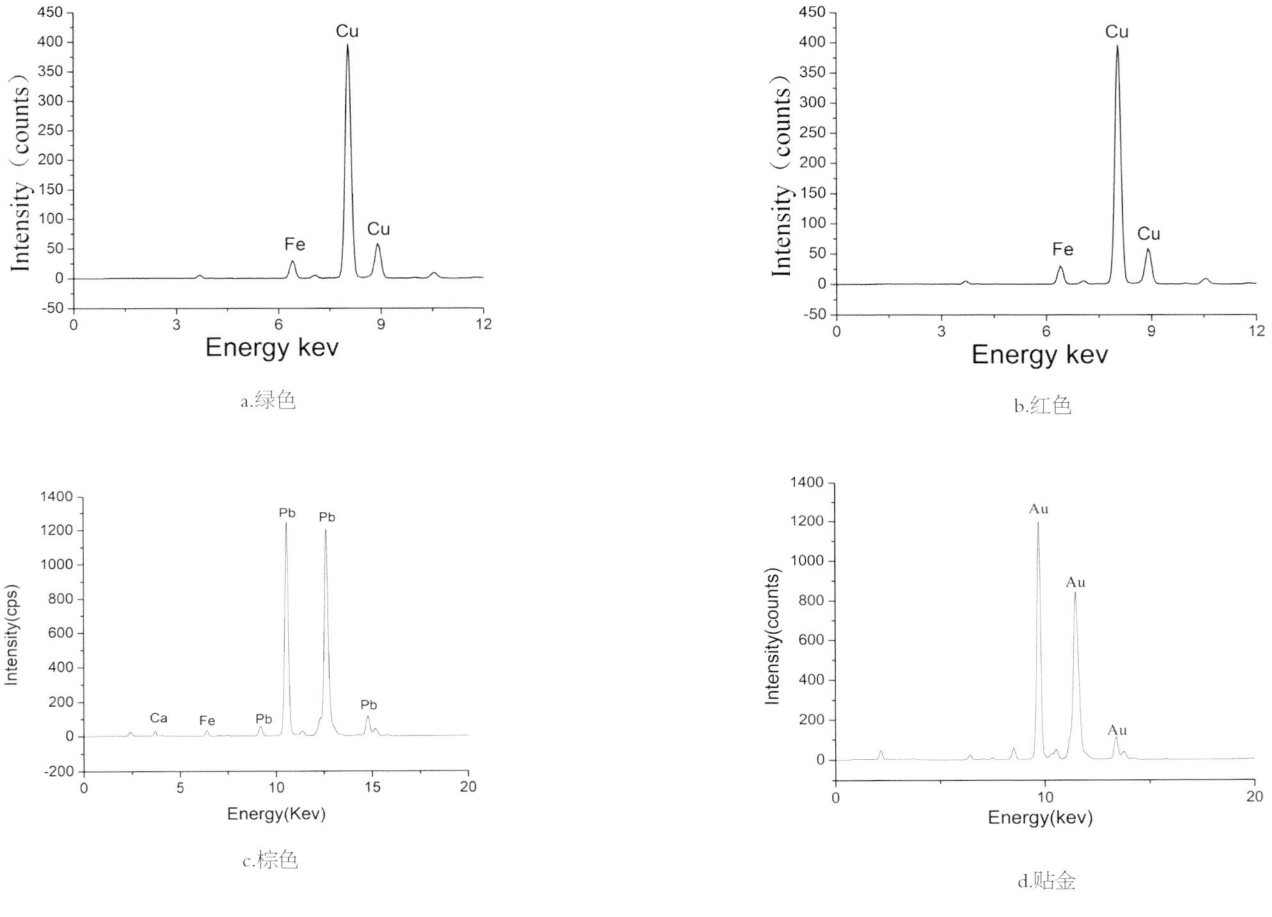

a.绿色　b.红色

c.棕色　d.贴金

图 4　莫高窟第 256 窟不同时期颜料 XRF 谱图

微量样品的 XRD 物相分析结果如表 2 所示，结果显示五代壁画蓝色颜料在 2θ 为 23.999、19.393、13.694 处存在较强衍射峰，对应的 d 值分别为 3.704、4.571、6.441，这与青金石的特征衍射峰相对应（图 5）；绿色颜料显色成分中存在氯铜矿矿物（图 6）；红色颜料显色成分为赤铁矿；粉色颜料未检测出显色成分；白色颜料主要为滑石与方解石以及少量生石膏。

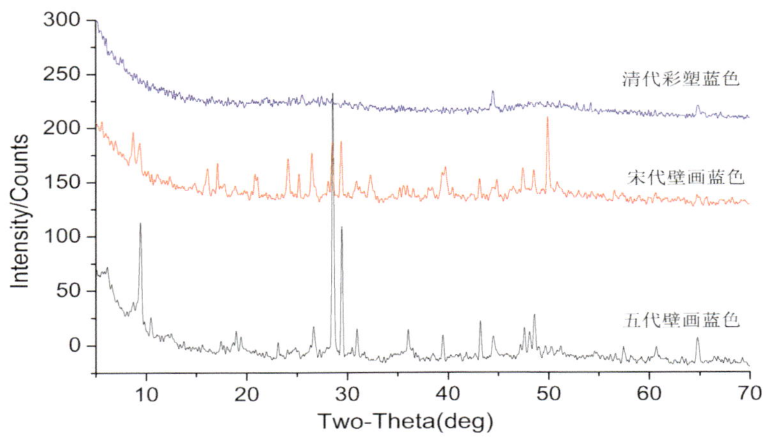

图 5 莫高窟第 256 窟不同时代蓝色颜料 XRD 图谱

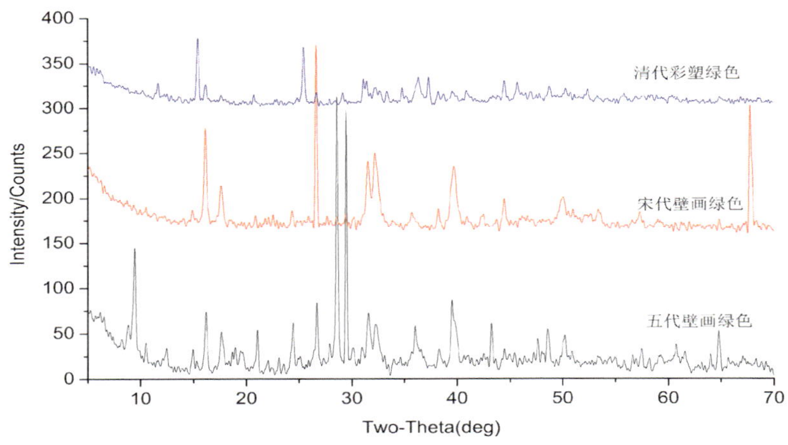

图 6 莫高窟第 256 窟不同时代绿色颜料 XRD 图谱

表 2 莫高窟第 256 窟五代壁画 XRD 分析结果

取样位置	颜色	主要物相	显色物相
北壁下部破损处底层壁画	蓝色	滑石、方解石、青金石、石英	青金石
北壁下部破损处底层壁画	绿色	滑石、方解石、氯铜矿、石英	氯铜矿
北壁下部破损处底层壁画	粉色	滑石、方解石、石英、钠长石	未检出
北壁下部破损处底层壁画	白色	滑石、方解石、石英、钠长石、生石膏	滑石、方解石、生石膏
北壁下部破损处底层壁画	深红	滑石、方解石、石英、赤铁矿	赤铁矿

颜料颗粒偏光显微镜观察结果显示，五代壁画蓝色颜料单偏光下呈非常均一的亮蓝色，颗粒大小不一，正交偏光下全消光，与XRD 分析结果一致，为青金石矿物（图 7a.7b）。壁画绿色颜料单偏光下呈片状的玻璃状结构（图 7e），应为天然氯铜矿。

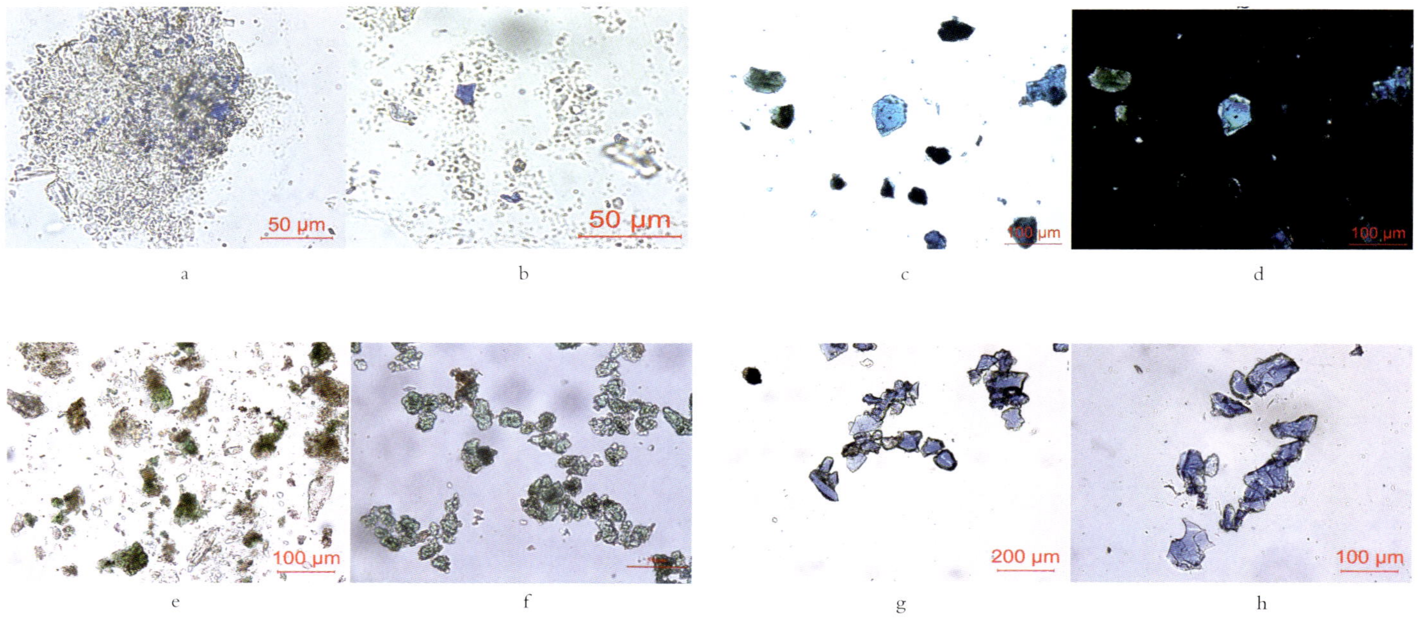

图 7 莫高窟第 256 窟不同时期蓝色颜料偏光显微镜照片

（a. b. 五代壁画蓝色；c.d. 宋代壁画青色；e. 五代壁画绿色；f. 清代彩塑绿色 g.h. 清代彩塑蓝色）

3.1.2 宋代层位壁画

（1）制作工艺分析

壁画层位结构分析结果显示，宋代壁画蓝绿色颜料层可见绿色和蓝色颗粒混合在一起，确定蓝绿色颜料为绿色和蓝色混合使用的结果，颜料层厚 30 ～ 40 μm，底色层厚 150 ～ 200 μm，红色颜料层表面可见少量黑色颗粒，颜料层厚约 30 ～ 40 μm，底色层厚 150 ～ 180 μm（图 2）。

（2）制作材料分析

X- 射线荧光光谱元素分析结果如表 3 所示。结果显示宋代壁画蓝色颜料主要含 Cu、Fe 元素（图 3b）；绿色颜料中含有 Cu 元素；

红色颜料色中有 Fe、Ca 元素为主的区域，也存在部分区域以 Hg 元素为主（图 4b）；棕色及黑色颜料中主要含 Pb 元素（图 4c），可能为铅丹变色结果；贴金处含有较强的 Au 元素峰（图 4d）。

表 3　莫高窟第 256 窟宋代壁画 XRF 检测结果

检测点位置	颜色	主要元素
甬道南壁西起第 2 身供养菩萨头光	绿色	Cu
甬道南壁西起第 2 身供养菩萨头花	蓝色	Cu、Fe
甬道南壁西起第 2 身供养菩萨沥粉头装	金色	Pb、Au
甬道南壁西起第 2 身供养菩萨头光上黑色处	黑色	Pb
甬道南壁西起第 2 身供养菩萨手前莲花处	红色	Ca、Fe
甬道南壁西起第 2 身供养菩萨上身飘带	浅蓝色	Ca、Fe、Cu
甬道南壁西起第 2 身供养菩萨下身衣裙	棕色	Pb
主室东壁门北侧第一身女供养人颈部饰品	红色	Hg、Pb
主室东壁门北侧第一身女供养人右肩	红色	Fe、Ca

微量样品的 XRD 物相分析结果如表 4 所示，结果显示宋代壁画蓝色颜料在 2θ 为 25.093、17.033、24.057 处存在较强衍射峰，对应的 d 值分别为 3.534、5.181、3.693，这与蓝铜矿的特征衍射峰一致（图 5）；绿色颜料显色成分中存在氯铜矿矿物（图 6），值得注意的是甬道南壁西起第二身人物飘带蓝绿色颜料（图 8）中显色成分为蓝铜矿和氯铜矿，且两种成分的衍射峰都较强，推测该区域深蓝色颜料是蓝色的蓝铜矿和绿色的氯铜矿调和出的颜色；红色颜料中分析出显色成分为赤铁矿，二氧化铅为铅丹变色产物，白色颜料为滑石、方解石以及少量白云母。

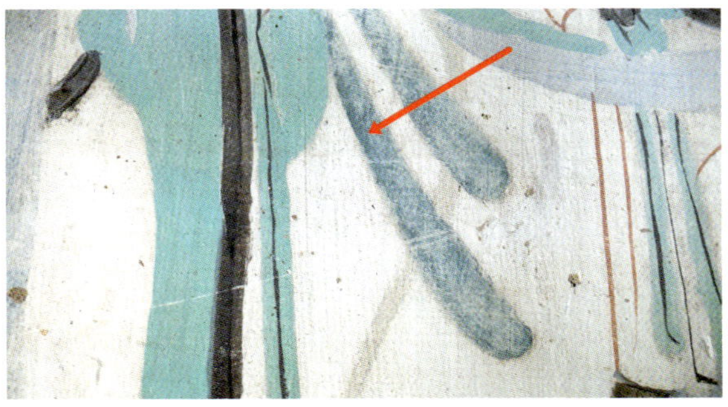
图 8　宋代壁画蓝绿色颜料

表 4　莫高窟 256 窟宋代壁画 XRD 物相分析结果

取样位置	颜色	主要物相	显色物相
甬道南壁西起第二身人物飘带	蓝绿色	蓝铜矿、氯铜矿、石英、方解石	蓝铜矿、氯铜矿
甬道南壁西起第二身人物飘带	蓝色	石英、滑石、方解石、蓝铜矿、白云母	蓝铜矿
甬道顶部团花图案中心深红色	红色	二氧化铅、赤铁矿、方解石、滑石、白云母	赤铁矿、二氧化铅
甬道顶部团花图案花瓣绿色	绿色	氯铜矿、生石膏、滑石、白云母、方解石	氯铜矿
甬道南壁东上部白色粉末	白色	方解石、滑石、白云母	方解石、滑石、白云母

显微红外光谱对甬道南壁供养菩萨飘带蓝绿色颜料进行研究，分别对显微镜下蓝色颗粒和绿色颗粒进行分析，结果如图 9a 所示，蓝色颜料颗粒在 3427、1463、1408、1090、948、837、767 cm^{-1} 存在吸收峰，与文献中蓝铜矿的峰位十分接近，绿色颜料颗粒在 3441、3346、983、951、927、837 cm^{-1} 存在吸收峰，与氯铜矿的峰位接近，这与 XRD 结果相同。

颜料颗粒偏光显微镜观察结果显示，宋代壁画蓝绿色颜料中同时存在蓝色和绿色颗粒，单偏光下蓝色颜料颗粒大小不一，大颗粒蓝色较深，小颗粒呈淡蓝色，正交偏光下消光性很强，单偏光下绿色颜料颗粒呈块状岩石形态，应为天然氯铜矿矿物（图 7c、7d）。

图 10 是第 256 窟南壁东起第 4 身千佛华盖贴金样品的 Py-GC/MS 总离子流色谱图，表 5 是与之相关的裂解碎片保留时间、质荷比、碎片名称及分子式。如图 10 所示保留时间在 1.633、1.794、2.241 min 的 2- 丙烯腈、丙腈、苯等碎片峰为亮氨酸和异亮氨酸的裂解产物；保留时间在 3.303、4.914、5.543 min 处的甲苯、1,3- 二甲基苯、苯乙烯等碎片峰为苯丙氨酸的裂解产物；保留时间在 3.134 min 处的吡咯碎片峰为脯氨酸和羟脯氨酸的裂解产物，羟脯氨酸为动物胶特有物质，因此可推测该贴金样品中含有动物胶。

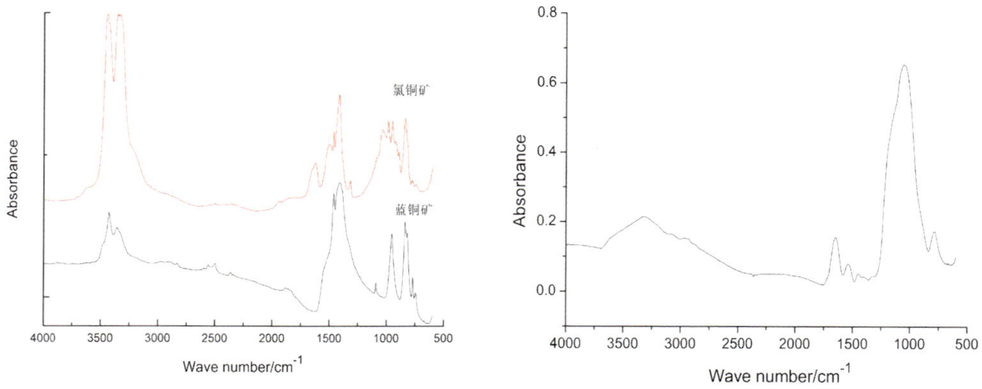

a.蓝绿色颜料　　b.清代蓝色颜料

图 9　莫高窟第 256 窟颜料红外光谱图

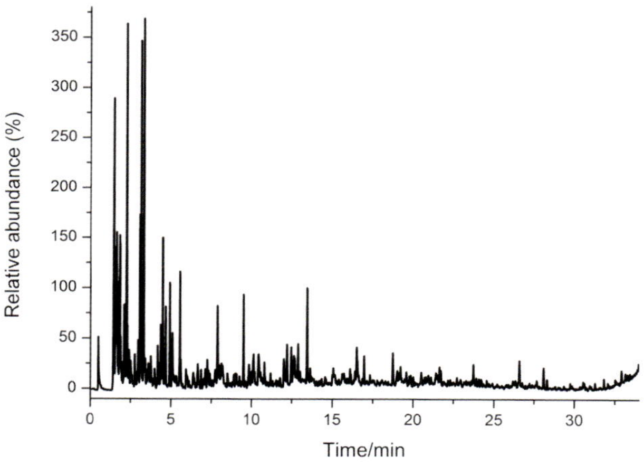

图 10　第 256 窟宋代壁画样品 Py-GC/MS 谱图

表 5　第 256 窟宋代壁画样品 Py-GC/MS 分析的特征热解产物

No.	Retention time/min	m/z	Characteristic components and typical fragments in the mass spetra	Formula
1	1.443	56	2-Butene (54.0)	C_4H_8
2	1.633	53	2-Propenenitrile ()	C_3H_3N
3	1.685	66	1,3-Cyclopentadiene (57.0)	C_5H_6
4	1.794	55	Propanenitrile (54.0)	C_3H_5N
5	1.853	60	Acetic acid ()	$C_2H_4O_2$
6	2.095	80	1,3-Cyclohexadiene (79.0, 52.0)	C_6H_8
7	2.241	78	Benzene (63.0, 52.0)	C_6H_6
9	3.076	79	Pyridine (52.0)	C_5H_5N
10	3.134	67	Pyrrole (52.0)	C_4H_5N
11	4.174	93	Pyridine, 3-methyl- (78.0, 66.0)	C_6H_7N
12	3.303	92	Toluene (91.0, 77.0, 65.0)	C_7H_8
13	4.357	96	Furfural (83.0, 67.0)	$C_5H_4O_2$
14	4.482	81	1H-Pyrrole, 2-methyl- (80.0, 53.0)	C_5H_7N
15	4.657	81	1H-Pyrrole, 3-methyl- (80.0, 53.0)	C_5H_7N
16	4.914	106	Benzene, 1,3-dimethyl- (91.0, 77.0, 51,0)	C_8H_{10}
17	5.543	104	Styrene (78.0, 63.0, 51.0)	C_8H_8
18	6.656	95	1H-Pyrrole, 2,4-dimethyl- (94.0, 79.0, 53.0)	C_6H_9N
19	7.879	103	Benzonitrile (94.0, 76.0, 66.0)	C_7H_5N
20	9.512	116	Indene (106.0, 89.0)	C_9H_8
21	10.442	108	Phenol, 3-methyl- (107.0, 95.0, 85.0)	C_7H_8O
22	12.206	117	Benzyl nitrile (99.0, 90.0, 77.0)	C_8H_7N
23	12.894	130	2-Methylindene (115.0, 102.0, 92.0)	$C_{10}H_{10}$
24	13.451	128	Naphthalene (102.0, 87.0, 64.0)	$C_{10}H_8$
25	16.497	142	Naphthalene, 1-methyl- (129.0, 115.0)	$C_{11}H_{10}$
26	18.752	154	Biphenyl (128.0, 76.0)	$C_{12}H_{10}$
27	20.509	152	Acenaphthylene (126.0, 76.0, 63.0)	$C_{12}H_8$
28	26.579	186	Phenol, 3-phenoxy- (158.0, 130.0, 93.0)	$C_{12}H_{10}O_2$
29	28.095	178	Phenanthrene (152.0, 126.0, 89.0)	$C_{14}H_{10}$
30	30.540	192	Phenanthrene (180.0, 152.0, 139.0)	$C_{15}H_{12}$
31	31.822	204	Naphthalene, 2-phenyl- (180.0, 152.0, 101.0)	$C_{16}H_{12}$
32	32.913	202	Pyrene (174.0, 101.0, 88.0)	$C_{16}H_{10}$

3.1.3　清代层位彩塑

（1）制作工艺分析

清代彩塑层位结构分析结果显示，清代塑像红色颜料层厚 20 ～ 30 μm，底色层 50 ～ 70 μm，橘色颜料层厚约 10 μm，底色层厚 50 ～ 70 μm（图 2）。

（2）制作材料分析

X- 射线荧光光谱元素分析结果如表 6 所示，结果显示清代彩塑中蓝色颜料以 Pb、Fe、Co 为主（图 3c）；绿色颜料中含有 Cu 元素；含 Hg、含 Pb、含 Fe 的红色颜料均有使用。

表 6　莫高窟第 256 窟清代彩塑 XRF 检测结果

检测点位置	颜色	主要元素
塑像主尊右膝	红色	Pb、Fe
塑像主尊右膝蓝色花纹	蓝色	Pb、Fe、Co
塑像主尊右腿垂在佛台上的服饰	红色	Pb、Fe
塑像佛台最中间的服饰	暗红色	Fe、Pb
塑像佛台南起第二个衣褶绿色	绿色	Cu、Pb
塑像佛台南侧花纹中心处	红色	Pb、Hg、Fe

微量样品的 XRD 物相分析结果如表 7 所示，结果显示清代塑像 XRD 图谱呈非晶弥散峰，显色成分应为非晶成分（图 5）；绿色颜料显色成分中存在氯铜矿矿物，还有少量副氯铜矿（图 6）；清代彩塑深红色颜料显色成分为赤铁矿，橘色中分析出铅丹，黄色颜料检测出显色成分为雌黄。

表 7　莫高窟第 256 窟清代彩塑 XRD 物相分析结果

取样位置	颜色	主要物相	显色物相
主尊腿部服饰上花纹	蓝色	——	——
主尊腿部服饰衣褶	深红	滑石、石英、方解石、绿泥石、钠长石、赤铁矿	赤铁矿
佛像主尊背部深红色区域	橘色	铅丹、石英、方解石、白云母	铅丹
主尊佛台下方绿色	绿色	氯铜矿、副氯铜矿、生石膏、硬石膏、石英	氯铜矿、副氯铜矿
北侧第三身菩萨服饰	黄色	石英、滑石、雌黄、方解石、生石膏	雌黄

图 9b 为清代彩塑蓝色颜料红外光谱图，吸收峰位置与钴蓝颜料（smalt）十分接近，推断使用了钴蓝颜料。

颜料颗粒偏光显微镜观察结果显示，清代塑像绿色颜料单偏光下具体形态为圆形带深色内核，应为人工制作产物（图 7f）；蓝色颜料单偏光下呈玻璃状断口，从淡蓝到深蓝变化，正交偏光下全消光，应为钴玻璃蓝颜料（图 7g、7h）。

3.2　第 257、259 窟

3.2.1　早期层位壁画和彩塑

（1）制作工艺分析

莫高窟崖体表面粗糙，无法直接雕凿石像。樊锦诗调查了莫高窟早期洞窟彩塑的结构和制作方法，确认是以木料搭制骨架，其外用芨芨草或芦苇捆扎出大体结构，然后再依次敷泥层和颜料层 [6]。石窟考古学家认为第 257、259 窟彩塑均为北魏原作。从佛、菩萨腕、臂等破损部位可以观察到制作塑像所用的木骨架、草茎和麻绳。证实这些彩塑都是根据塑像肢体的大小和粗细，用不同粗细和长度的树棍作骨架，树棍外周裹附适当长度的草茎，并用麻绳缠绕固定，制作出稳固的彩塑骨架后，再涂抹泥层（图 11）。

图 11　彩塑制作工艺

（左：第257窟中心塔柱东向面佛右腕断裂处树棍外裹草茎；中：第257窟中心塔柱南向面东起第一身菩萨右腕麻绳绕草茎；右：第259窟塔柱形北侧面菩萨右臂破损处草茎束）

图 12　早期层位壁画和彩塑层位结构

（左：第257窟北壁“须摩提女因缘”破损处；右：第259窟塔柱形北侧面彩塑菩萨破损处）

图 13　早期层位壁画土红地色分布区域细节

（左：第257窟“沙弥守戒自杀因缘”弟子；右：第259窟北壁龛间菩萨）

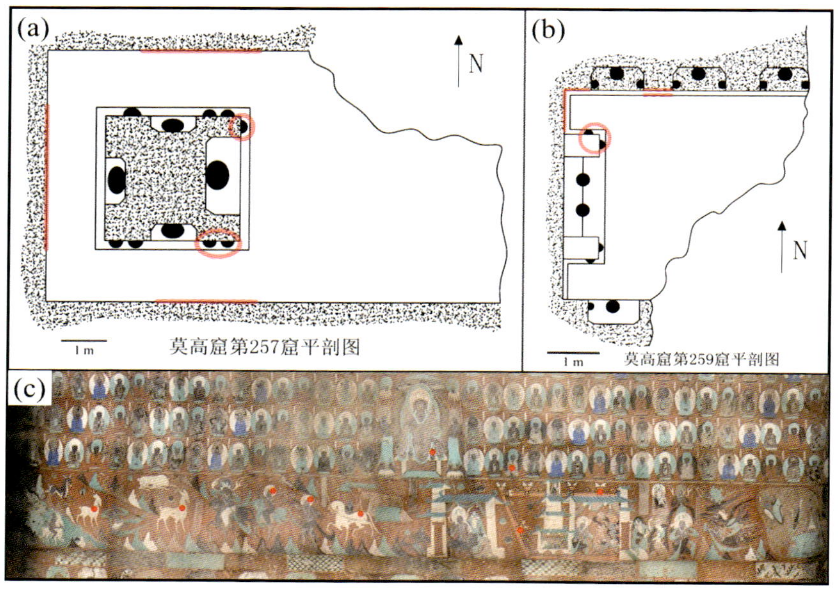

图 14　第 257、259 窟原位无损分析区域

（红线表示壁画区域，红圈表示彩塑区域，红点表示“鹿王本生（九色鹿）”壁画检测点）

莫高窟早期洞窟壁画和彩塑的地仗层包括底层粗泥层及表层细泥层。制作地仗的泥中添加有沙子和植物纤维材料，壁画泥层中观察到有麦草秸，塑像泥层中观察到有麻丝（图 12）。第 259 窟地仗层粗泥层厚约 3 cm，夹杂麦草纤维，细泥层厚 0.2 ～ 0.3 cm，夹杂麻纤维，粉土约占 55 %，沙土约 45 %[3]。

段文杰认为莫高窟早期洞窟壁画和彩塑多用土红涂地，以形成浓重醇厚的色调和静谧的境界[7]。肉眼观察发现第 257、259 窟早期层位壁画土红底色层主要分布于两类区域，第一类为千佛、菩萨和弟子图像外围，第二类为千佛、菩萨和弟子肌肤（图 13）。彩塑土红底色层仅分布于表面变深色的身体部位及佛衣，红色袈裟、裳裙等属于颜料层而非底色层。两窟早期层位原位无损分析区域见图 14。原位显微观察也证实了上述结论（图 15、16）。

在第 257 窟北壁早期层位壁画大迦叶背光西侧红色区域发现一处未染色三角形区域，最长边约 3 mm，如图 17 所示。由此可推断土红底色层是根据实际情况在需要的区域绘制而不是遍布整壁。

石窟考古学家发现第 257 窟北壁早期层位壁画千佛区域背景为黑色，肉眼及原位显微调查结果表明，黑色颜料层脱落处露出下层红色底色层（图 18）。

为了解早期层位壁画与彩塑土红底色层与颜料层、地仗层的层位关系，在第 257 窟北壁“大迦叶乘五百马飞来”马背破损处取样作偏光显微镜剖面及 SEM-EDS 分析，证实绘画时先将土红颜料涂抹在地仗之上作为底色层，然后在其上绘画。其中表层的半透明色对应马的白色颜料，厚约 30 μm，下层的红色对应壁画的土红底色层，厚约 10 μm（图 19 左）。

第 257、259 窟彩塑均为早期原作，图 20 是第 259 窟西壁塔柱形北侧面菩萨裸露胸部棕色样品的 SEM-EDS 分析结果，表层（1）含铅元素且脱落严重，厚约 25 μm；中间层（2）含有铁元素以及钙、硅、铝、硫、镁等归属于粘土矿物的元素，即为土红地色，厚 20 ～ 25 μm，厚度较壁画更大且不太均一，应为彩塑表面敷彩较壁面困难的缘故。

早期层位壁画和彩塑还存在部分白色底色层，主要分布于两窟塔座、第 259 窟南北壁龛沿下部药叉区域，以及佛、菩萨和弟子像头光、背光和服饰的绿色、蓝色部位（图 21）。中心塔柱南向面彩塑菩萨腿部裳裙绿色颜料层厚约 80 μm，下层半透明层对应彩塑此处的白色底色层，厚约 35 μm（图 19 右）。

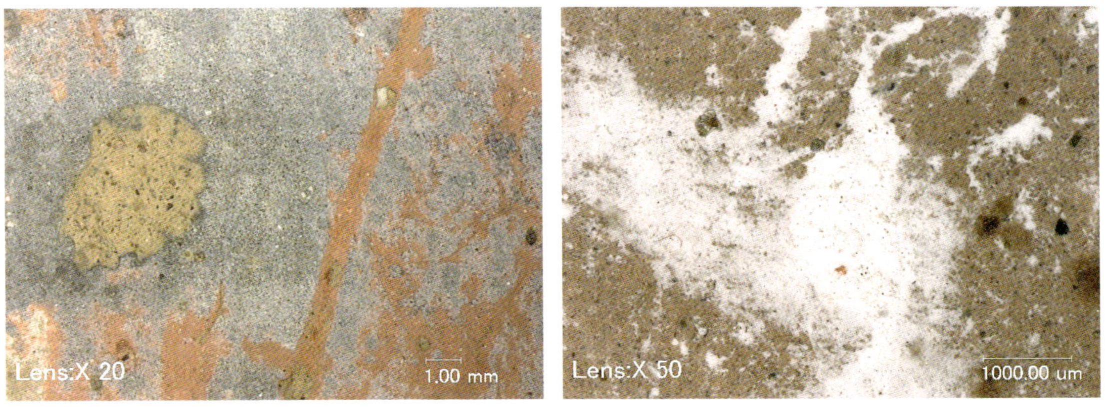

图 15　早期层位壁画土红“地色”原位显微观察结果

（左：第259窟北壁龛间菩萨腹部；右：第257窟北壁弟子头光）

图 16　彩塑土红“地色”原位显微观察结果

（左：第257窟中心塔柱南向面彩塑菩萨深色腹部；右：第259窟西壁佛龛外北侧彩塑菩萨白色腹部）

图 17　第 257 窟北壁早期层位壁画“须摩提女因缘”红色底色三角处

（左：相机照片；右：原位显微图像）

图 18　第 257 窟千佛区域黑色背景

（左：相机照片；右：原位显微图像）

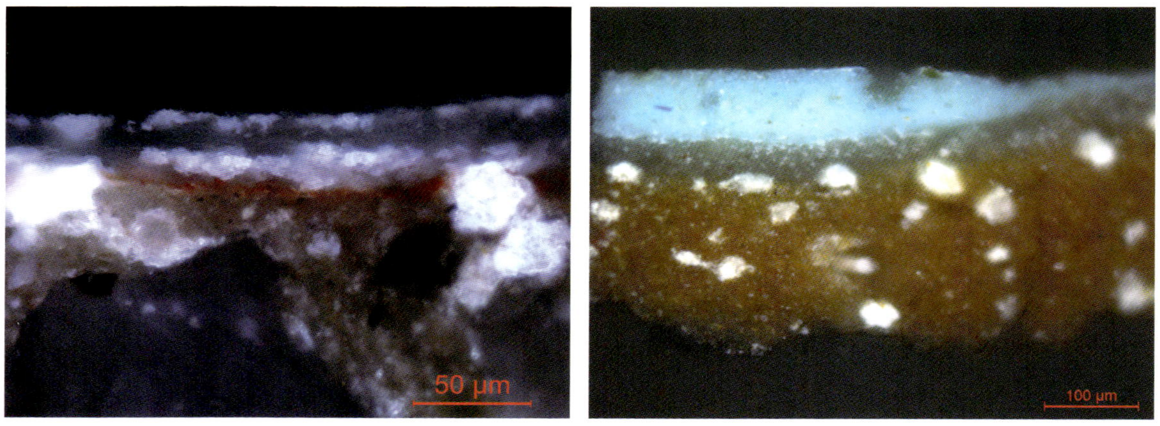

图 19　第 257 窟早期层位壁画和彩塑底色层

（左：北壁壁画白色样品剖面分析照；右：中心塔柱南向面彩塑菩萨绿色样品剖面分析照片）

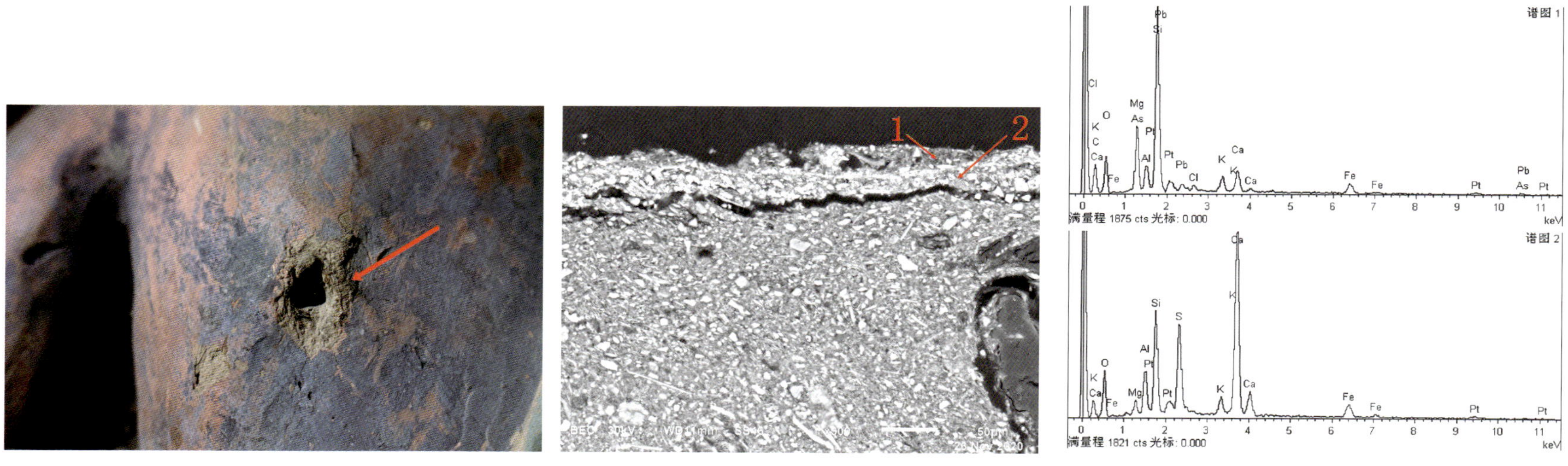

图 20　第 259 窟西壁塔柱形北侧面彩塑菩萨棕色样品 SEM-EDS 分析结果

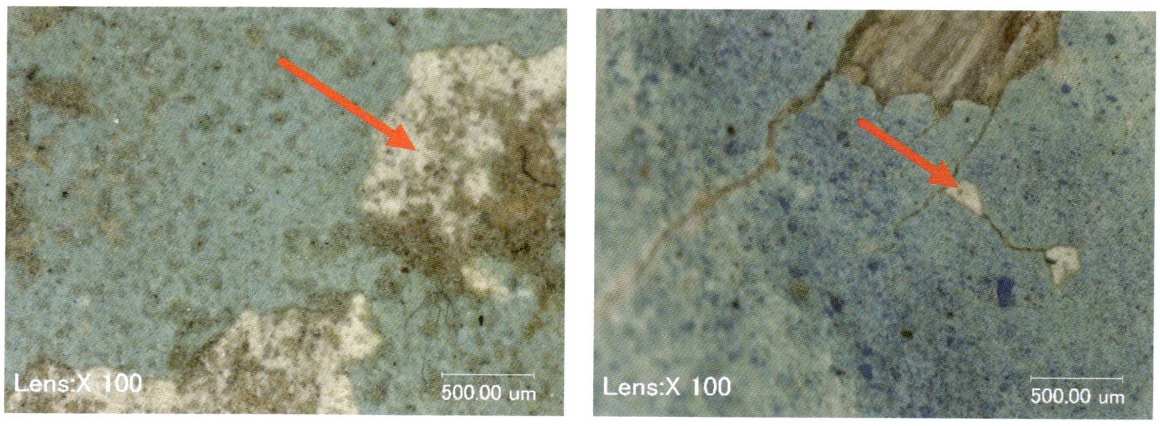

图 21　早期层位壁画和彩塑白色底色层

（左：第257窟北壁“阿那律乘五百狮子飞来”上方千佛绿色背光；右：第259窟西壁塔柱形正面龛北侧彩塑菩萨绿色裳裙）

（2）制作材料分析

1）彩塑骨架及壁画地仗

彩塑骨架中草茎和麻绳的红外光谱结果见表 8，主要成分均为纤维素，图 22 为麻绳与草茎的红外光谱图。

表 8　彩塑骨架中植物纤维材料 FTIR 分析结果

窟号	取样位置	样品描述	分析结果
257	中心塔柱北向面下层龛外东侧菩萨右腕断裂处	麻绳	纤维素
	中心塔柱北向面下层龛外东侧菩萨右腕断裂处	草茎	纤维素
259	北壁下层西侧圆券龛趺坐说法佛左腕断裂处	草茎	纤维素
	西壁中部塔柱形南侧面菩萨右腕断裂处	麻	纤维素

从图 23 可以清楚地看到麻绳中的纤维呈束状，束中纤维数量不同因而粗细不一致，表面为灰尘颗粒以及胶或脂类等物质。草茎纵切面照片从左至右依次可见紧实皮层及内部纤维细胞。

莫高窟第 257、259 窟早期层位壁画和彩塑地仗的 X- 射线衍射分析结果在表 8 中。图 24 是莫高窟第 257 窟壁画地仗土的 X- 射线衍射谱图，图 25 是第 257 窟彩塑地仗土的 X- 射线衍射谱图。分析结果对比可以看出二者组成相同，和莫高窟窟前河流沉积半黏土的组成相近[3,4]，证明制作壁画和彩塑地仗使用了“澄板土”，并添加有一定比例的沙和植物材料。

经研究表明第 259 窟早期层位壁画和彩塑地仗土同样是用当地的澄板土和沙子等材料混合制作成的（见表 9）。

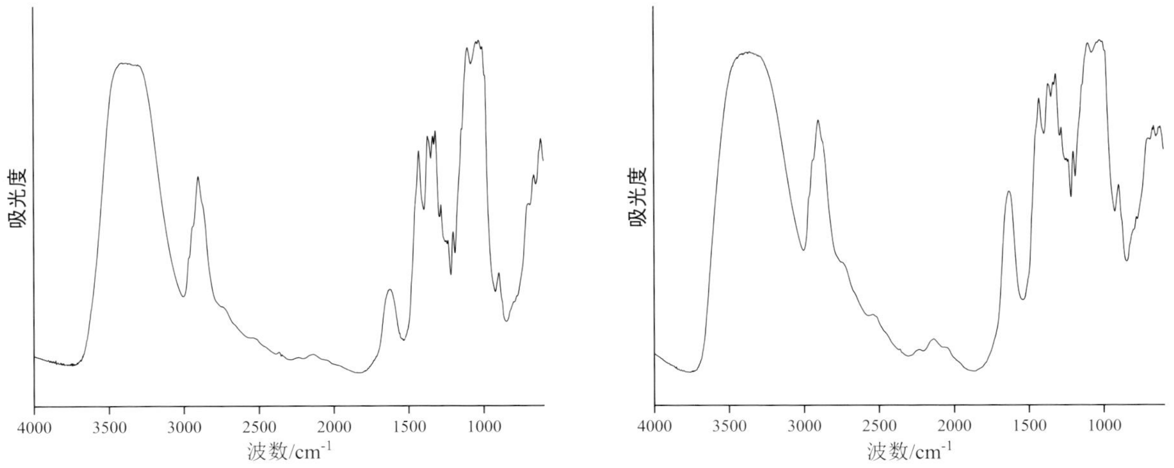

图 22　彩塑骨架中植物纤维材料红外光谱图

（左：第257窟麻绳；右：第259窟草茎）

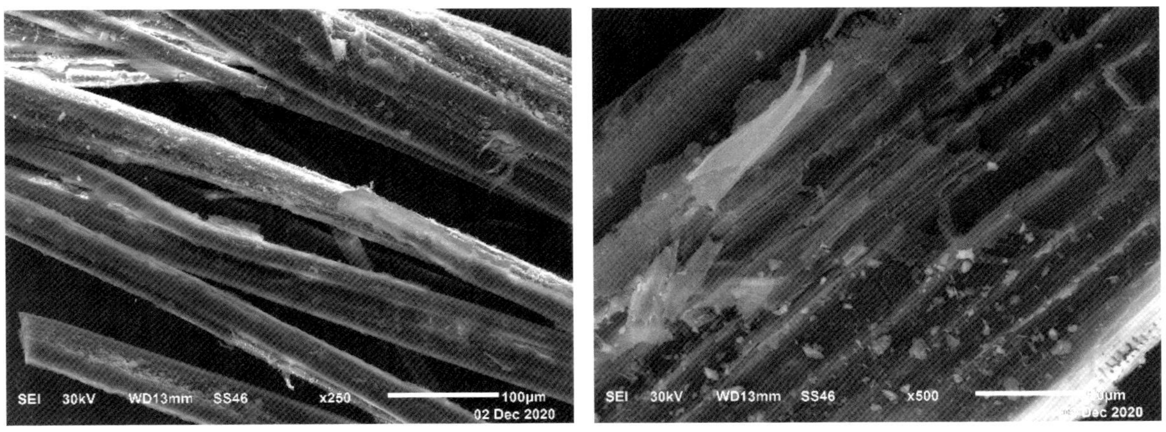

图 23　彩塑骨架中植物纤维材料 SEM 图像

（左：第257窟麻绳；右：第259窟草茎）

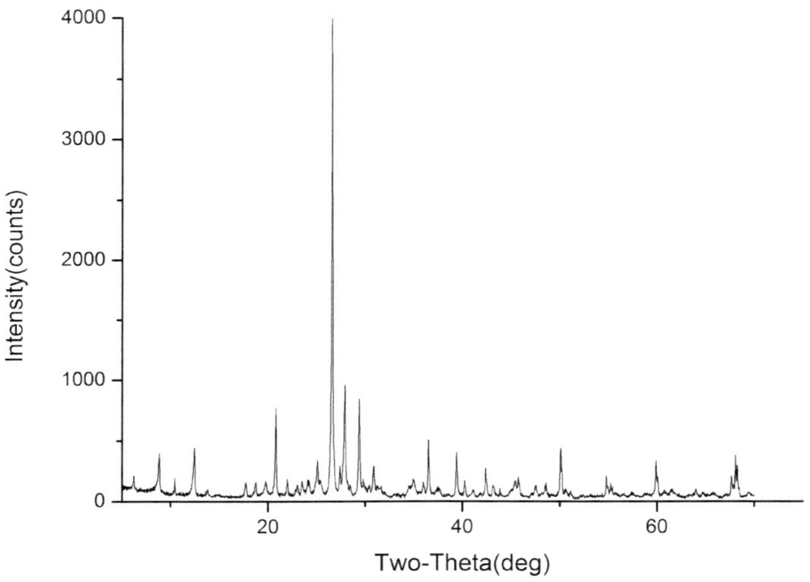

图 24　莫高窟第 257 窟壁画地仗土 X– 射线衍射谱图

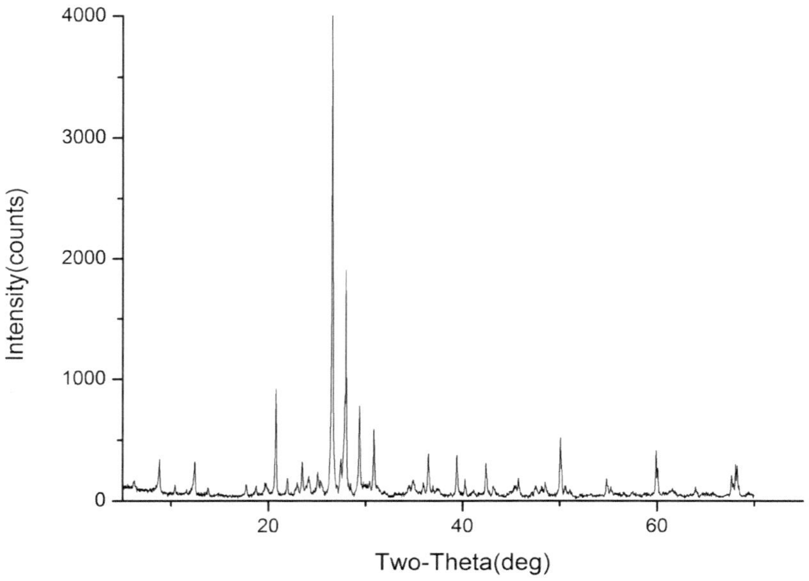

图 25　第 257 窟彩塑地仗土 X– 射线衍射谱图

表 9　莫高窟第 257、259 窟早期层位壁画和彩塑地仗样品 XRD 分析结果

窟号	取样位置	主要物相
257	北壁“须菩提乘五百琉璃山飞来”下方边饰破损处地仗；距西壁：255 cm，距地面：85 cm	石英，钠闪石，白云母，绿泥石，方解石，钠长石
257	中心塔柱北向面下层龛外西侧菩萨胸部破损处；距座沿：68 cm	石英，钠闪石，白云母，绿泥石，方解石，钠长石
259	北壁下层中间圆券龛下方药叉颜料层脱落处地仗；距西壁：158 cm，距地面：59 cm	石英，方解石，高岭石，白云母，钠长石，绿泥石，钠闪石
259	西壁塔柱形北侧面菩萨右臂破损处；距龛沿：70 cm	石英，方解石，高岭石，白云母，钠长石，绿泥石，钠闪石

早期层位壁画地仗中麦秸秆的红外光谱结果见表 10，主要成分均为纤维素。从图 26 可见麦秸秆外表皮光滑致密，中部组织较为疏松，呈多孔道结构，纤维细胞大小分布均匀，第 259 窟早期（北魏或更早）层位壁画中仅发现的麻纤维也呈束状，与彩塑中相同。

表 10　彩塑骨架制作材料 FTIR 分析结果

窟号	取样位置	样品描述	分析结果
257	北壁“迦匹那乘五百金翅鸟飞来”上起第 3 只金翅鸟破损处	麦草	纤维素
259	北壁下层中间圆券龛下方药叉颜料层脱落处	麦草	纤维素

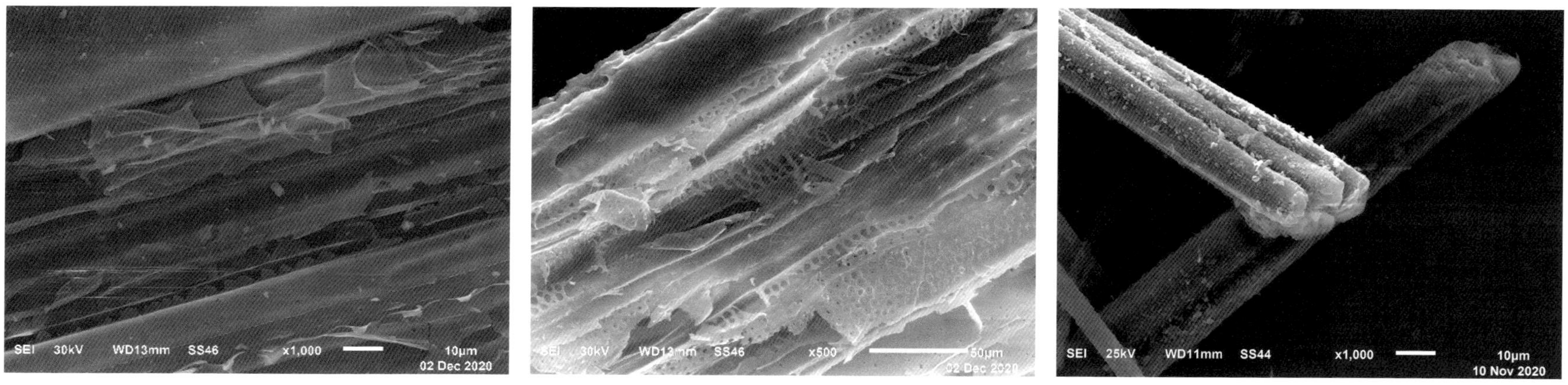

图 26　早期层位壁画地仗植物纤维材料 SEM 图像
（左：第257窟麦秸秆；中：第259窟麦秸秆；右：第259窟麻纤维）

2）底色层

综合早期层位洞窟壁画红色底色层的 pXRF 及 XRD 分析结果（表 10），由于天然红土中的褐铁矿为非晶质或隐晶质，X- 射线衍射仅在 2 件样品中分析出了赤铁矿（α-Fe_2O_3），其他物相主要由石英及粘土矿物组成，而主要元素均为铁（Fe）元素，由此也可推断第 257、259 窟红色底色层均为土红颜料。第 257 窟千佛区域黑色背景材料分析结果为二氧化铅（图 25），下层底色也为土红。其中第 259 窟早期（北魏或更早）层位壁画底色除赤铁矿外仅含有石英而无粘土矿物，较为纯净。

表 11　莫高窟第 257、259 窟早期层位壁画和彩塑底色层 XRF 分析结果

窟号	层位	检测及取样位置	颜色	XRF	XRD	
				主要元素	主要显色物质	其他物相
257	早期	北壁“大迦叶乘五百马飞来”底色	红色	铁	未检出	生石膏，高岭石，石英，钙长石
		北壁“大迦叶乘五百马飞来”上方千佛区域背景	黑色	铅	二氧化铅	未检出
		北壁“大迦叶乘五百马飞来”上方千佛区域背景底色	橘色	铁	未检出	生石膏，高岭石，石英，钠长石，白云母，方解石
		中心塔柱南向面下层龛外东起第 2 身菩萨腹部	橘色	铁	未检出	生石膏，钠闪石，滑石，方解石，绿泥石
		南壁“沙弥守戒自杀因缘”塔座装饰底色	白色	铜	生石膏，滑石	绿泥石，钠闪石，少量高岭石
		中心塔柱南向面下层龛外东起第 2 身彩塑菩萨左腿部裳裙底色	白色	铜	生石膏，滑石	绿泥石，钠闪石，少量高岭石
259	早期（北魏或更早）	北壁下层龛沿破损处露出底层壁画	红色	铁	赤铁矿	石英
	早期（北魏）	西壁中部塔柱形北侧千佛区域底色	红色	铁	赤铁矿	方解石，硬石膏，石英，钠长石，白云母

第 257 窟白色底色层以生石膏和滑石为主，含有少量高岭石，pXRF 结果中的铜元素源自表层绿色颜料。

3）颜料层

第 257、259 窟早期层位壁画和彩塑颜料层的 pXRF 和 XRD 分析结果见表 12。从分析结果可以了解到早期层位壁画和彩塑中使用颜料种类的特点，主要包括：红色以土红为主，在第 257 窟个别部位发现汞元素，应使用了朱砂（图 28），西壁“鹿王本生（九色鹿）”人物头光区域的 FORS 分析发现了昆虫来源蒽醌类染料（图 29）；蓝色第 257 窟主要使用了青金石，西壁“鹿王本生”上方和中心塔柱彩塑局部深蓝色区域存在植物来源染料靛蓝（图 30），第 259 窟为石青；绿色目前只发现使用了氯铜矿（第 259 窟彩塑绿色颜料中含有少量石青）；白色主要使用了滑石，局部为生石膏（图 31），第 259 窟滑石中伴生大量蛇纹石（图 32），仅在 1 件样品中发现含有少量硬石膏；灰色及棕黑色含有二氧化铅，应为含铅颜料变色产物；第 257 窟西壁黑色线条为炭黑（图 33）。

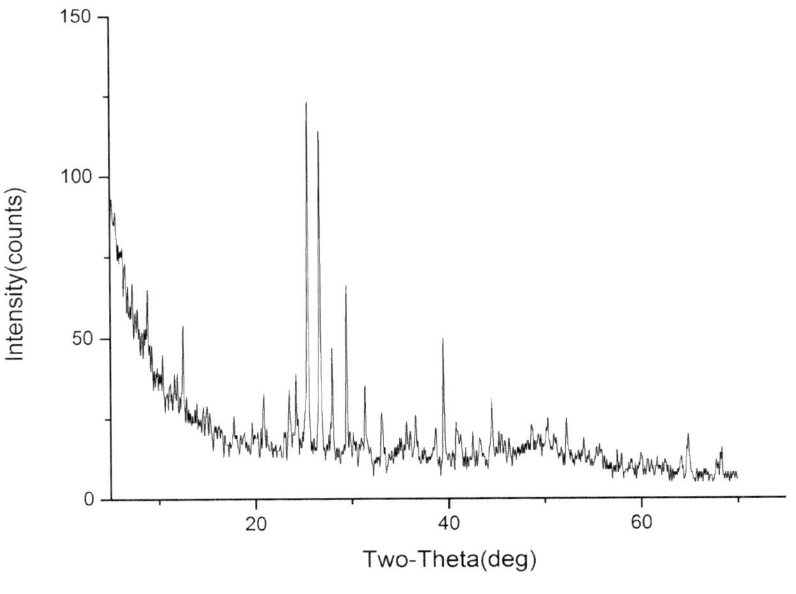

图 27　第 259 窟西壁塔柱形北侧千佛区域底色 XRD 谱图

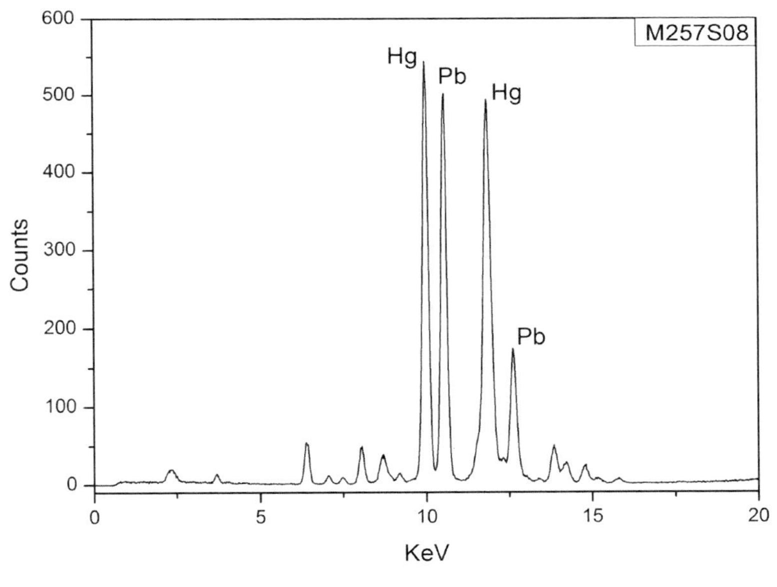

图 28　莫高窟第 257 窟中心塔柱东向面龛外北侧天王甲裳边缘红色颜料 pXRF 分析谱图

表 12　早期层位壁画和彩塑颜料层的 pXRF 和 XRD 分析结果

窟号	检测及取样位置	颜色	pXRF	XRD	
			主要元素	主要显色物相	其他物相
257	中心塔柱南向面下层龛外东起第 1 身彩塑菩萨左腿处裳裙	红色	铁	赤铁矿	石英，生石膏，方解石，高岭石，钠长石
257	中心塔柱东向面龛外北侧彩塑天王甲裳边缘	红色	汞、铅	未取样	
257	南壁下部“沙弥守戒自杀因缘”装饰花纹	红色	汞、铅		
259	西壁塔柱形北侧面彩塑菩萨右腿处裳裙	红色	铁	赤铁矿	生石膏，蛇纹石，石英，钠长石，方解石，硬石膏
257	北壁“大迦叶乘五百马飞来”上方下起第 1 排西起第 1 身千佛佛座	绿色	铜	氯铜矿	生石膏，高岭石，石英，滑石，白云母
257	中心塔柱南向面下层龛外东起第 2 身彩塑菩萨左腿部裳裙	绿色	铜	氯铜矿	生石膏，高岭石，石英，滑石，方解石
259	西壁塔柱形北侧下起第 2 排北起第 6 身千佛右臂处袈裟	绿色	铜	氯铜矿	滑石，钠闪石，石英，方解石
259	西壁塔柱形北侧面彩塑菩萨右膝下方裳裙边缘	绿色	铜	氯铜矿，石青	石英
257	北壁“阿那律乘五百狮子飞来”上方下起第 1 排北起第 4 身千佛腿部袈裟	蓝色	铁	青金石	石英，白云母
257	中心塔柱东向面龛外北侧彩塑天王右侧胸甲	蓝色	铁、钙	青金石	石英，白云母，钠长石，滑石
259	西壁塔柱形北侧下起第 3 排北起第 1 身千佛左腿部袈裟	蓝色	铜	石青	钠闪石，石英，方解石，钠长石
257	北壁“大迦叶乘五百马飞来”上起第 4 匹马尾部	乳白	铁、钙	生石膏	钠闪石，少量高岭石
257	北壁“大迦叶乘五百马飞来”上起第 4 匹马尾部	白色	铁、钙	生石膏	钠闪石，少量高岭石及硬石膏
257	北壁“阿那律乘五百狮子飞来”上方下起第 1 排北起第 4 身千佛右侧背光	白色	铁、钙	滑石	少量生石膏，高岭石，蛇纹石，绿泥石
257	北壁“阿那律乘五百狮子飞来”上方下起第 1 排北起第 4 身千佛鼻部	白色	铁、钙	滑石	少量生石膏
257	南壁“沙弥守戒自杀因缘”塔座	白色	铁、钙	滑石，生石膏	石英，绿泥石，钠闪石
257	南壁“沙弥守戒自杀因缘”题记	白色	铁、钙	滑石	绿泥石，石英，钠闪石
257	中心塔柱南向面下层龛外东起第 1 身彩塑菩萨右腕部	白色	铁、钙	滑石	钠闪石，少量生石膏
259	西壁塔柱形北侧下起第 3 排北起第 1 身千佛背光	白色	铁、钙	滑石，蛇纹石	石英，少量方解石，钠闪石，钠长石，绿泥石，白云母
259	西壁塔柱形正面龛外北侧彩塑菩萨左小臂	白色	铁、钙	蛇纹石，滑石	少量生石膏，石英
259	西壁塔柱形北侧下起第 2 排北起第 3 身千佛面部	灰色	铅	二氧化铅	滑石，蛇纹石，石英
257	中心塔柱南向面下层龛外东起第 1 身彩塑菩萨腹部	黑色	铅	二氧化铅	未检出

图 34 是第 259 窟西壁北侧千佛处壁画样品的 Py-GC/MS 总离子流色谱图，表 13 是与之相关的裂解碎片保留时间、质荷比、碎片名称及分子式。如图 34 所示保留时间在 1.633、 1.794、2.248 min 的 2- 丙烯腈、丙腈、苯等碎片峰为亮氨酸和异亮氨酸的裂解产物；保留时间在 3.309、4.920、5.550 min 处的甲苯、1,3- 二甲基苯、苯乙烯等碎片峰为苯丙氨酸的裂解产物；保留时间在 3.141 min 处的吡咯碎片峰为脯氨酸和羟脯氨酸的裂解产物，羟脯氨酸为动物胶特有物质，因此可推测该样品中含有动物胶。

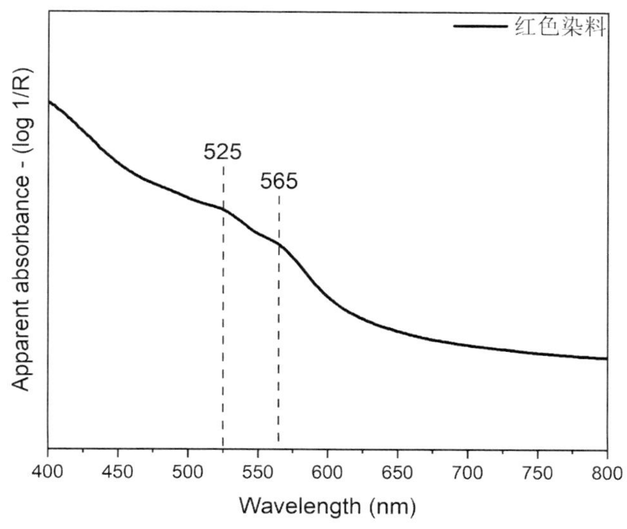

图 29　第 257 窟西壁“鹿王本生”人物头光 FORS 谱图

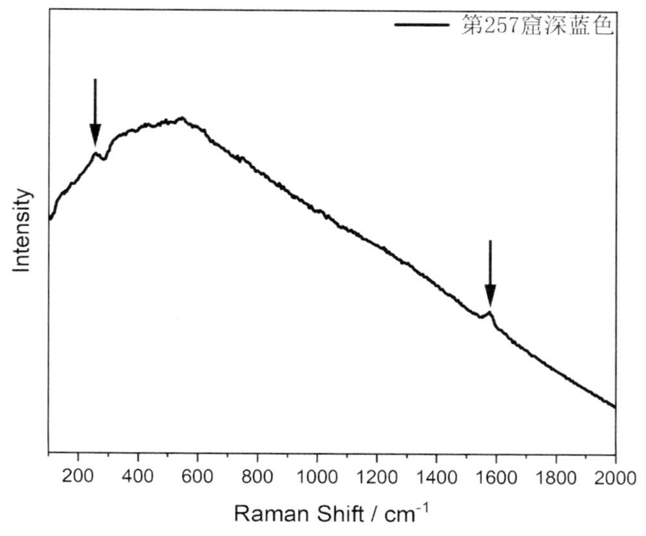

图 30　第 257 窟西壁“鹿王本生”深蓝色局部拉曼谱图

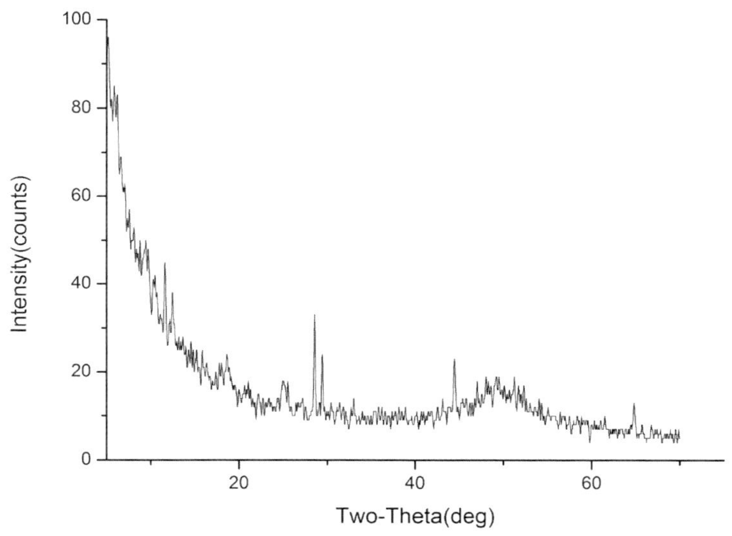

图 31　莫高窟第 257 窟北壁“大迦叶乘五百马飞来”马尾部白色颜料 X- 射线衍射分析谱图

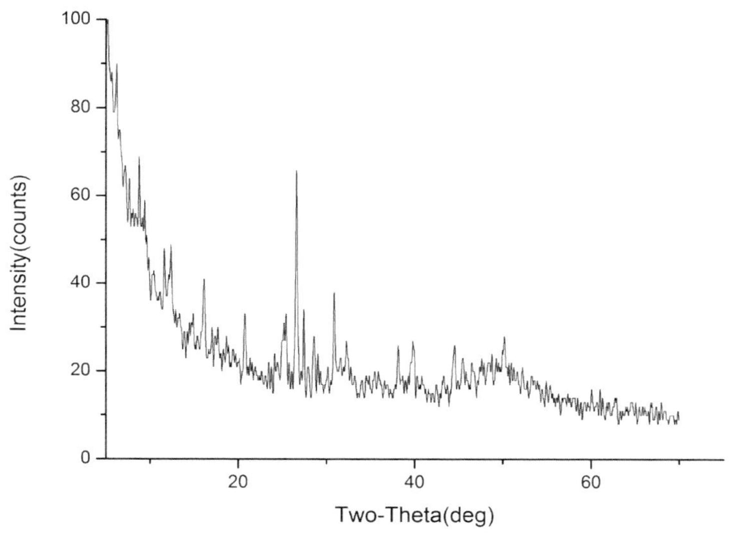

图 32　莫高窟第 259 窟西壁塔柱形正面龛外北侧彩塑菩萨左小臂白色颜料 X- 射线衍射分析谱图

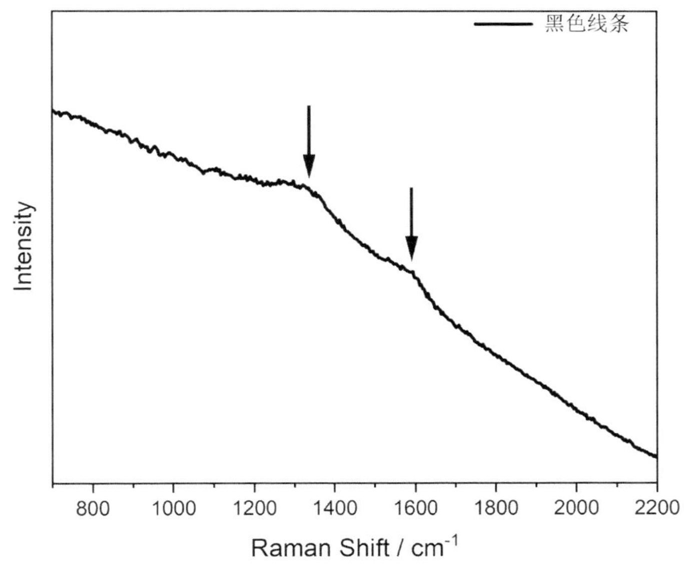

图 33　第 257 窟西壁“鹿王本生”黑色线条拉曼谱图

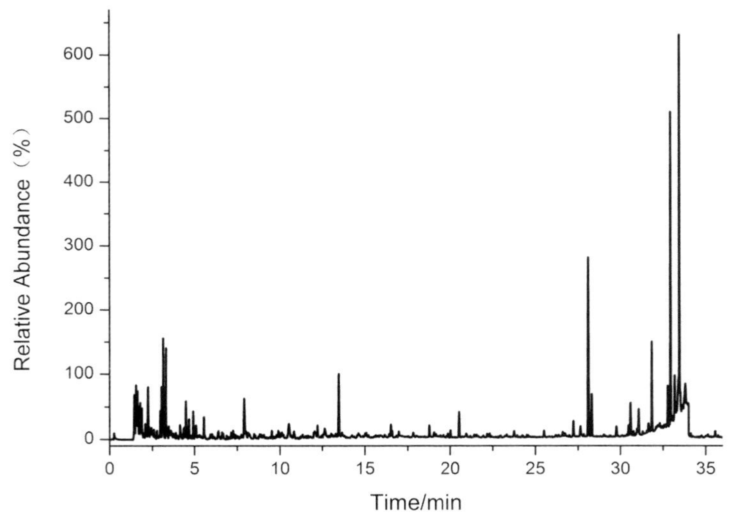

图 34　第 259 窟早期层位壁画样品 Py–GC/MS 谱图

表 13　第 259 窟早期层位壁画样品 Py–GC/MS 分析的特征热解产物

No.	Retention time/min	m/z	Characteristic components and typical fragments in the mass spetra	Formula
1	1.450	56	2-Butene (54.0)	C_4H_8
2	1.633	53	2-Propenenitrile ()	C_3H_3N
3	1.677	66	1,3-Cyclopentadiene (57.0)	C_5H_6
4	1.794	55	Propanenitrile (54.0)	C_3H_5N
5	1.882	60	Acetic acid ()	$C_2H_4O_2$
6	2.101	80	1,3-Cyclohexadiene (79.0, 52.0)	C_6H_8
7	2.248	78	Benzene (63.0, 52.0)	C_6H_6
8	2.965	81	1H-Pyrrole, 1-methyl- (69.0, 53.0)	C_5H_7N
9	3.046	79	Pyridine (52.0)	C_5H_5N
10	3.141	67	Pyrrole (52.0)	C_4H_5N
11	3.309	92	Tolunene (91.0, 77.0, 65.0)	C_7H_8
12	4.488	81	1H-Pyrrole, 2-methyl- (80.0, 53.0)	C_5H_7N
13	4.920	106	Benzene, 1,3-dimethyl- (91.0, 77.0, 51,0)	C_8H_{10}
14	5.550	104	Styrene (78.0, 63.0, 51.0)	C_8H_8
15	7.900	94	Phenol (76.0, 66.0, 55.0)	C_6H_6O
16	10.521	108	Phenol, 3-methyl- (107.0, 95.0, 85.0)	C_7H_8O
17	12.228	117	Benzyl nitrile (99.0, 90.0, 77.0)	C_8H_7N
18	13.472	128	Naphthalene (102.0, 87.0, 64.0)	$C_{10}H_8$
19	16.518	142	Naphthalene, 1-methyl- (129.0, 115.0)	$C_{11}H_{10}$
20	18.766	154	Biphenyl (128.0, 76.0)	$C_{12}H_{10}$
21	20.531	152	Acenaphthylene (126.0, 76.0, 63.0)	$C_{12}H_8$
22	26.593	186	Phenol, 3-phenoxy- (158.0, 130.0, 93.0)	$C_{12}H_{10O}2$
23	28.131	178	Phenanthrene (152.0, 126.0, 89.0)	$C_{14}H_{10}$
24	30.591	192	Phenanthrene (180.0, 152.0, 139.0)	$C_{15}H_{12}$
25	31.850	204	Naphthalene, 2-phenyl- (180.0, 152.0, 101.0)	$C_{16}H_{12}$
26	32.949	202	Pyrene (174.0, 101.0, 88.0)	$C_{16}H_{10}$

3.2.2　晚期层位的重绘壁画

（1）制作工艺分析

晚期层位重绘壁画位于第 257 窟中心塔柱东向面下部座身及第 259 窟窟顶西侧，而第 257 窟晚期层位壁画是在早期壁画彩绘层上直接施以颜料进行绘制。晚期地仗仅存在于第 259 窟窟顶（图 35 左），其 XRD 分析结果为石英、钠闪石、钠长石、高岭石、绿泥石和白云母，与早期层位地仗成分一致，同样是用当地的澄板土和沙子等材料混合制作成的。地仗中添加的植物材料为麻纤维，束状结构同早期层位壁画（图 35 右）。

晚期层位重绘壁画样品的剖面分析结果见图 30，左图为第 257 窟绿色样品，剖面层位关系反映出了该处早期和晚期壁画相互叠加的两层彩绘的状况，其中表层是晚期重绘的绿色颜料层（厚约 37 μm），其下是晚期重妆时制作的白色底色层（厚约 64 μm），底色层下是早期层位的土红底色层（厚约 33μm）和地仗层。可知此处晚期壁画是在早期壁画上的颜料层重叠；右图为第 259 窟红色样品，由于此区域壁画颜料层起甲严重，因此剖面中存在较大空隙，但仍可显示重绘红色颜料层厚约 25 μm，白色底色层厚约 70 μm，其下为含麻纤维的地仗细泥层。

（2）制作材料分析

底色层和颜料层的分析结果见表 14，其中白色底色层颜料主要包括滑石、方解石（图 37），第 259 窟还存在生石膏，第 257 窟白色底色层 pXRF 结果中的铅及铜元素来自于早期层位壁画；红色仅发现土红颜料；第 257 窟绿色颜料为副氯铜矿、第 259 窟为石绿（图 38）；棕色为含铅颜料变色产物。

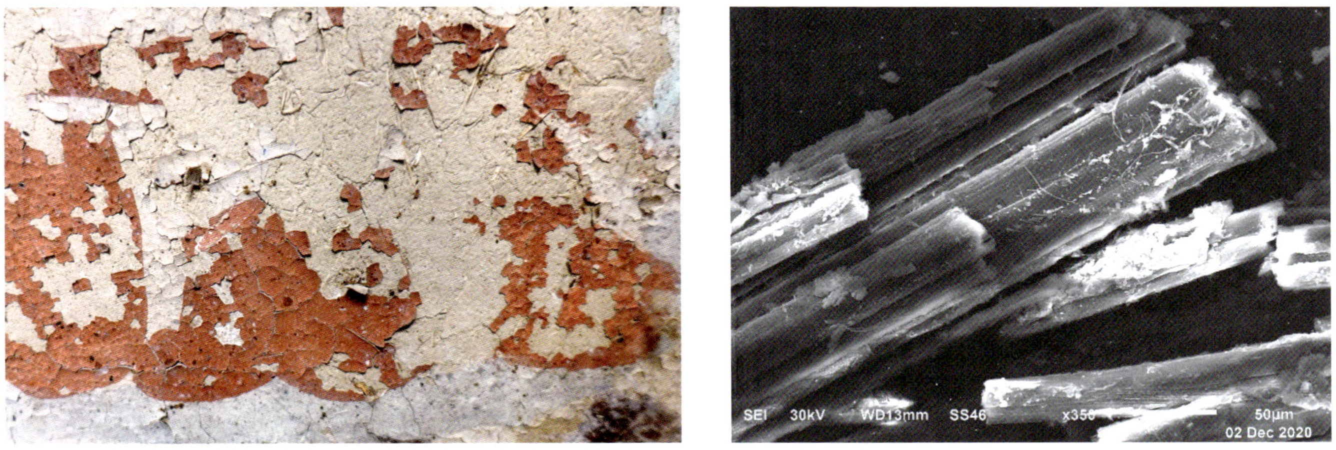

图 35　莫高窟第 259 窟窟顶西侧晚期壁画

（左：层位结构；右：地仗中麻纤维SEM图像）

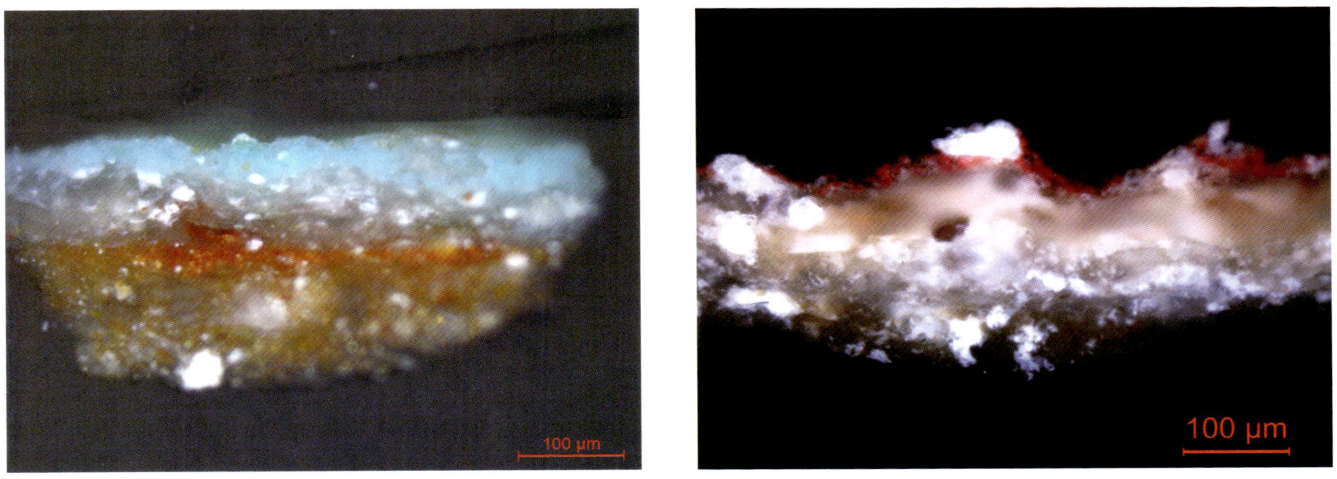

图 36　晚期层位重绘壁画剖面分析

（左：第257窟绿色样品；右：第259窟红色样品）

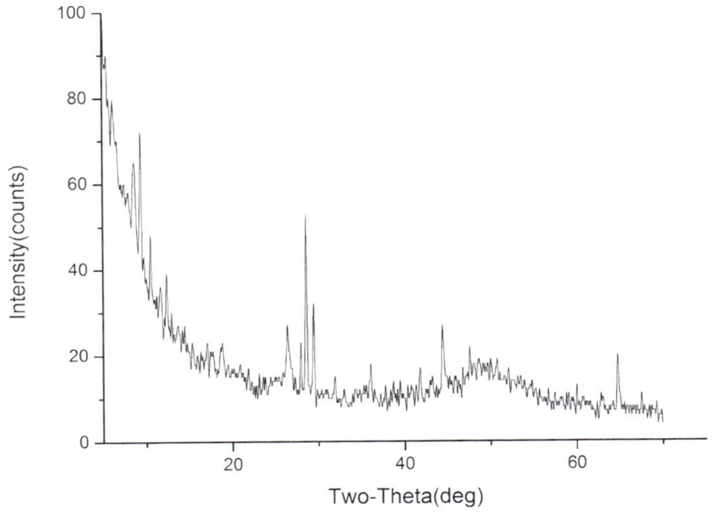

图 37　第 257 窟晚期层位重绘壁画白色底色 X- 射线衍射分析谱图

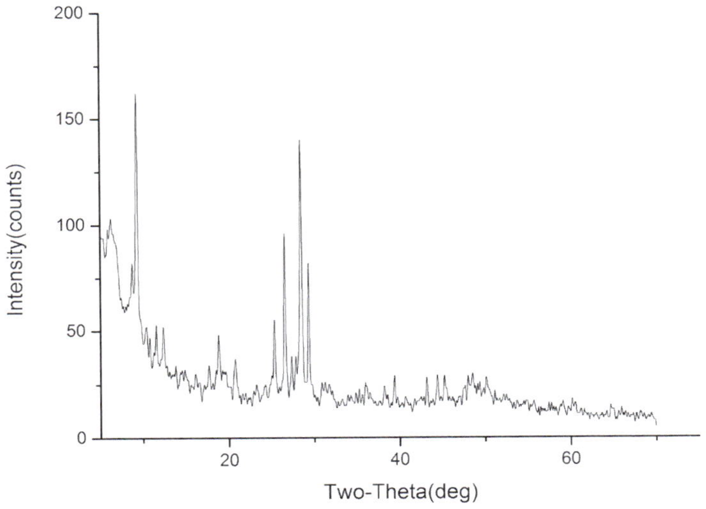

图 38　第 259 窟晚期层位重绘壁画绿色颜料 X- 射线衍射分析谱图

表 14　晚期层位重绘壁画底色层和颜料层分析结果

窟号	检测及取样位置	颜色	pXRF	XRD	
			主要元素	主要显色物相	其他物相
257	中心塔柱东向面座身南起第二根柱绿色竖条纹旁底色	白色	铁、铅、铜、钙	滑石，方解石	钠闪石，少量高岭石
259	窟顶西侧北起第 1、2 身千佛间底色	白色	铁、钙	方解石，滑石，生石膏	石英
257	中心塔柱东向面座身南起第二根柱北侧条纹	红色	铁	赤铁矿	生石膏，石英，钠长石，滑石，白云母，绿泥石，高岭石，方解石
259	窟顶西侧北起第 2 身千佛腿部袈裟	红色	铁	未检出	石英，方解石，钠闪石，钠长石，高岭石，滑石，白云母，生石膏
259	窟顶西侧北起第 2 身千佛背光	绿色	铜	石绿	钠闪石，钠长石，高岭石，滑石，白云母，生石膏
257	中心塔柱东向面座身南起第二根柱竖条纹	绿色	铜	副氯铜矿	滑石，方解石
259	窟顶西侧北起第 2 身千佛莲座	棕色	铅	二氧化铅	石英，滑石

3.3　讨论

综合原位无损分析和微损分析结果，可以得出如下结论。

莫高窟第 256 窟不同时期壁画和彩塑使用的颜料类型上存在一定差异，五代壁画蓝色颜料使用天然青金石矿物，且青金石呈现深蓝色调，表明矿石质量较好，宋代壁画蓝色颜料使用蓝铜矿矿物，此外还存在用蓝铜矿和氯铜矿调和出青色的颜料使用方法，而清代塑像上的蓝色颜料为钴玻璃蓝，这在莫高窟还是首次发现。钴玻璃蓝颜料的使用西方为从 15 世纪到 17 世纪，而日本为江户时代，我国元末开始使用的制造青花瓷的原料苏麻离青（smalt），也是一种含钴元素的蓝色彩料，但与钴玻璃蓝颜料从化学组成到生产方式都存在差异，有文献指出钴玻璃蓝颜料主要在中国清代早期使用。绿色颜料的使用也存在差异，五代和宋代壁画中氯铜矿为天然矿物，而清代彩塑中氯铜矿为人工合成矿物。红色颜料方面，五代壁画红色颜料全部为赤铁矿，宋代壁画大面积使用赤铁矿，仅供养人饰品等局部使用朱砂，宋代壁画大面积的棕色及棕黑色均为铅丹变色的结果，清代彩塑中既有朱砂和赤铁矿，也有铅丹的使用。壁画白色底色层方面，五代壁画底色层厚度从 120 ～ 200 μm 不等，主要使用滑石和方解石，宋代壁画底色层厚度从 150 ～ 200 μm 不等，主要使用滑石、方解石并加入少量白云母，清代彩塑底色层较薄，约 50 ～ 70 μm，主要使用滑石、方解石和少量生石膏。宋代壁画胶结材料为动物胶。综合以上结果，莫高窟第 256 窟揭露出的五代壁画除个别材料与宋代壁画不同外，制作材料与工艺整体较为接近，清代彩塑在颜料的使用及绘制工艺方面都与前两个时代存在较大差异。

莫高窟第 257、259 窟早期层位壁画和彩塑土红底色大范围存在，但并非遍布整窟而是有规律的分布，部分画面直接在泥质地仗表面绘画，而两窟塔座、第 259 窟壁面下部以及局部蓝、绿色区域为白色底色层，因此可以推断两窟底色层是根据实际情况在需要的区域绘制而不是遍布整壁。第 257 窟绘画使用的颜料较低 259 窟丰富，两窟所用红色均以土红为主。第 257 窟局部存在朱砂和昆虫来源染料，绿色目前只发现使用了氯铜矿，第 259 窟氯铜矿中含有少量石青，白色主要使用了滑石。第 259 窟中的滑石伴生有大量蛇纹石。两窟蓝色颜料种类不同，第 257 窟为青金石和少量靛蓝，而第 259 窟为石青。灰色、棕黑色主要成分是含铅颜料的变色产物二氧化铅，第 257 窟黑色墨线为炭黑。第 259 窟早期层位壁画胶结材料为动物胶。莫高窟早期三窟早期层位壁画和彩塑所使用颜料中未发现朱砂，氯铜矿中含有石青，滑石伴生蛇纹石，蓝色颜料为石青 [4]。这些特征与第 259 窟基本相同，表明第 259 窟壁画制作材料和工艺沿袭了早期三窟的特点。克孜尔石窟壁画中红色颜料包括朱砂，蓝色颜料以青金石为主，白色颜料和底色以石膏为主 [8]，这些特征与第 257 窟相关联。表明中亚地区以巴米扬石窟为代表的大量使用青金石和石膏的壁画制作材料和工艺传统 [9,10]，在影响新疆克孜尔石窟之后，于第 257 窟建造之前到达敦煌，对该窟及此后敦煌石窟壁画创作形成了深刻影响。白色颜料中包括石膏的特点与马蹄寺、天梯山和炳灵寺石窟壁画相近 [11,12]，滑石中不存在蛇纹石表明与第 259 窟相比，滑石的来源也发生了变化。晚期层位重绘壁画中伴生有方解石的滑石矿物与早期层位壁画和彩塑相比则又是另外的来源。

四　结论

在考古学家对莫高窟长期考古调查和研究的基础上，针对第256、257、259窟不同时期层位壁画和彩塑，采用原位无损分析调查技术、局部微量取样的壁画剖面分析技术和X–射线衍射分析技术相结合的研究策略，对壁画和彩塑制作材料与工艺的差别等进行了研究。调查结果为石窟考古研究提供了新的科学依据。

参考文献

[1] 徐位业、周国信、李云鹤〈莫高窟壁画、彩塑无机颜料的X射线剖析报告〉，《敦煌研究》1983年（创刊号），pp. 187-197。

[2] 苏伯民、胡之德、李最雄〈敦煌壁画中混合红色颜料的稳定性研究〉，《敦煌研究》1996年第3期，pp. 149-162。

[3] 李最雄《丝绸之路石窟壁画彩塑保护》，科学出版社，北京，2005年，pp. 15-17, 33。

[4] 范宇权、柴勃隆、于宗仁、张文元、王小伟、苏伯民〈莫高窟早期三窟壁画和彩塑制作材料研究〉，《敦煌研究》2010年第6期，pp. 28-33。

[5] 李实〈敦煌壁画中胶结材料的定量分析〉，《敦煌研究》1995年第3期，pp. 29-46。

[6] 樊锦诗〈敦煌莫高窟的保存、维修和展望〉，《敦煌研究文集・石窟保护篇上》，甘肃民族出版社，兰州，1993年，p. 5。

[7] 段文杰〈十六国、北朝时期的敦煌石窟艺术〉，《段文杰敦煌艺术论文集》，甘肃人民出版社，兰州，1994年，pp. 29-30。

[8] 苏伯民、李最雄、马赞峰、李实、马清林〈克孜尔石窟壁画颜料研究〉，《敦煌研究》2000年第1期，pp. 65-75。

[9] R. J. Gettens. *The Materials in the Wall Paintings of Bamiyan, Afghanistan*. Technical Studies. Vol. 6, 1938, pp. 186-193.

[10] 谷口陽子、大竹秀実、前田耕作〈バーミヤーン仏教壁画の材質調査（1）–クロスセクションによる彩色技法の調査〉，《保存科学》第45号，2006年，pp. 1-8。

[11] 于宗仁、赵林毅、李燕飞、李最雄〈马蹄寺、天梯山和炳灵寺石窟壁画颜料分析〉，《敦煌研究》2005年第4期，pp. 67-70。

[12] 张文元、苏伯民、殷耀鹏、水碧纹、崔强、于宗仁、善忠伟〈天梯山石窟北凉洞窟壁画颜料的原位无损分析〉，《敦煌研究》2019年第4期，pp. 128-140。

I

测绘图版

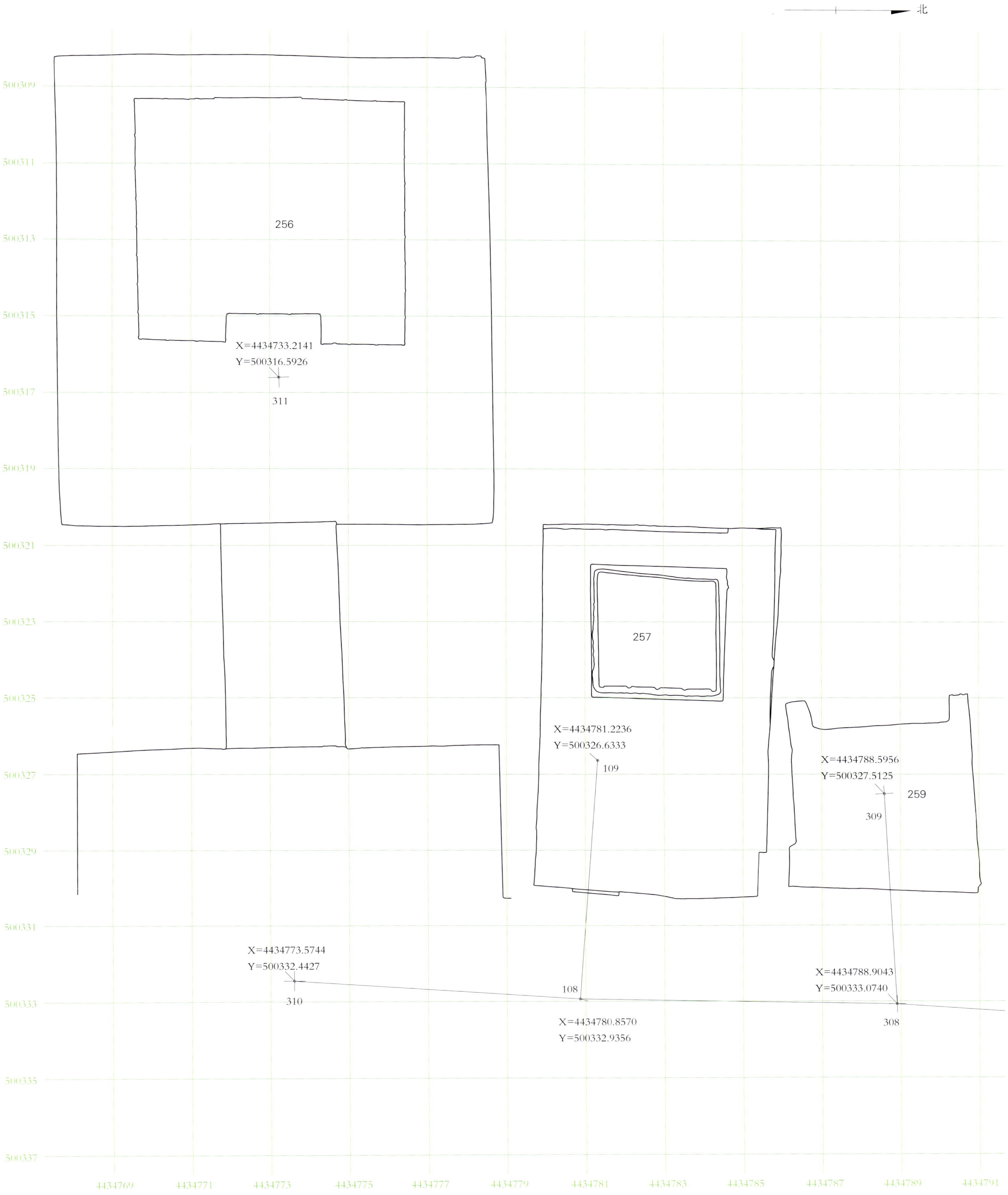

控制点三维坐标（单位：M）：

308（4434788.9043，500333.0740） 108（4434780.8570，500332.9356） 310（4434773.5744，500332.4427）
309（4434788.5956，500327.5125） 109（4434781.2236，500326.6333） 311（4434733.2141，500316.5926）

第 256、257、259 窟联合平面图

第256、257、259窟联合外立面图

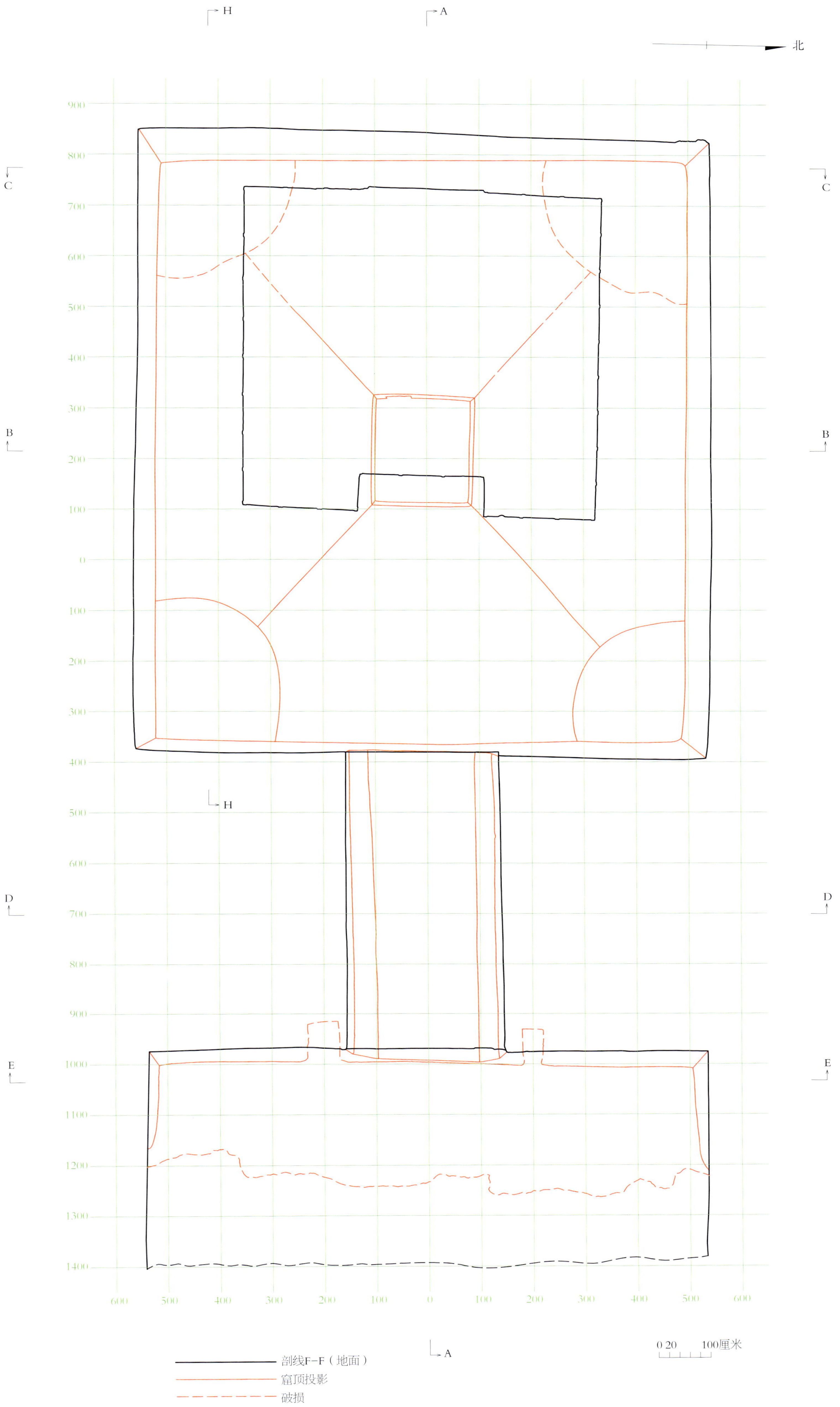

第256窟平面（F–F）及顶部投影图

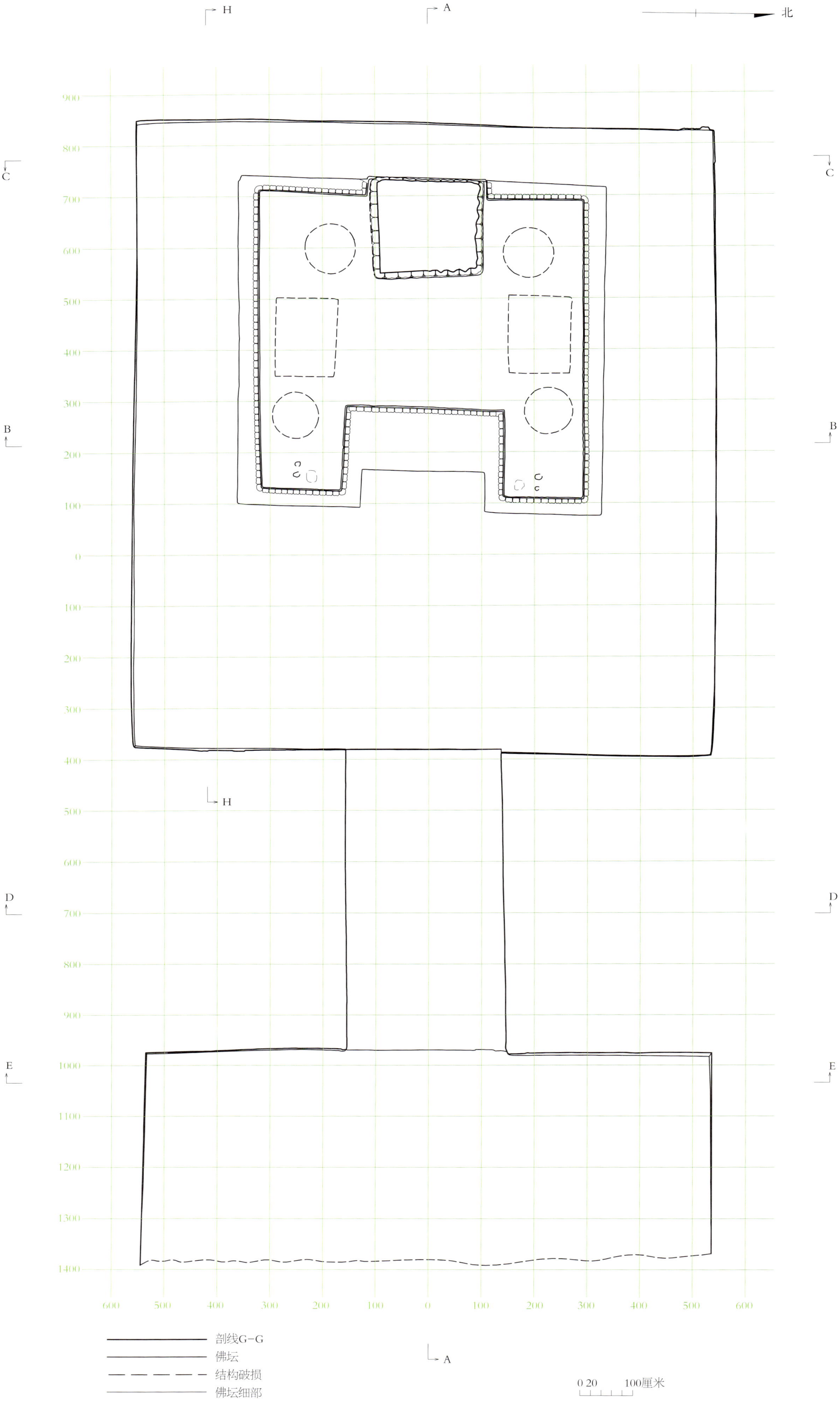

第256窟平面（G–G）图

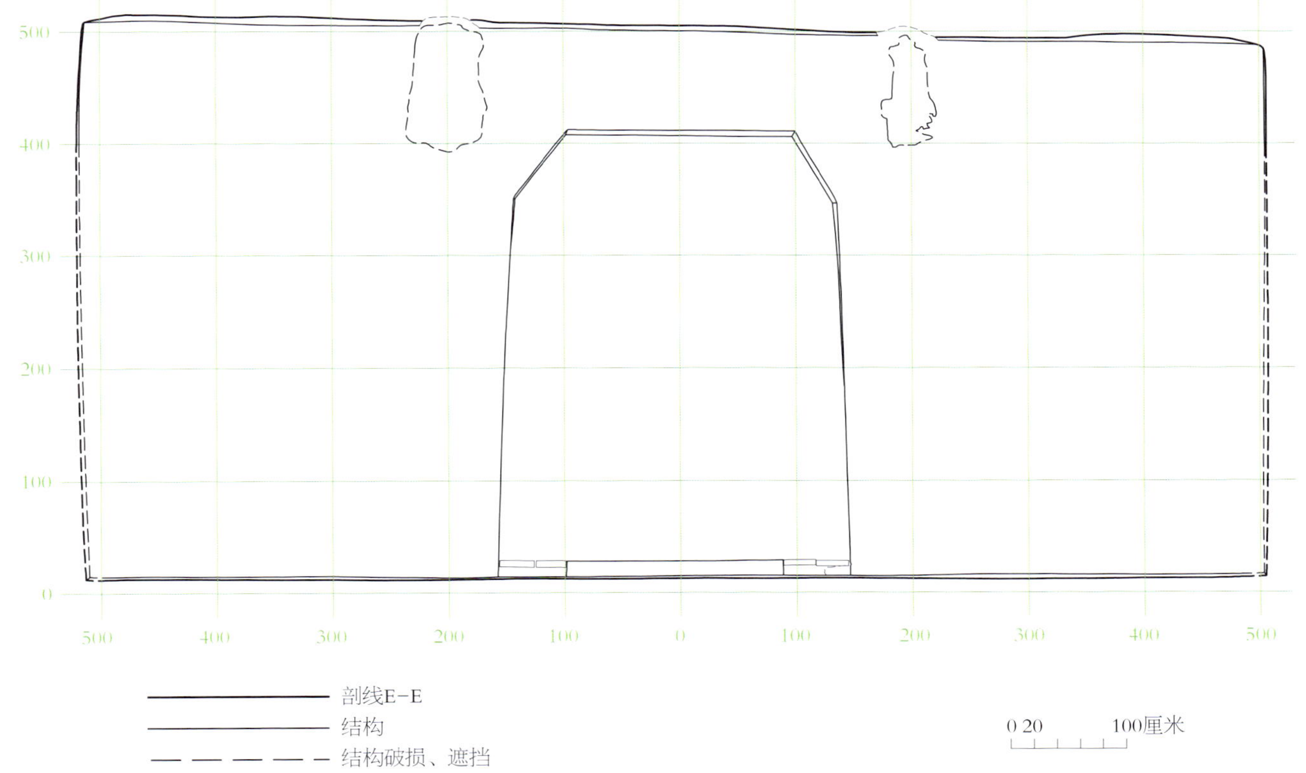

第 256 窟横剖面（E–E）图（向西）

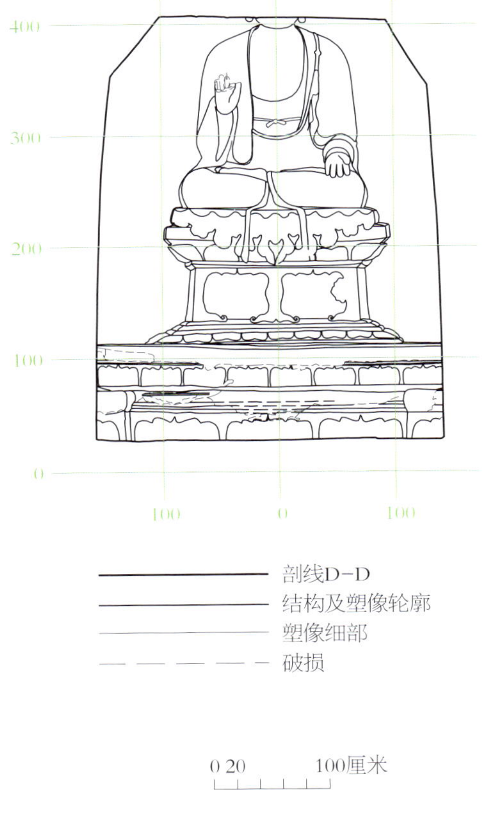

第 256 窟横剖面（D–D）图（向西）

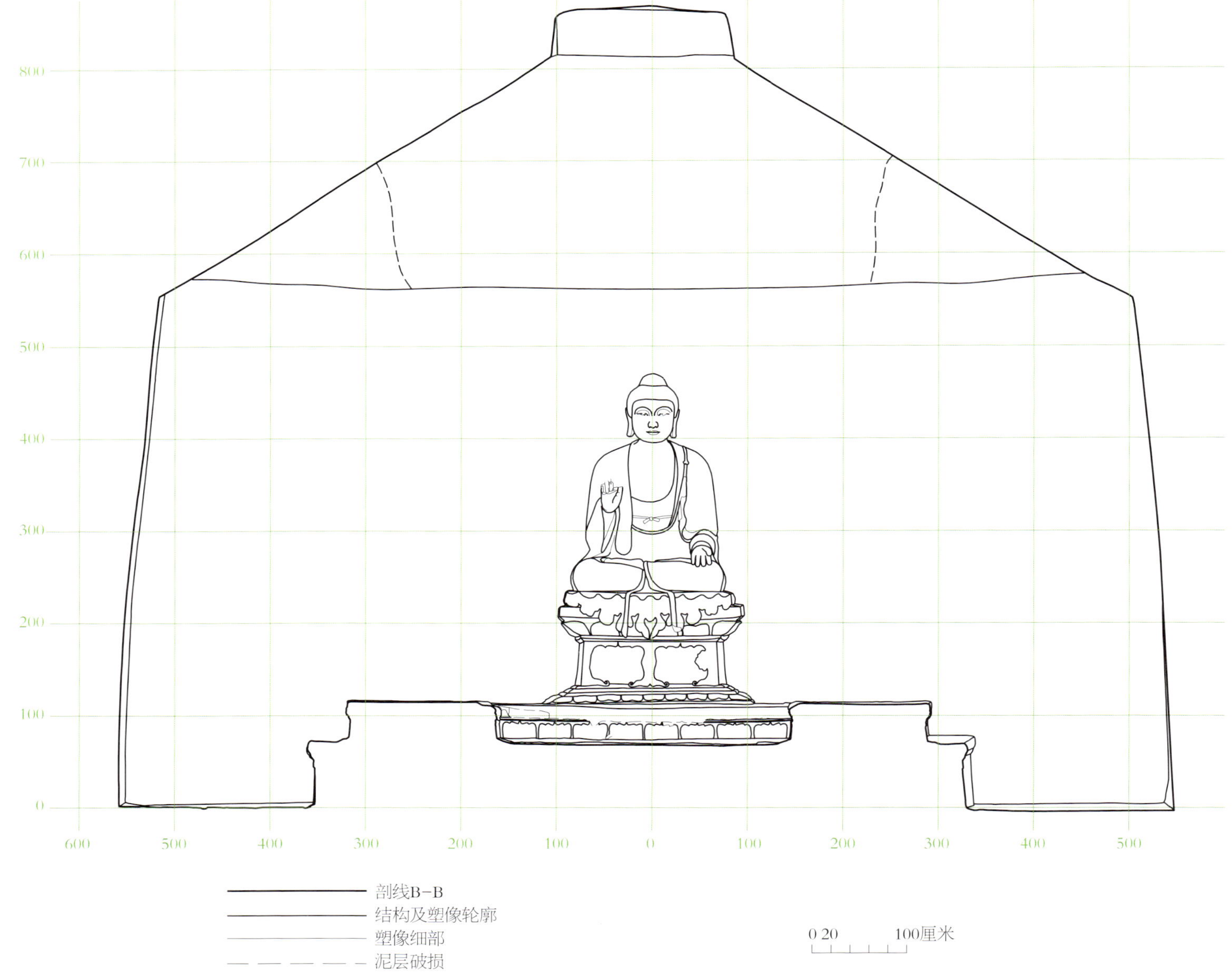

第 256 窟横剖面（B–B）图（向西）

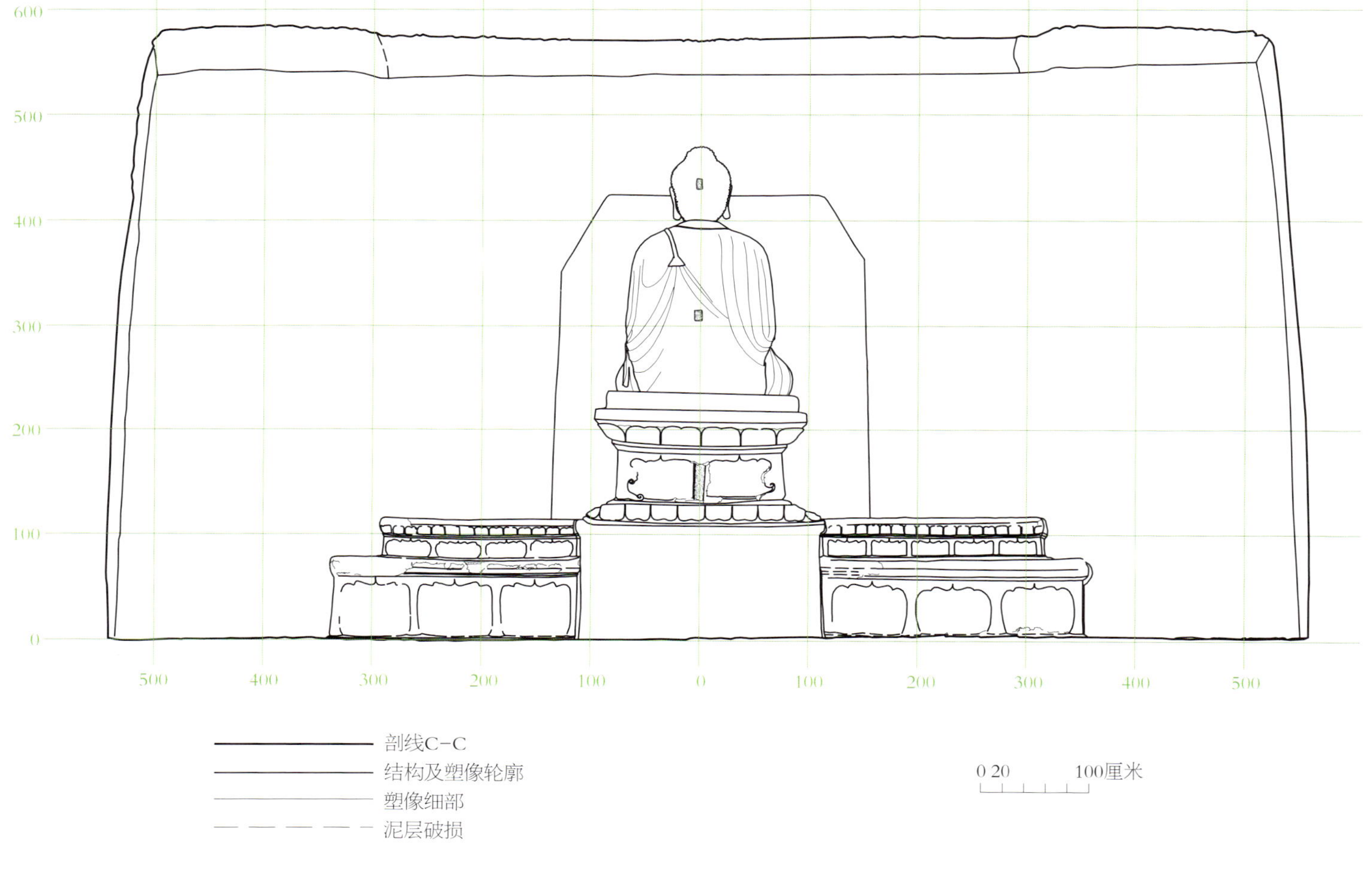

第 256 窟横剖面（C–C）图（向东）

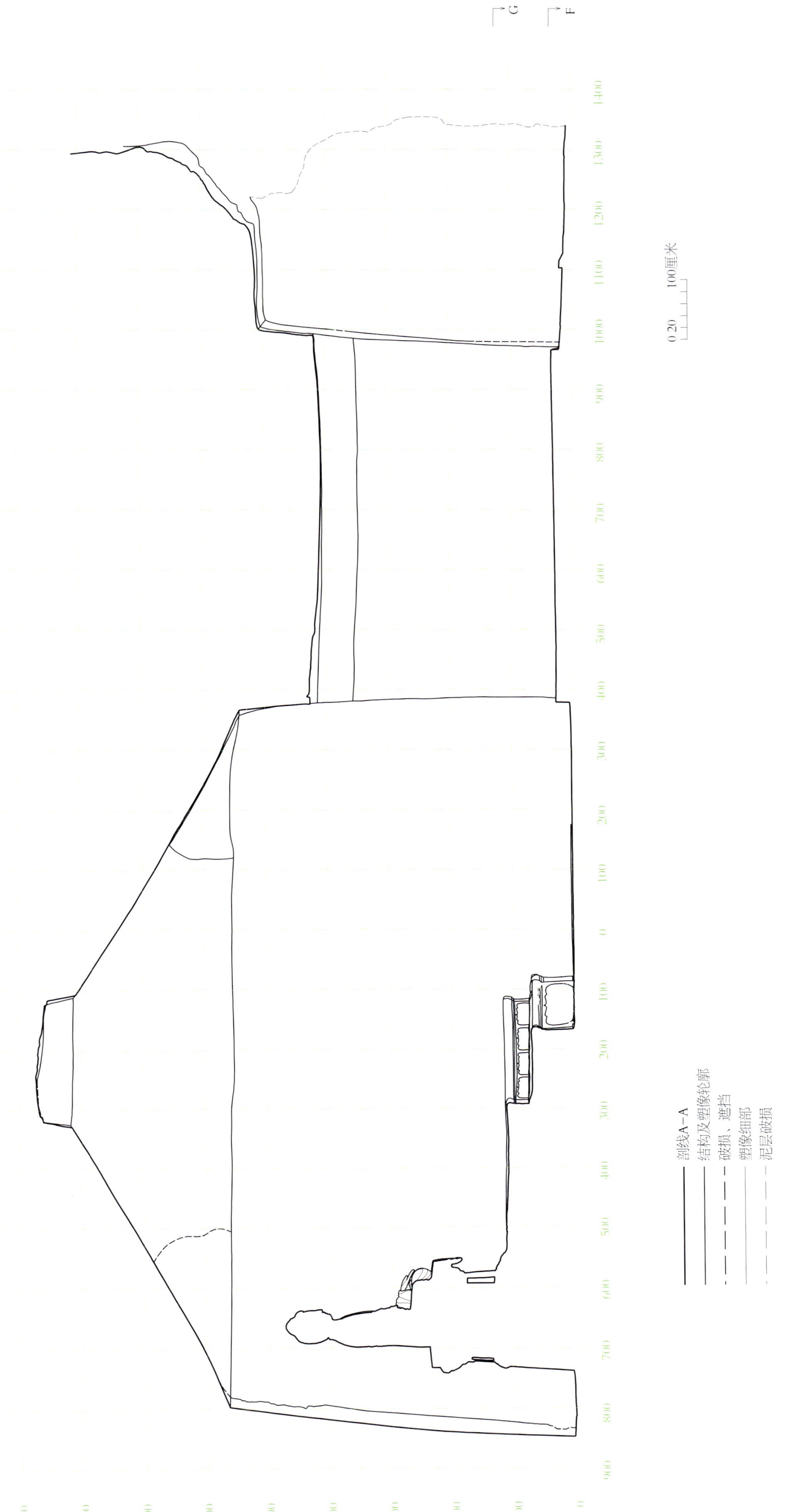

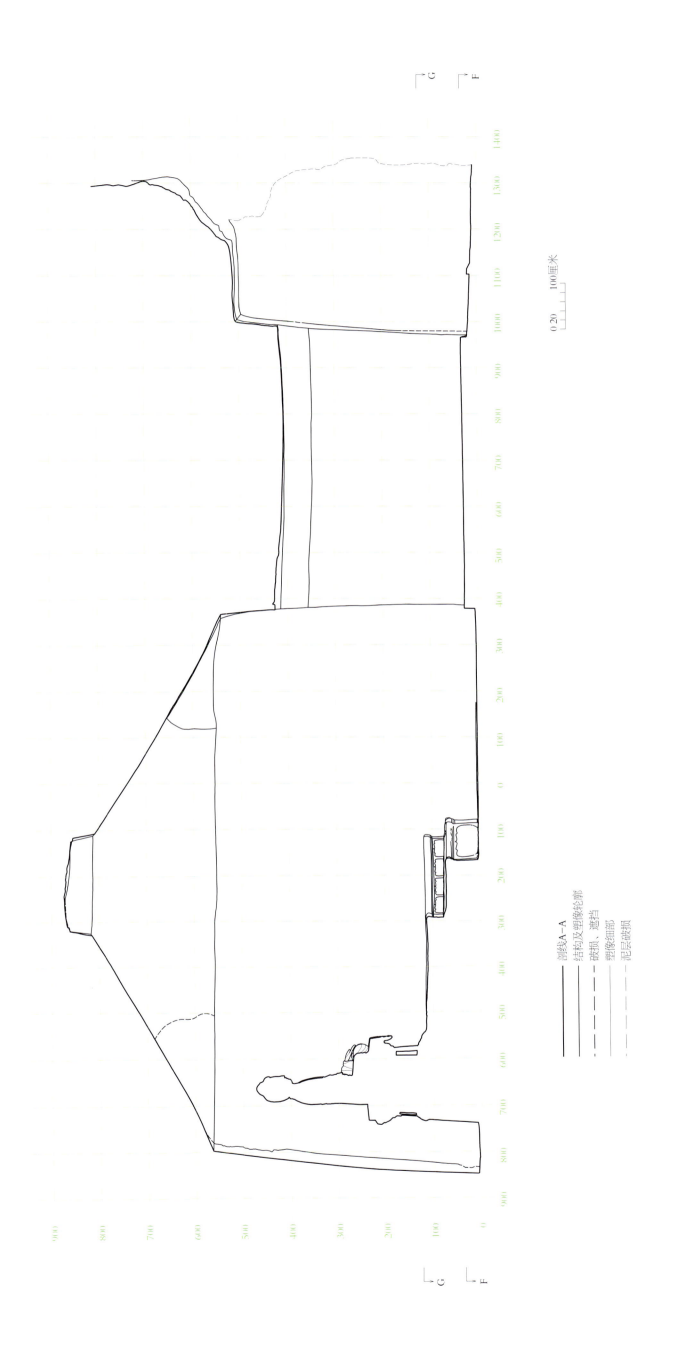

第256窟纵剖面（A–A）图（向北）

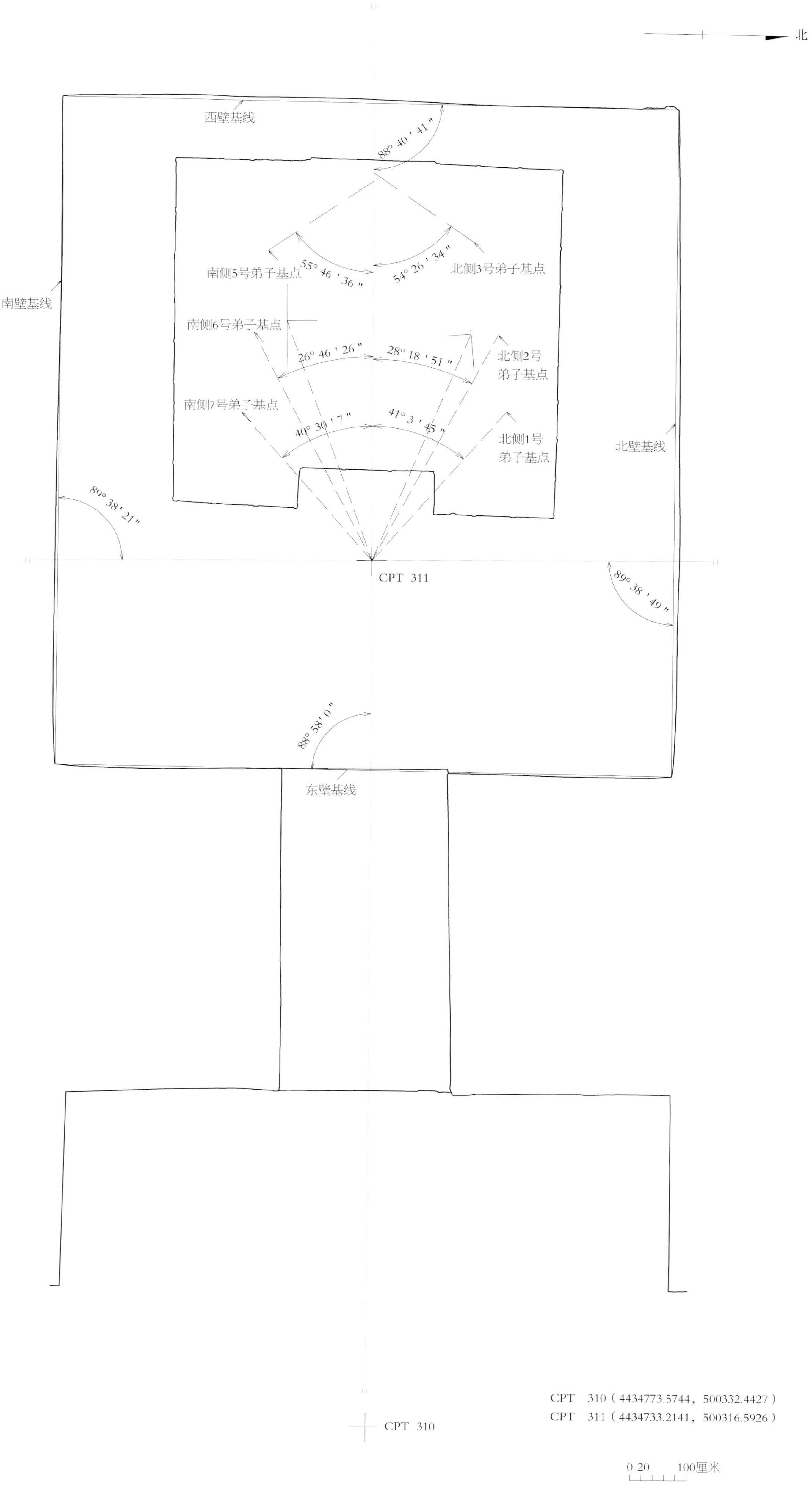
北
西壁基线
88° 40 ' 41 "
南侧5号弟子基点
55° 46 ' 36 "
54° 26 ' 34 "
北侧3号弟子基点
南壁基线
南侧6号弟子基点
26° 46 ' 26 "
28° 18 ' 51 "
北侧2号
弟子基点
南侧7号弟子基点
40° 30 ' 7 "
41° 3 ' 45 "
北侧1号
弟子基点
北壁基线
89° 38 ' 21 "
CPT 311
89° 38 ' 49 "
88° 58 ' 0 "
东壁基线
CPT 310
CPT 310（4434773.5744，500332.4427）
CPT 311（4434733.2141，500316.5926）
0 20 100厘米

第256窟平立面关系图

第 256 窟横剖面（B−B）图（第三层，向西）

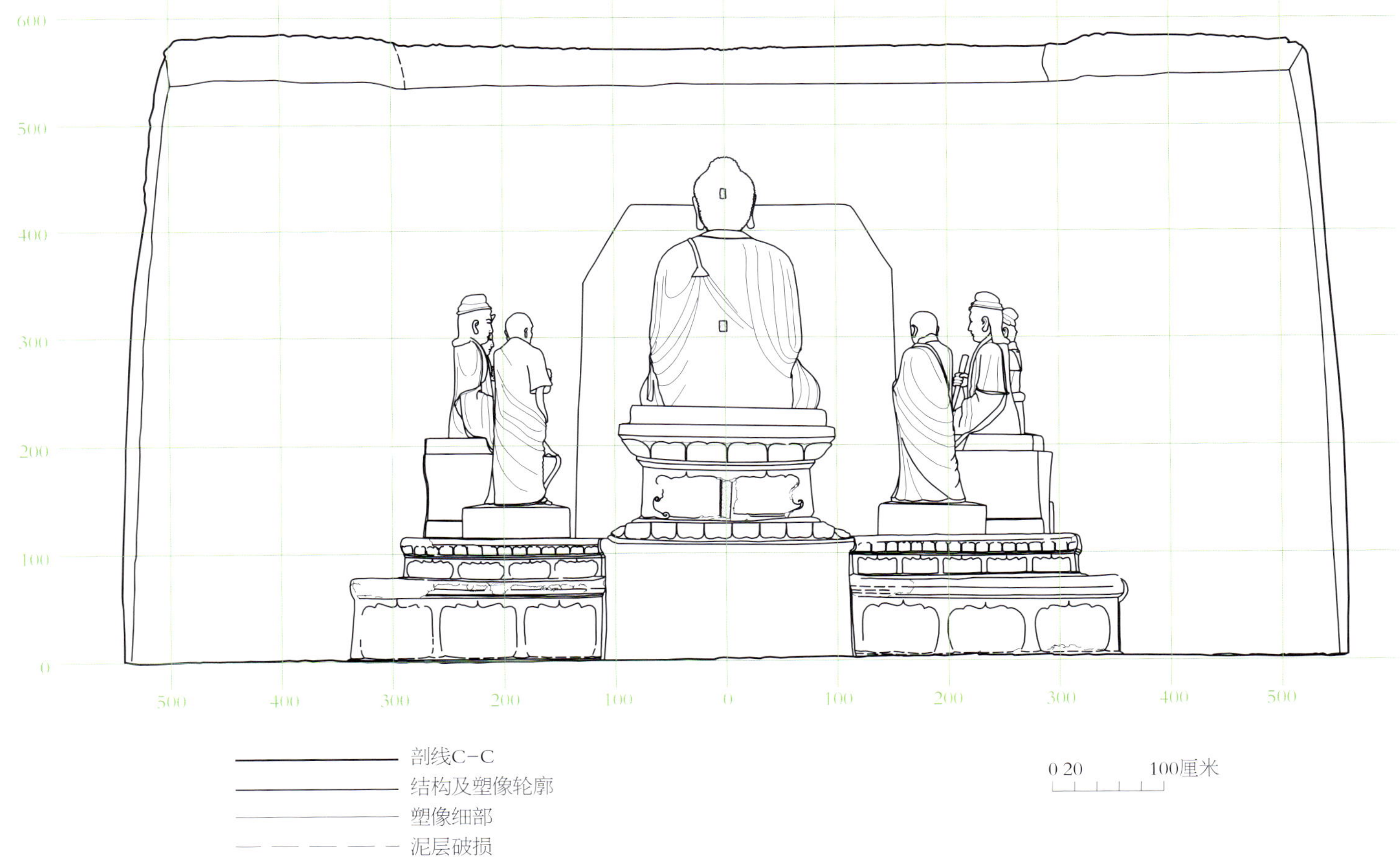

第 256 窟横剖面（C−C）图（第三层，向东）

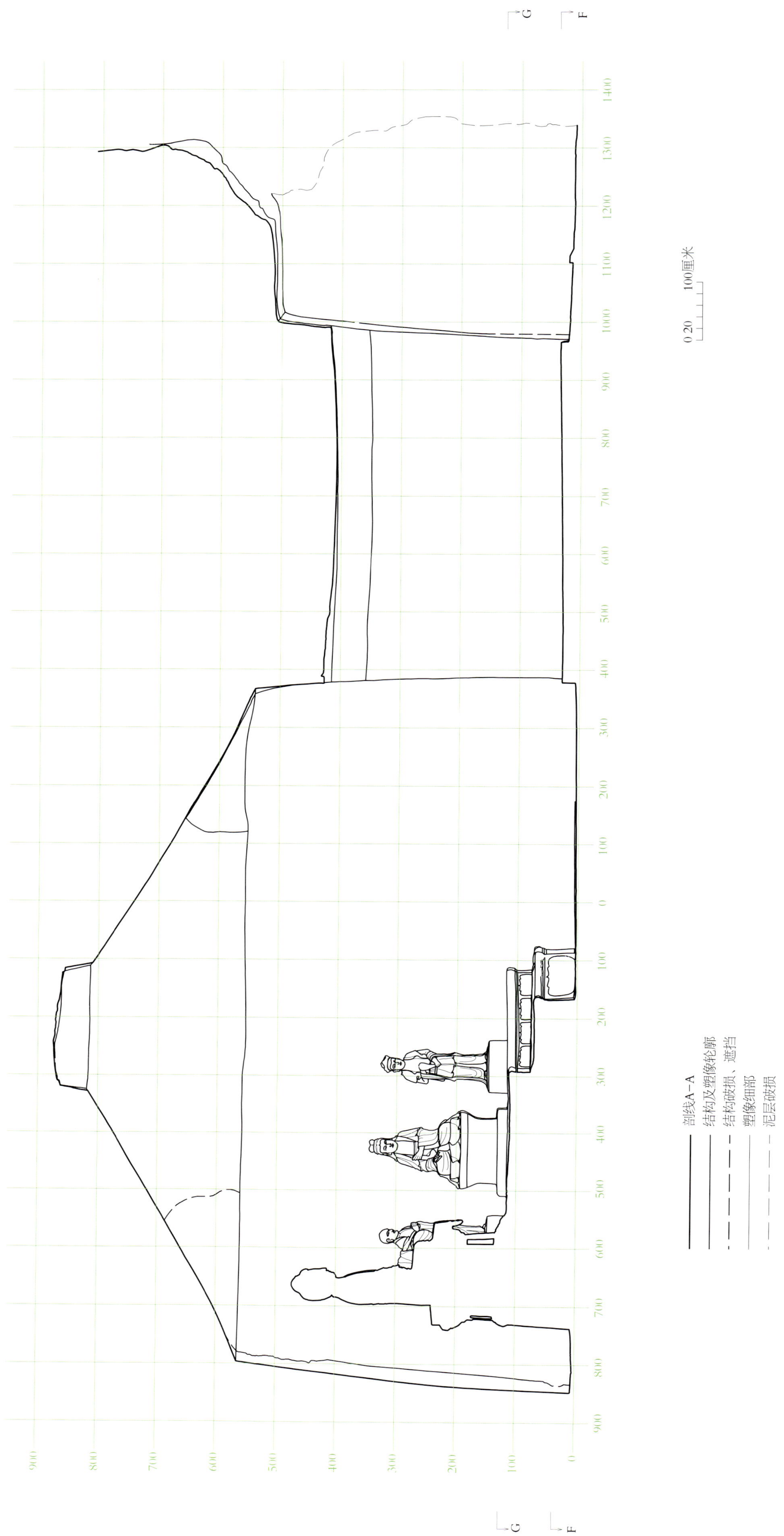

第256窟纵剖面（A-A）图（第三层，向北）

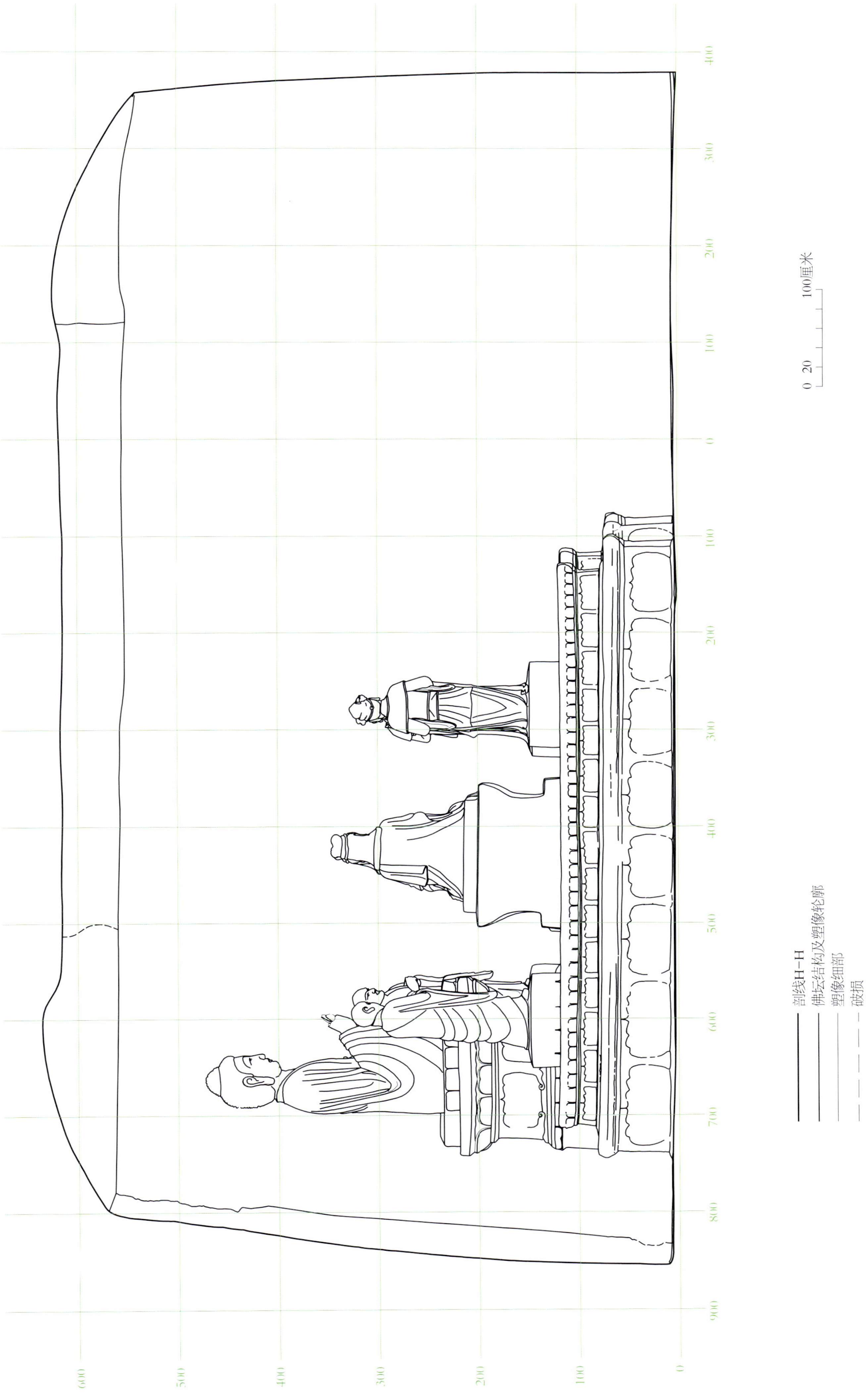

第256窟纵剖面（H-H）图（现状，向北）

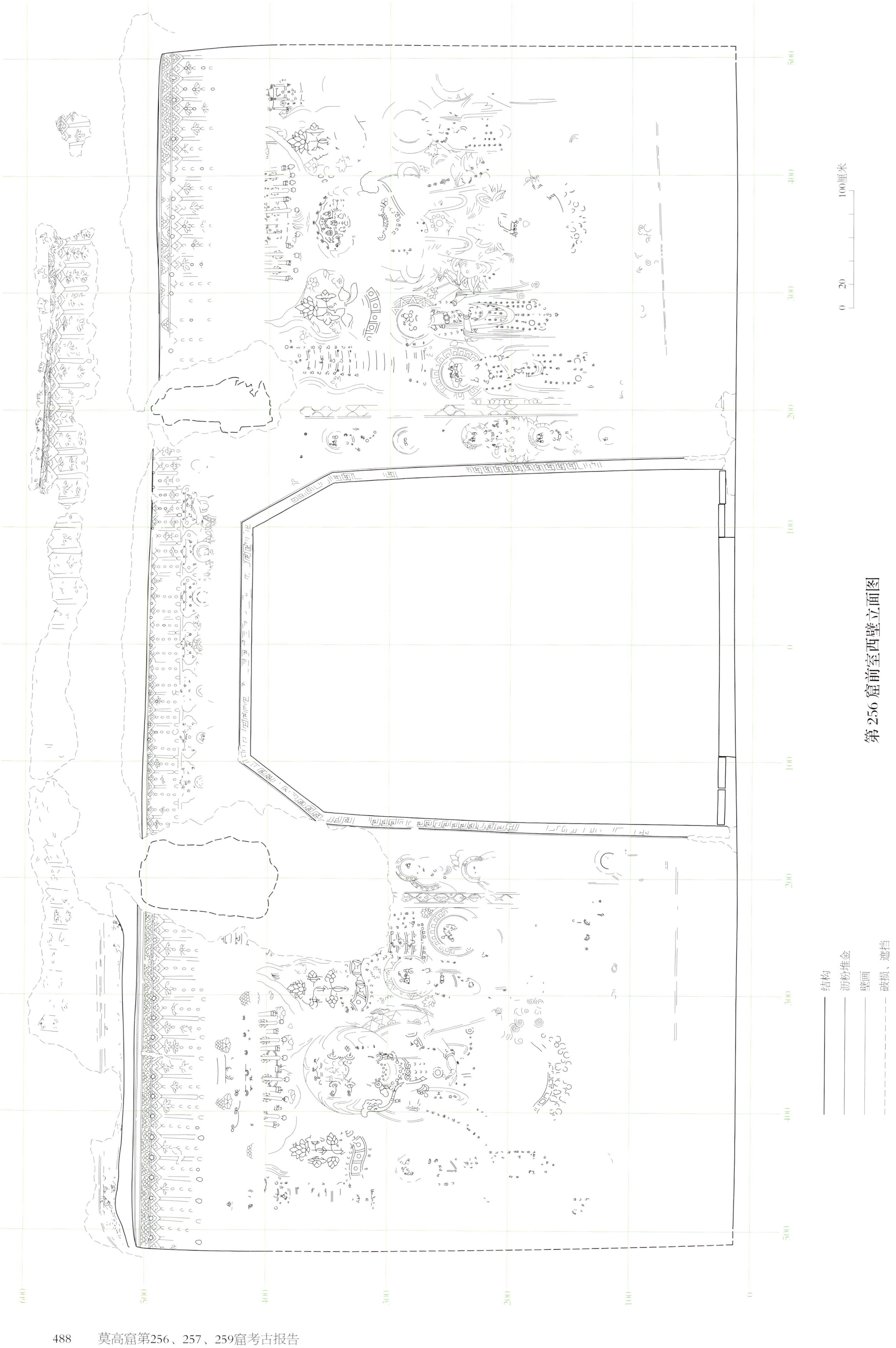

第256窟前室西壁立面图

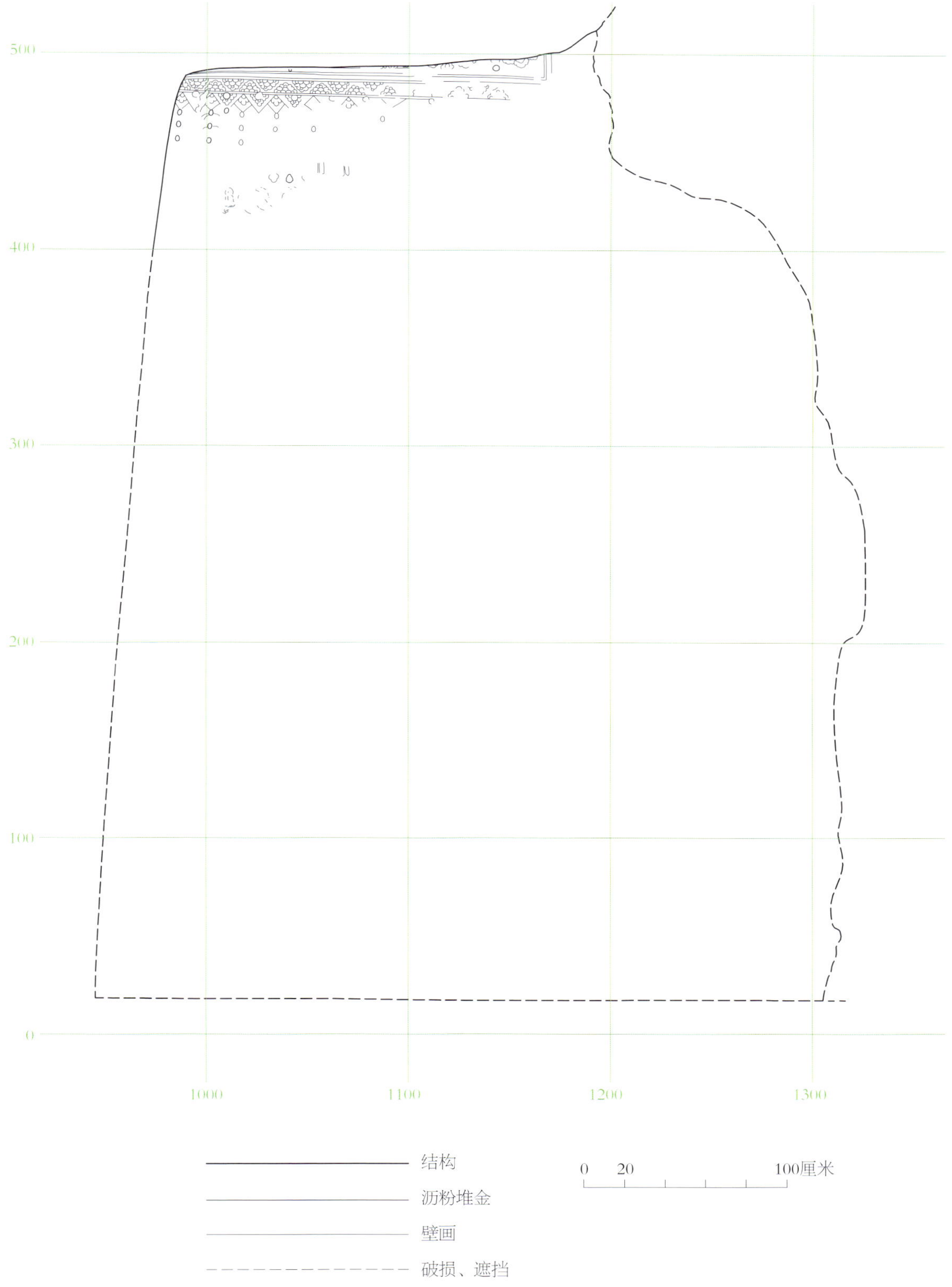

第256窟前室北壁立面图

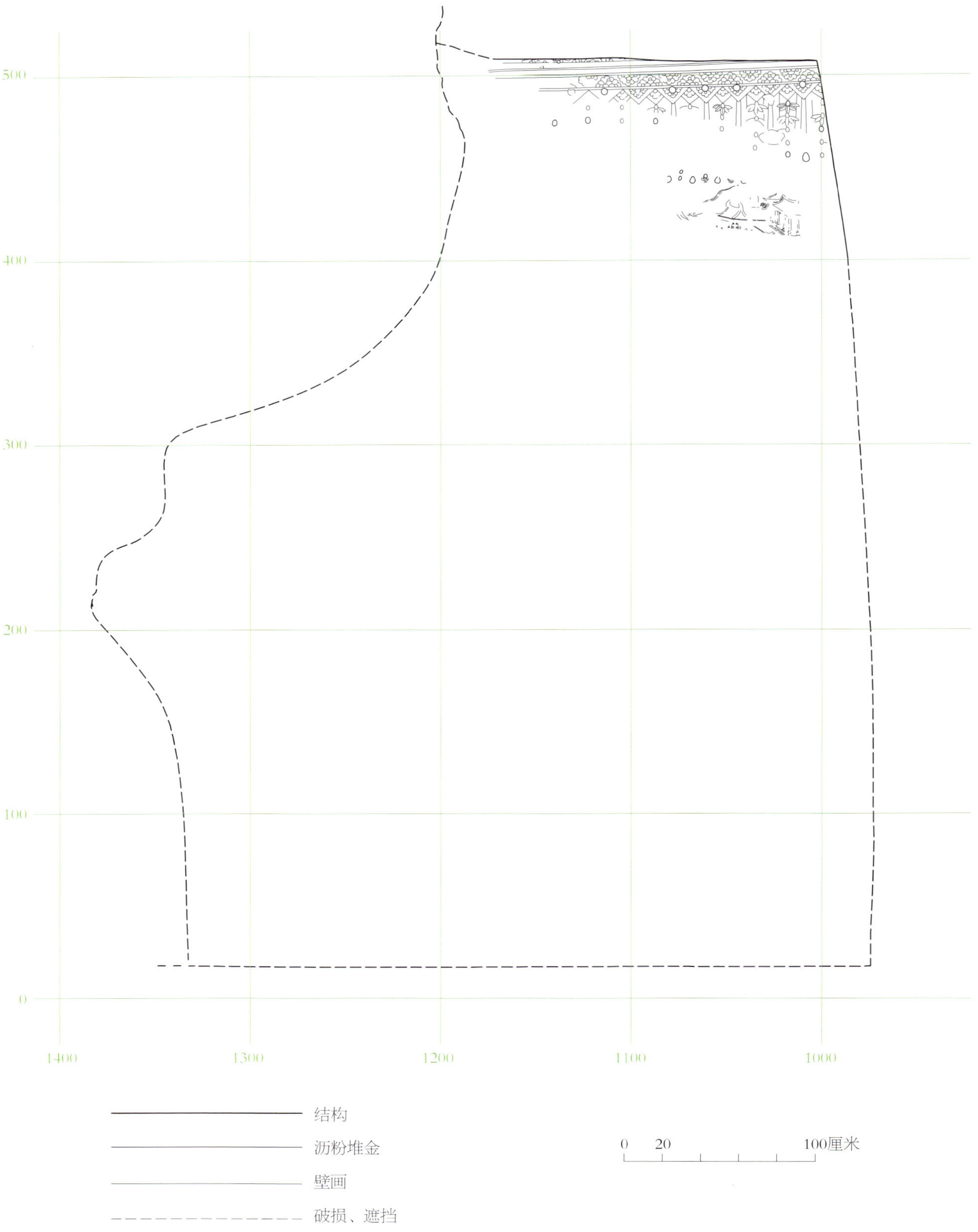

第256窟前室南壁立面图

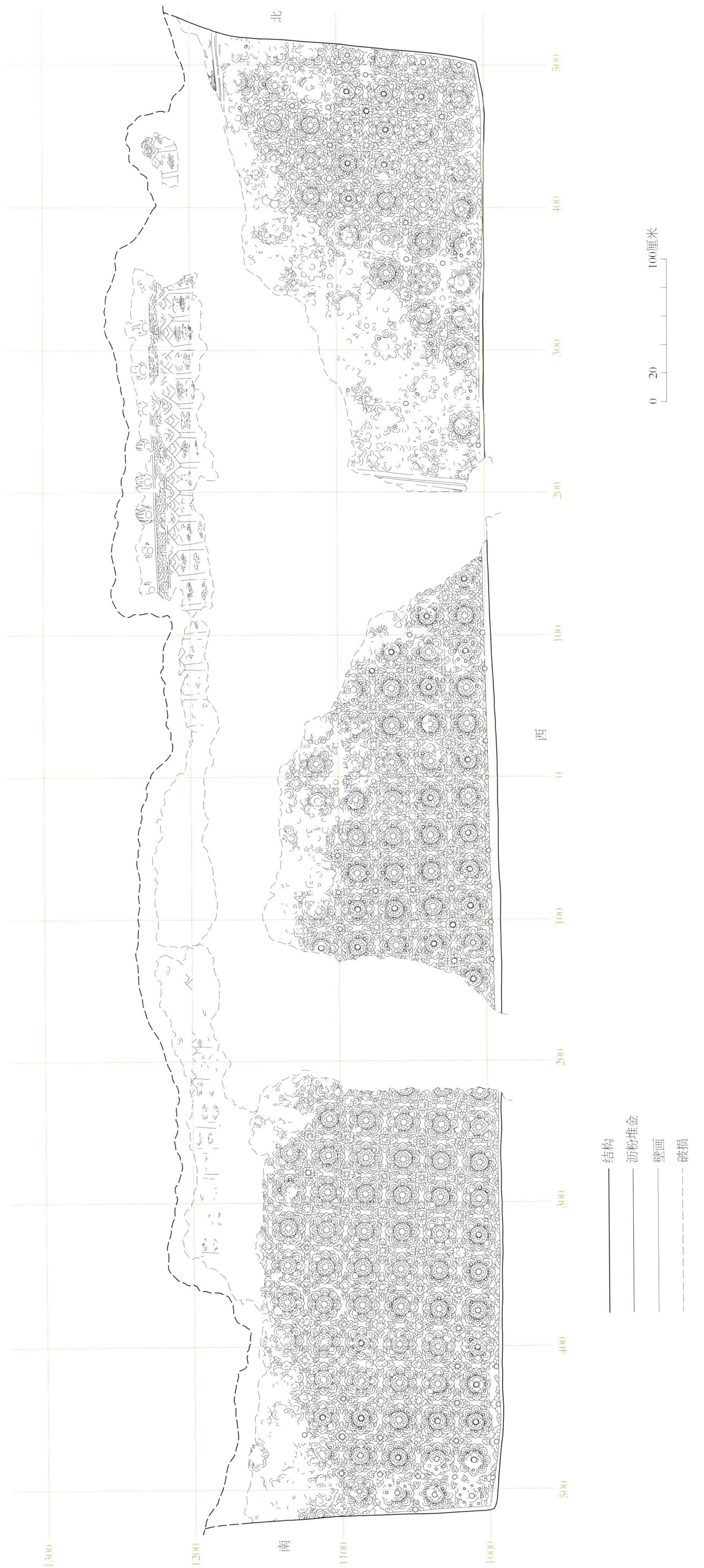

第256窟前室顶部仰视图

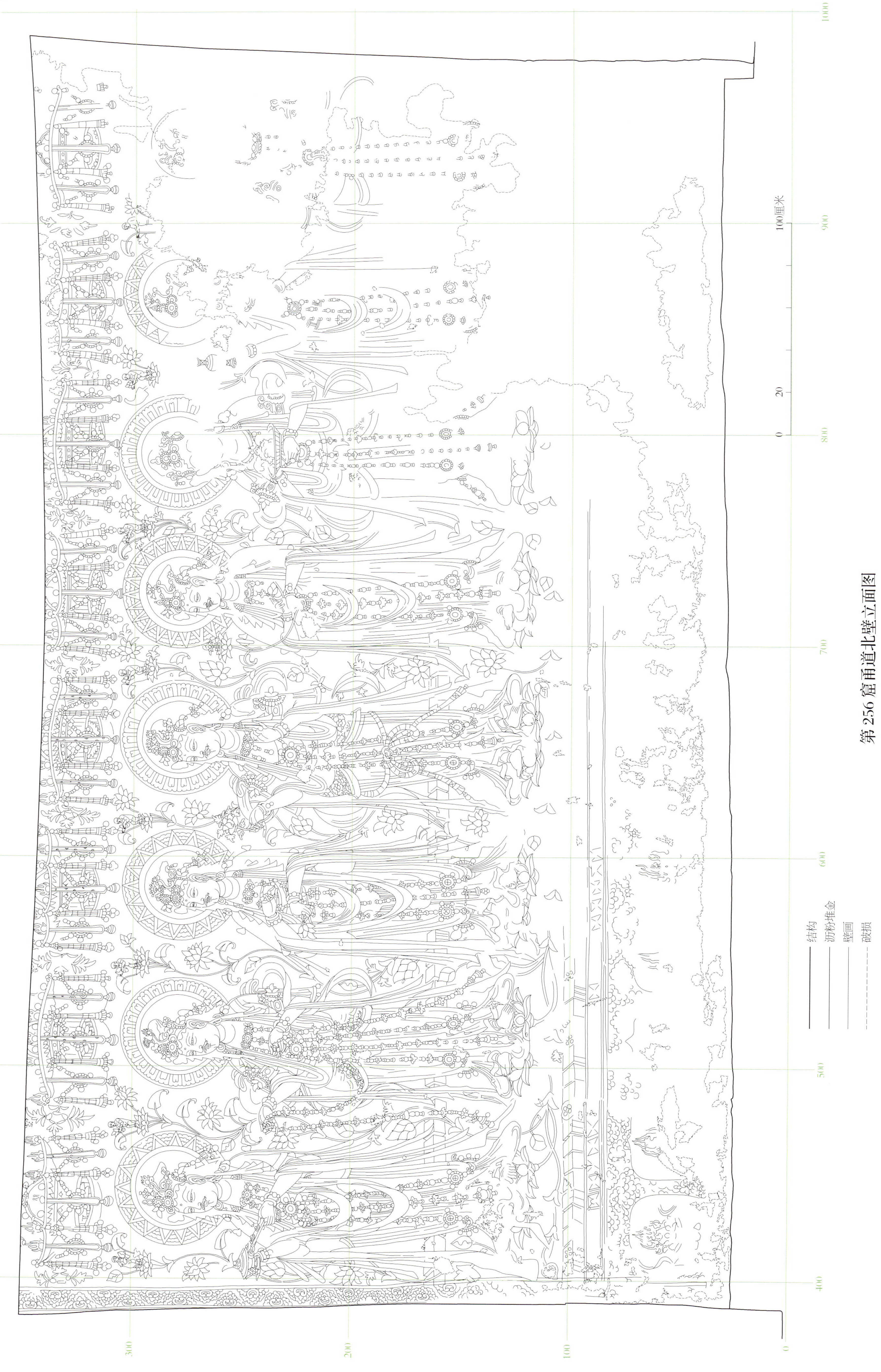

第256窟甬道北壁立面图

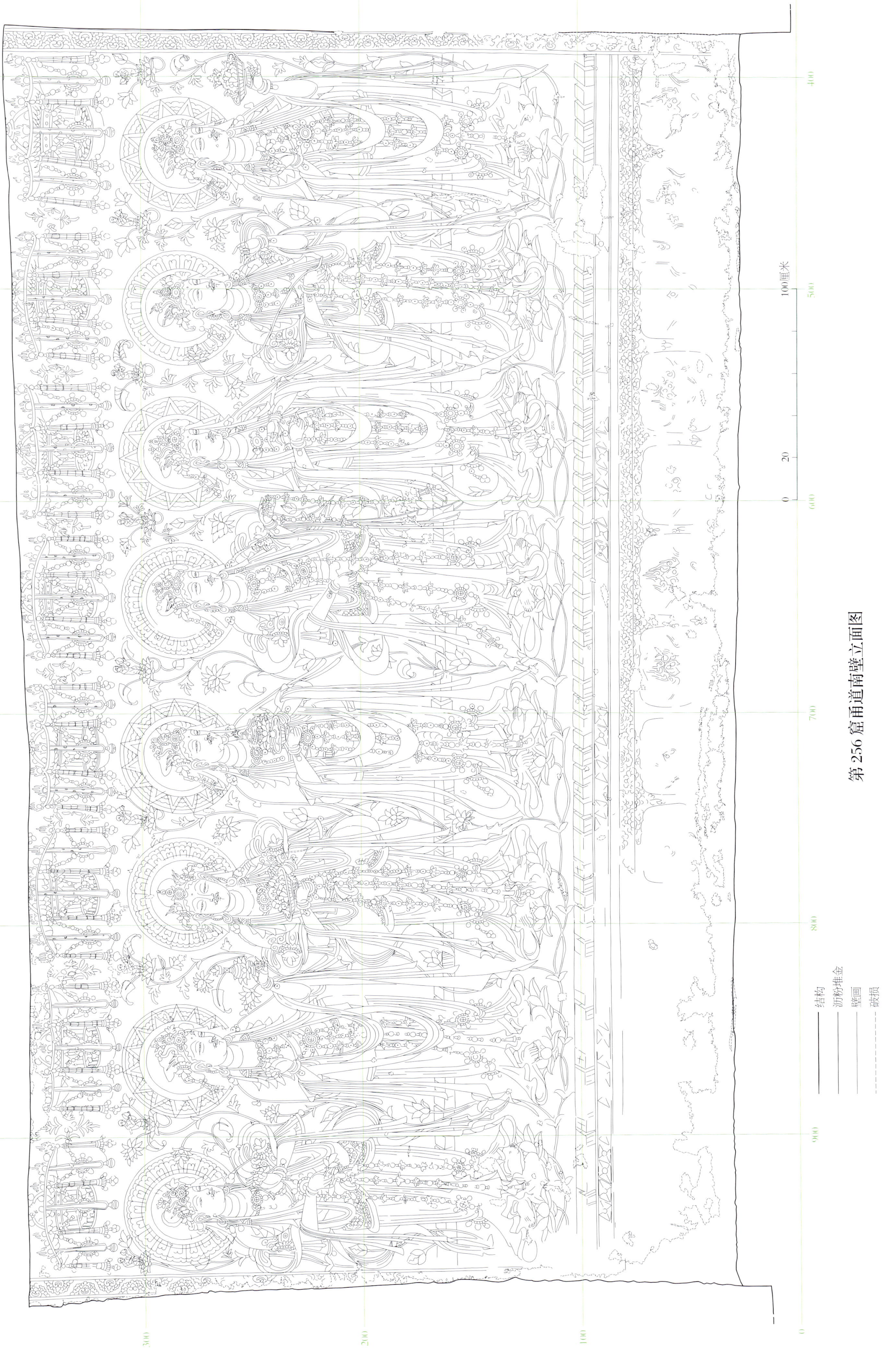

第256窟甬道南壁立面图

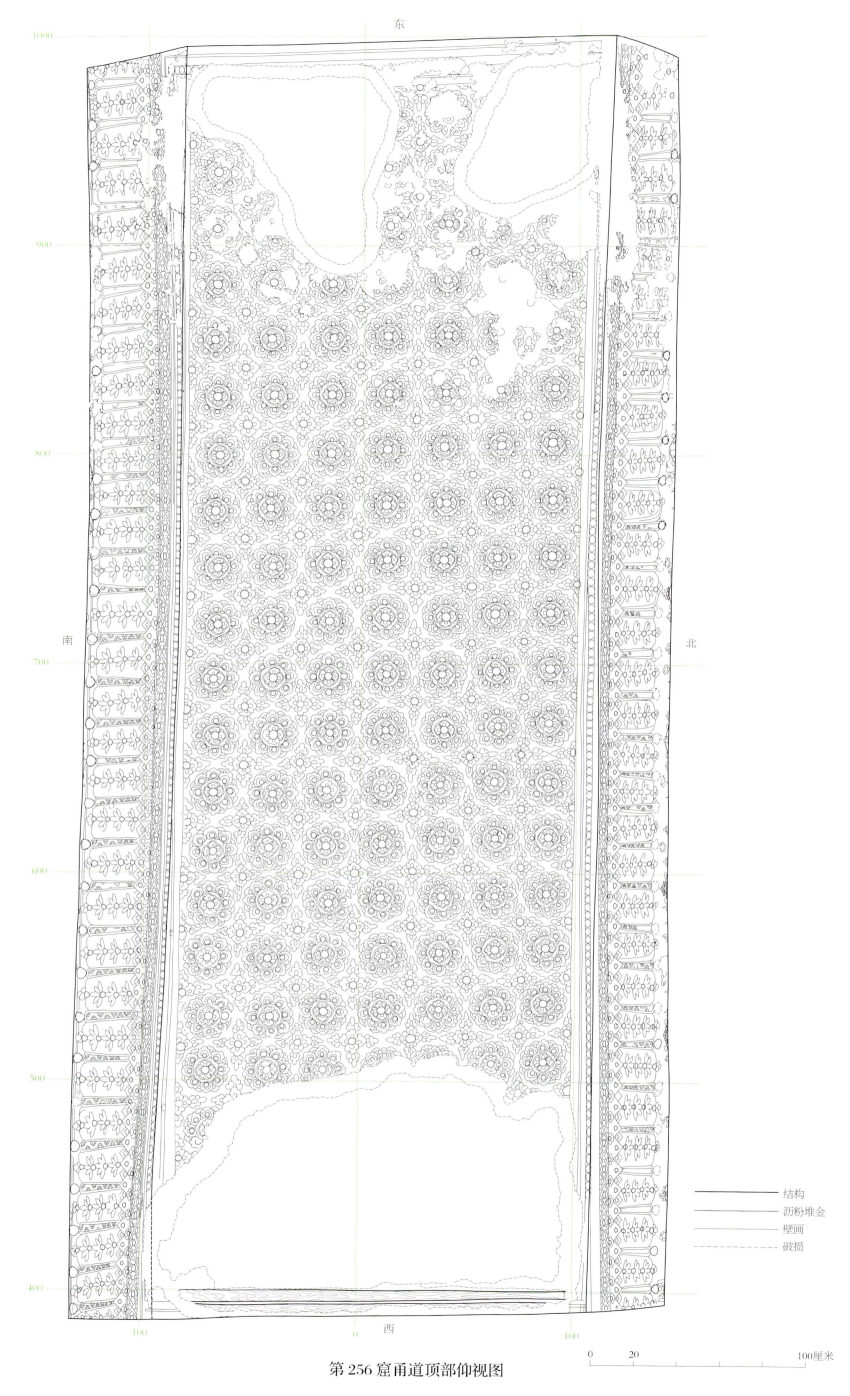

第 256 窟甬道顶部仰视图

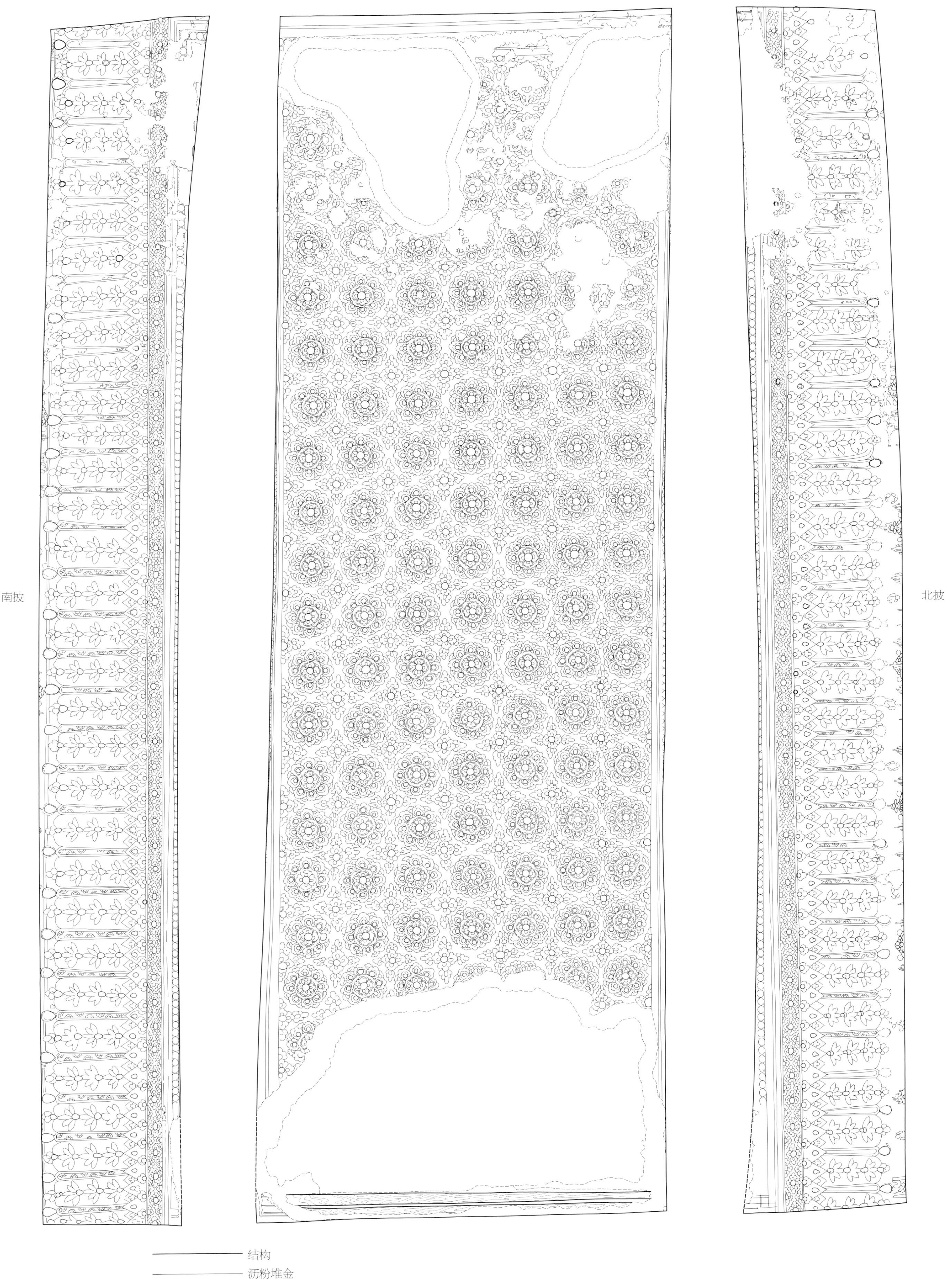

第 256 窟甬道顶部展开图

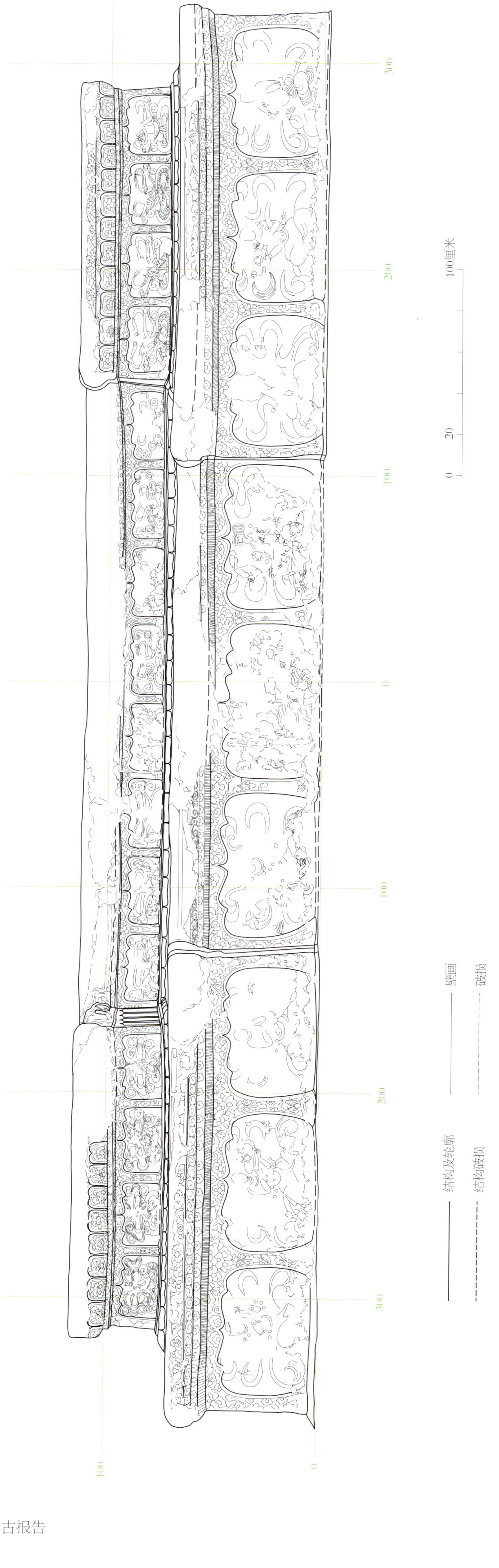

第256窟主室中心佛坛东向立面图

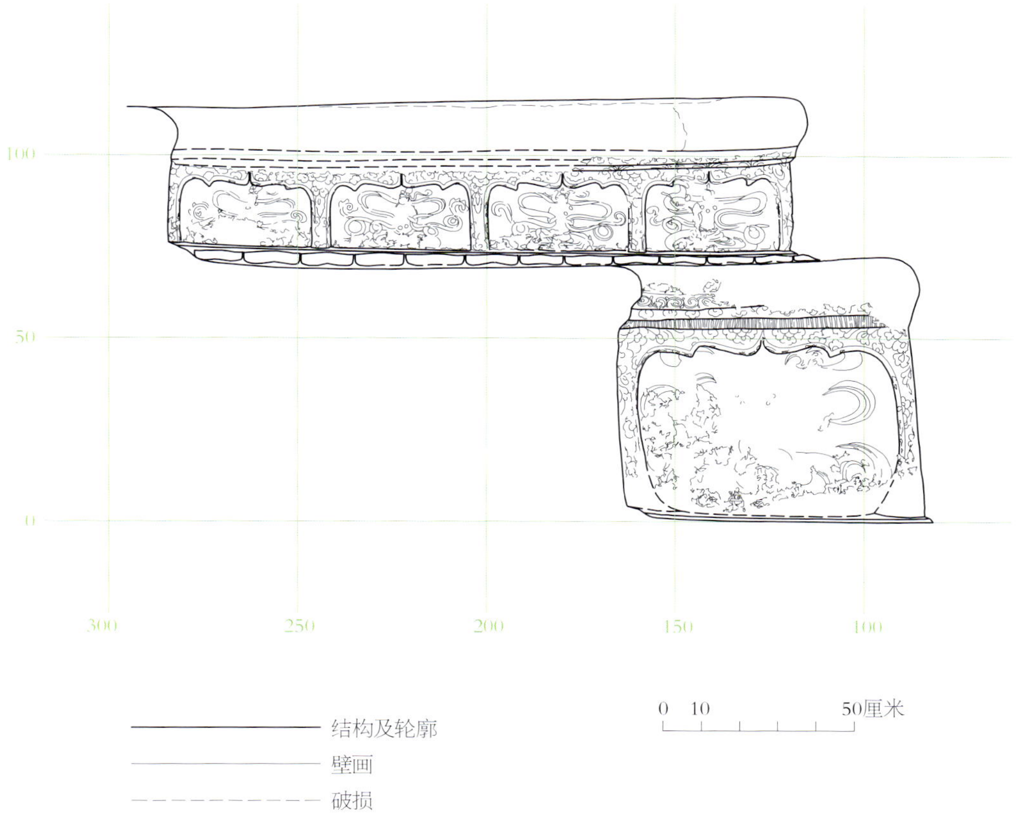

第 256 窟主室中心佛坛东向面中段南向立面图

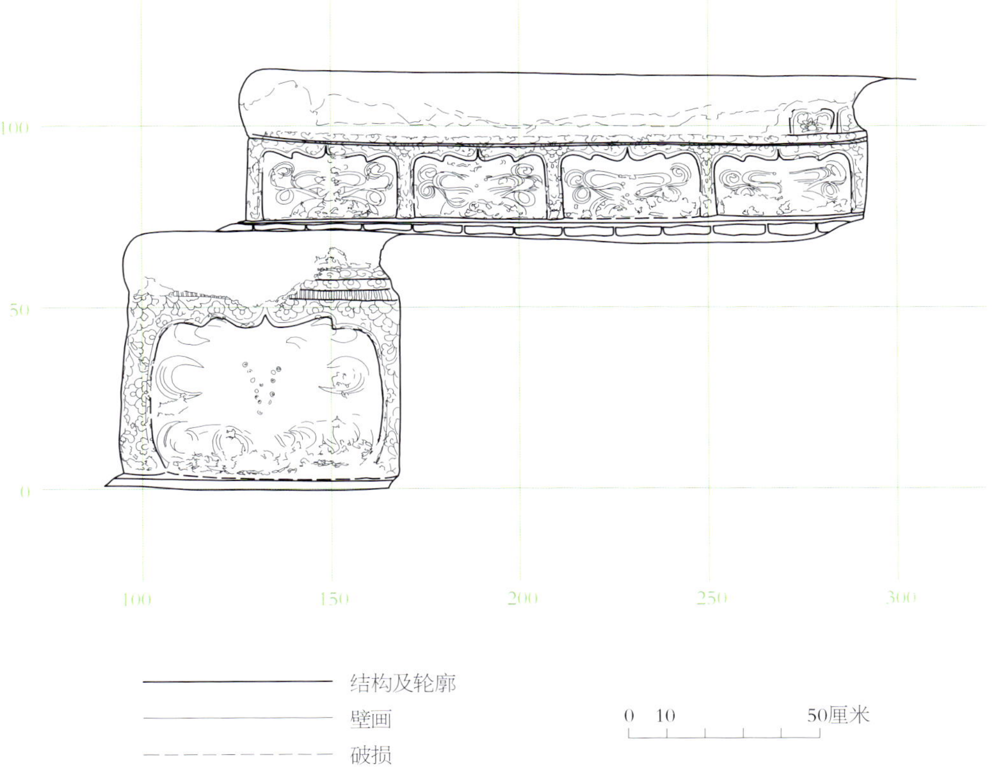

第 256 窟主室中心佛坛东向面中段北向立面图

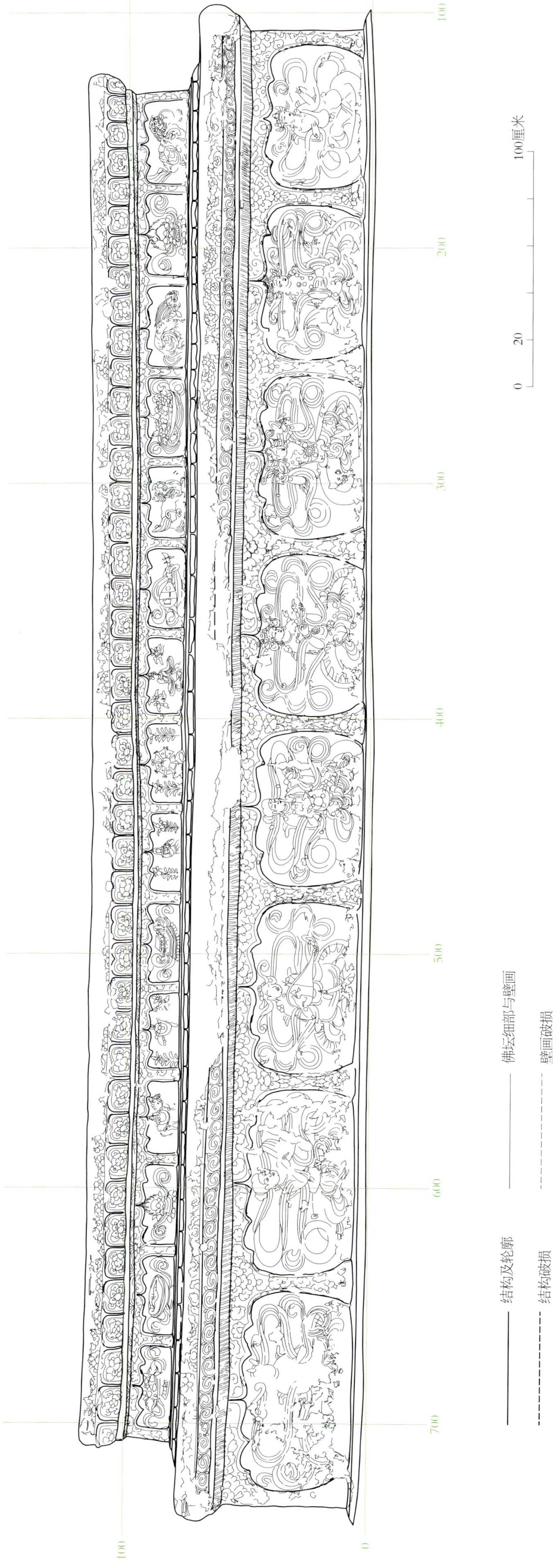

第256窟主室中心佛坛南向立面图

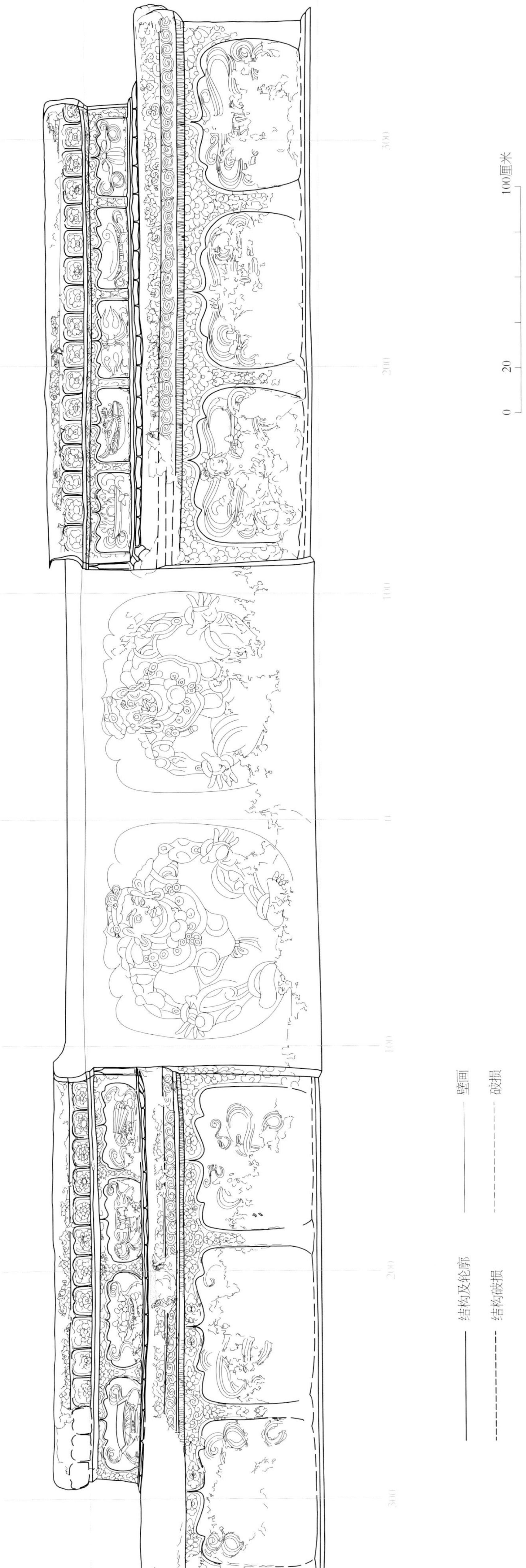

第256窟主室中心佛坛西向立面图

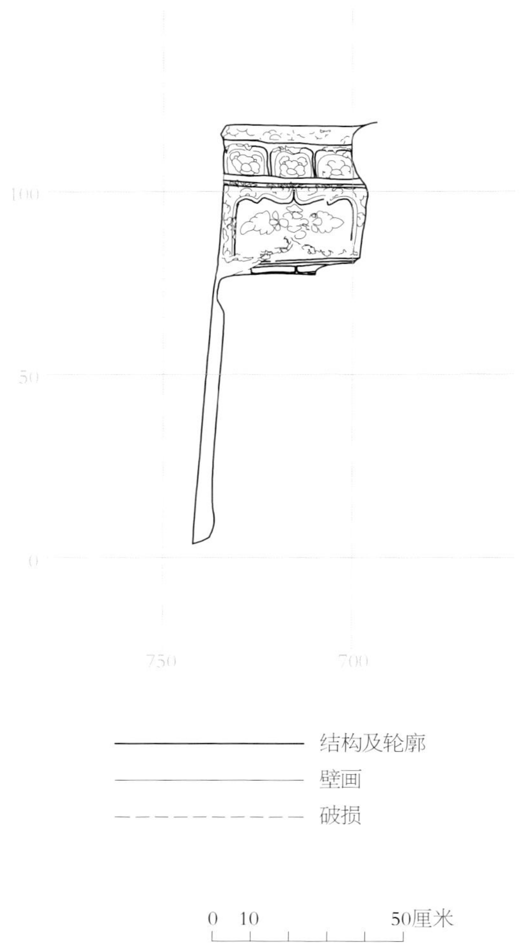

第 256 窟主室中心佛坛西向面中段南向立面图

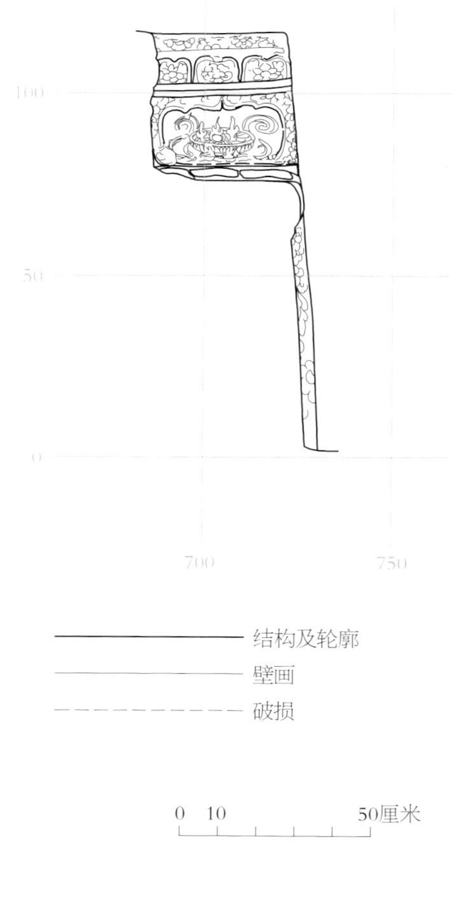

第 256 窟主室中心佛坛西向面中段北向立面图

第256窟主室中心佛坛北向立面图

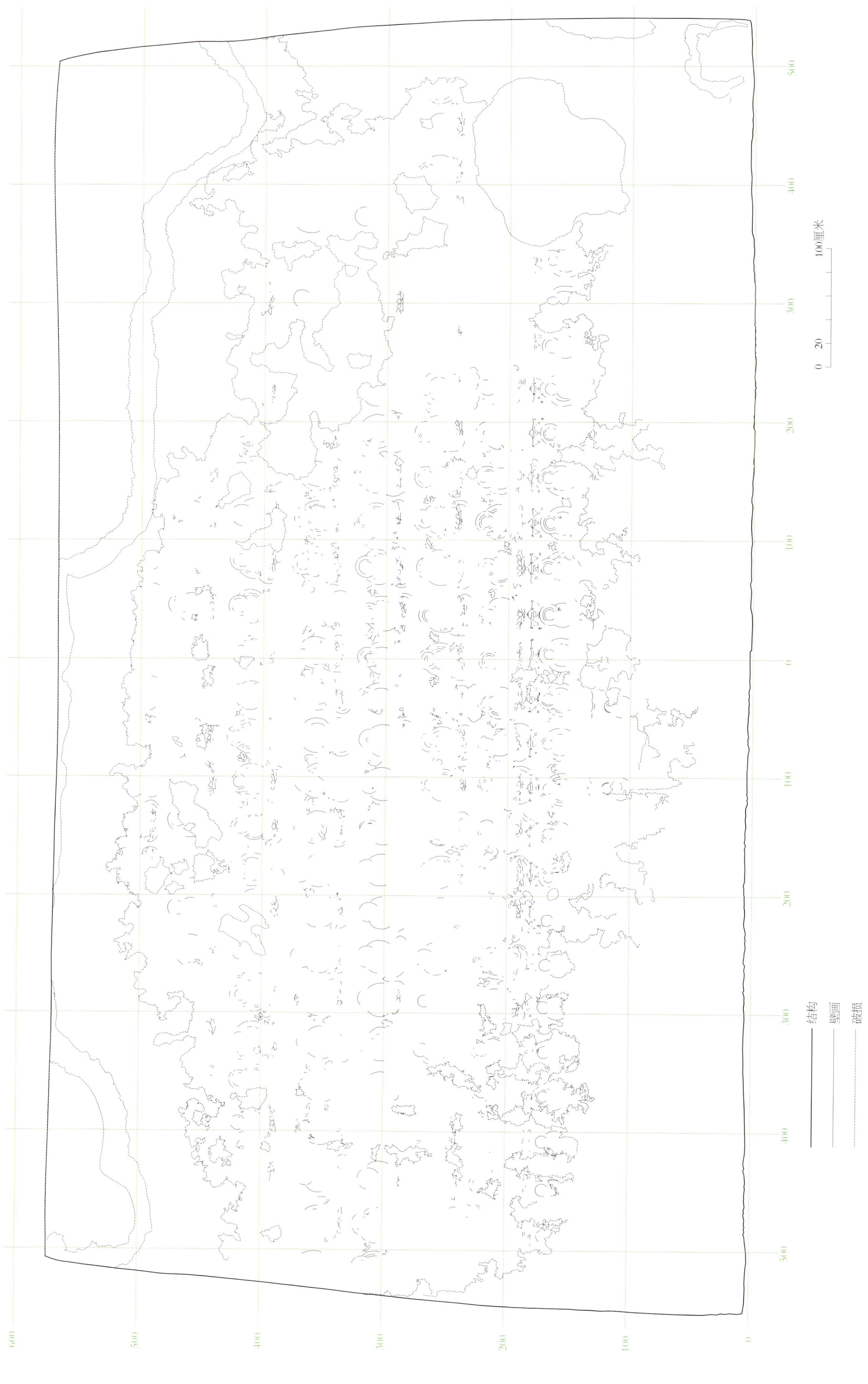

第256窟主室西壁立面图

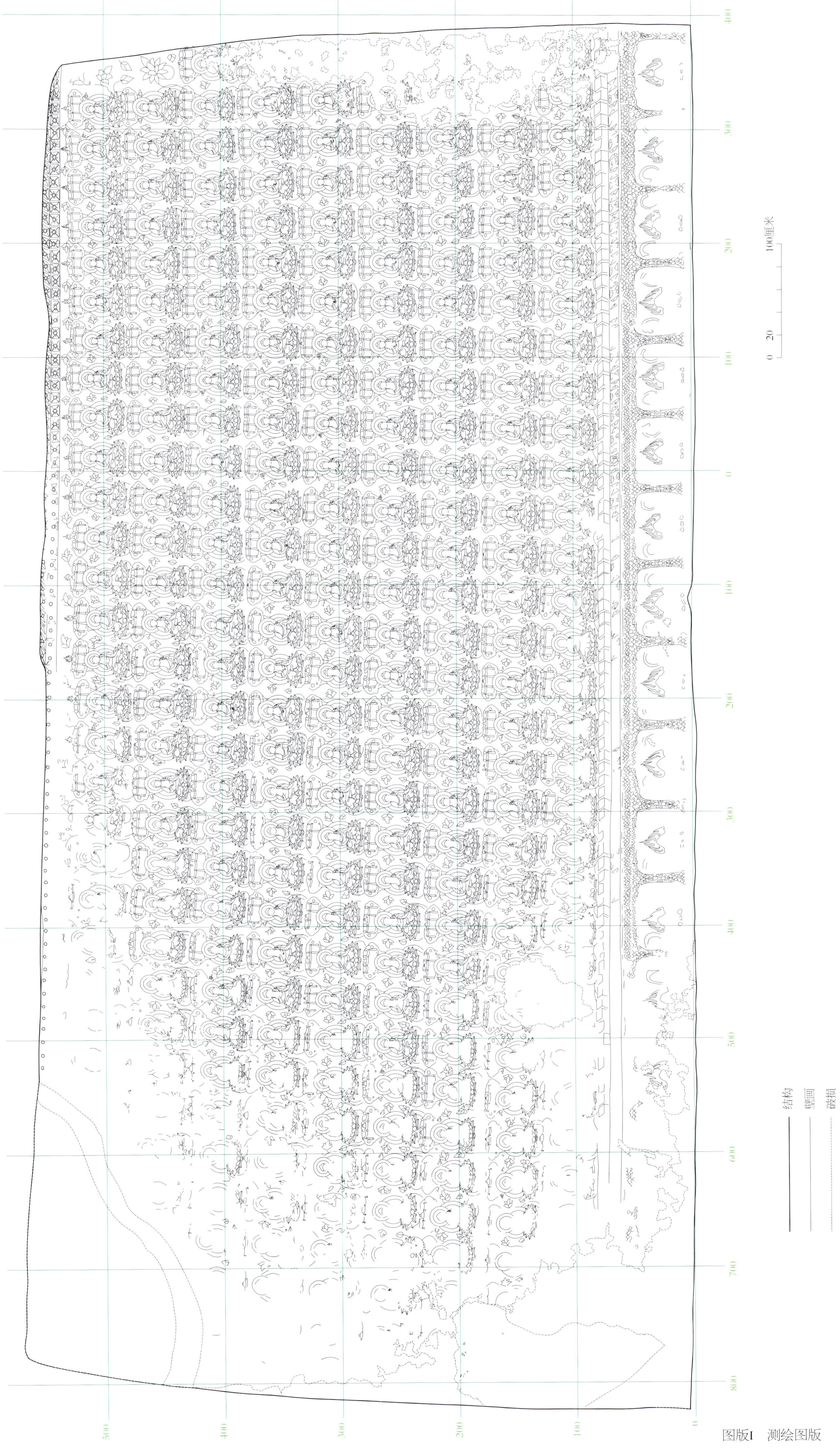

第256窟主室北壁立面图

第256窟主室南壁立面图

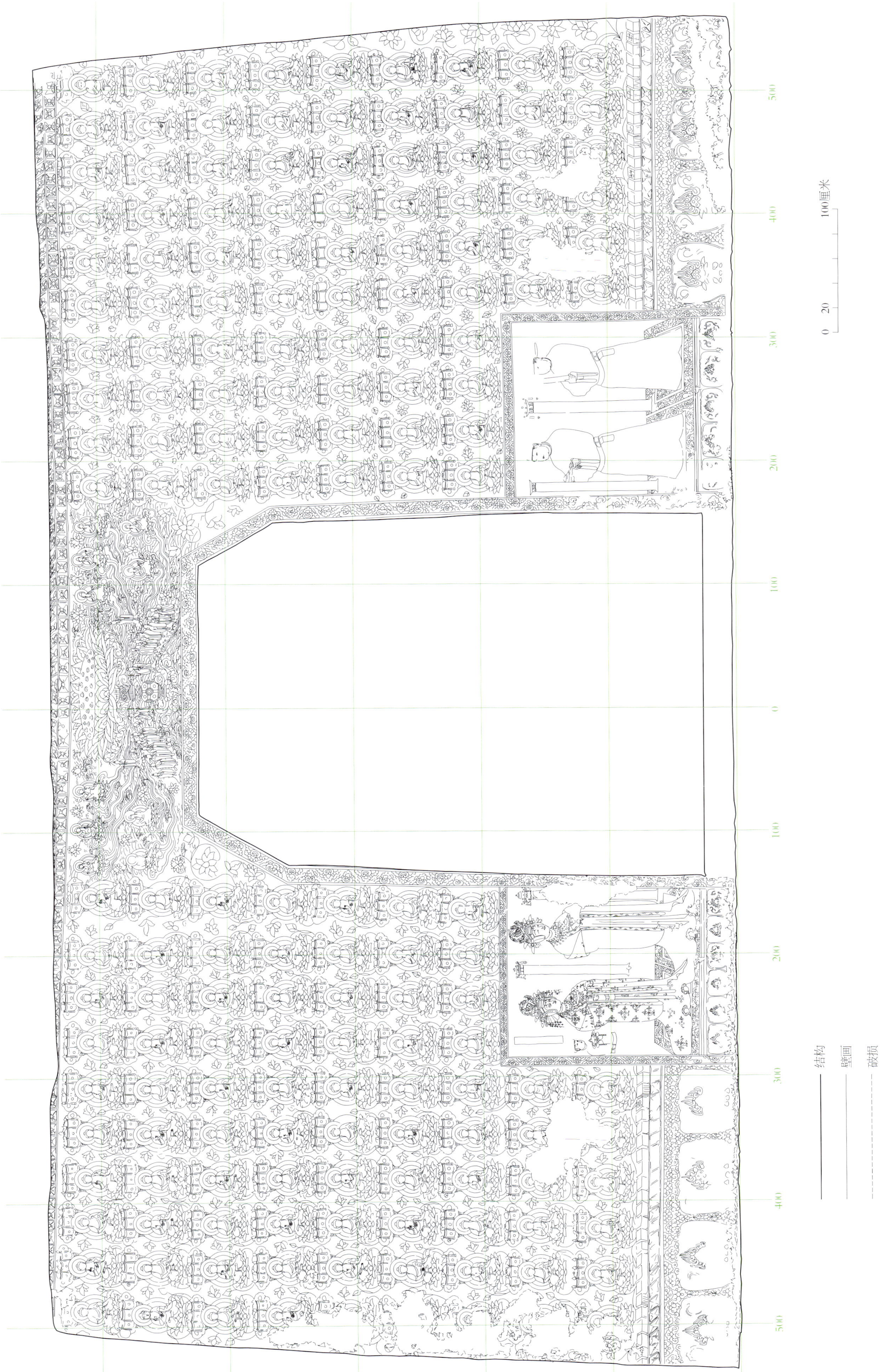

第256窟主室东壁立面图

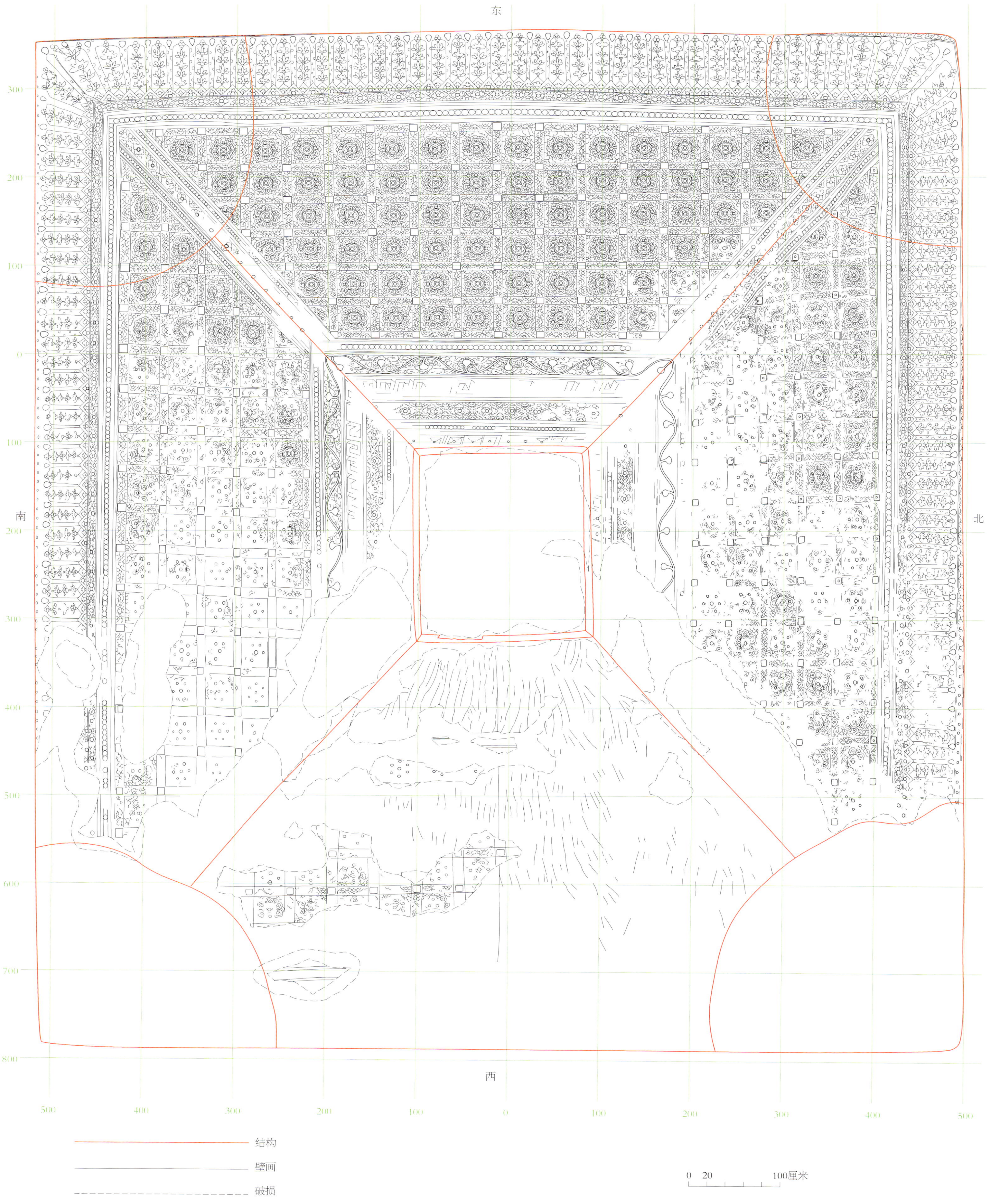

第256窟主室窟顶仰视图

第 256 窟主室窟顶展开图

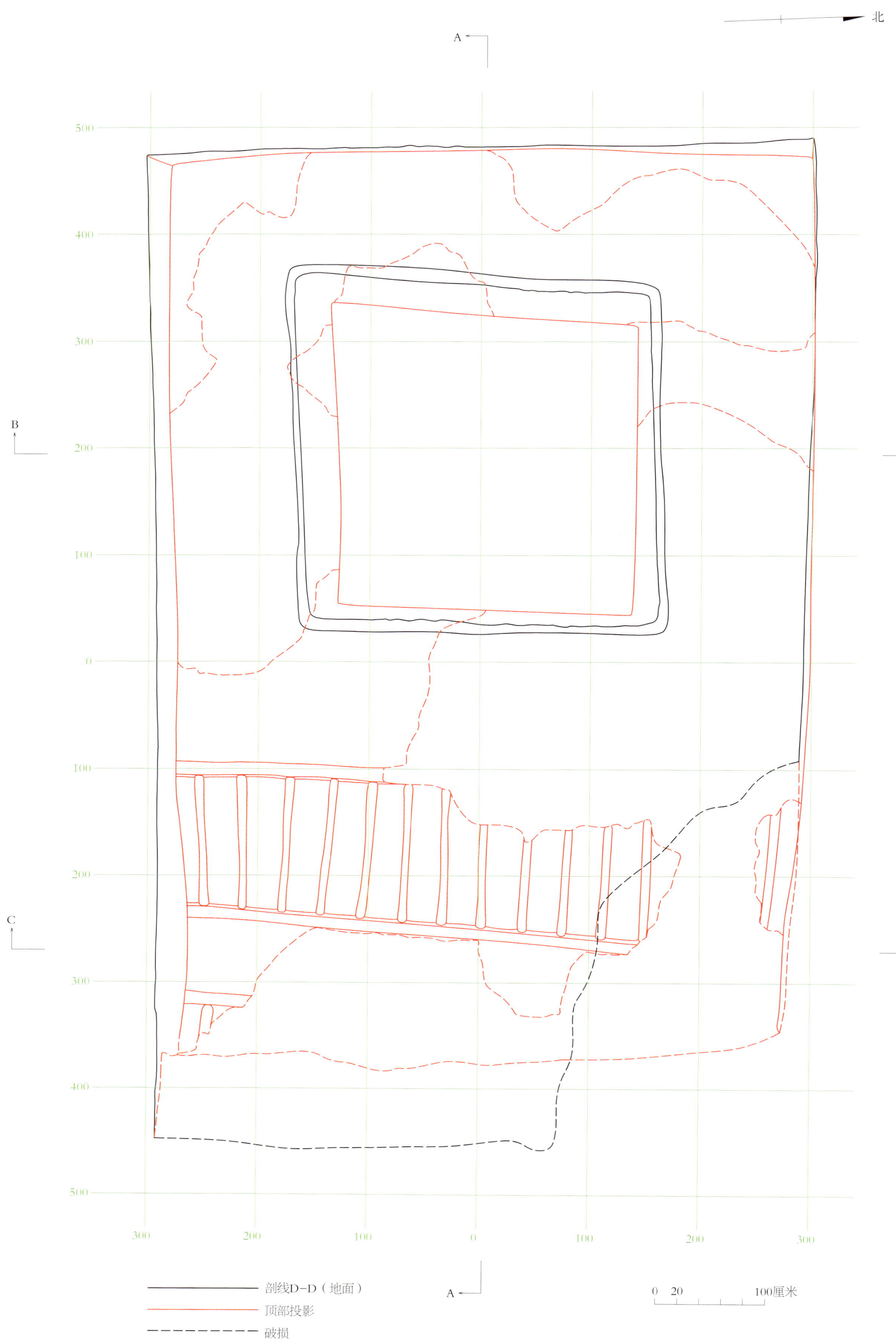

第 257 窟平面（D–D）及顶部投影图

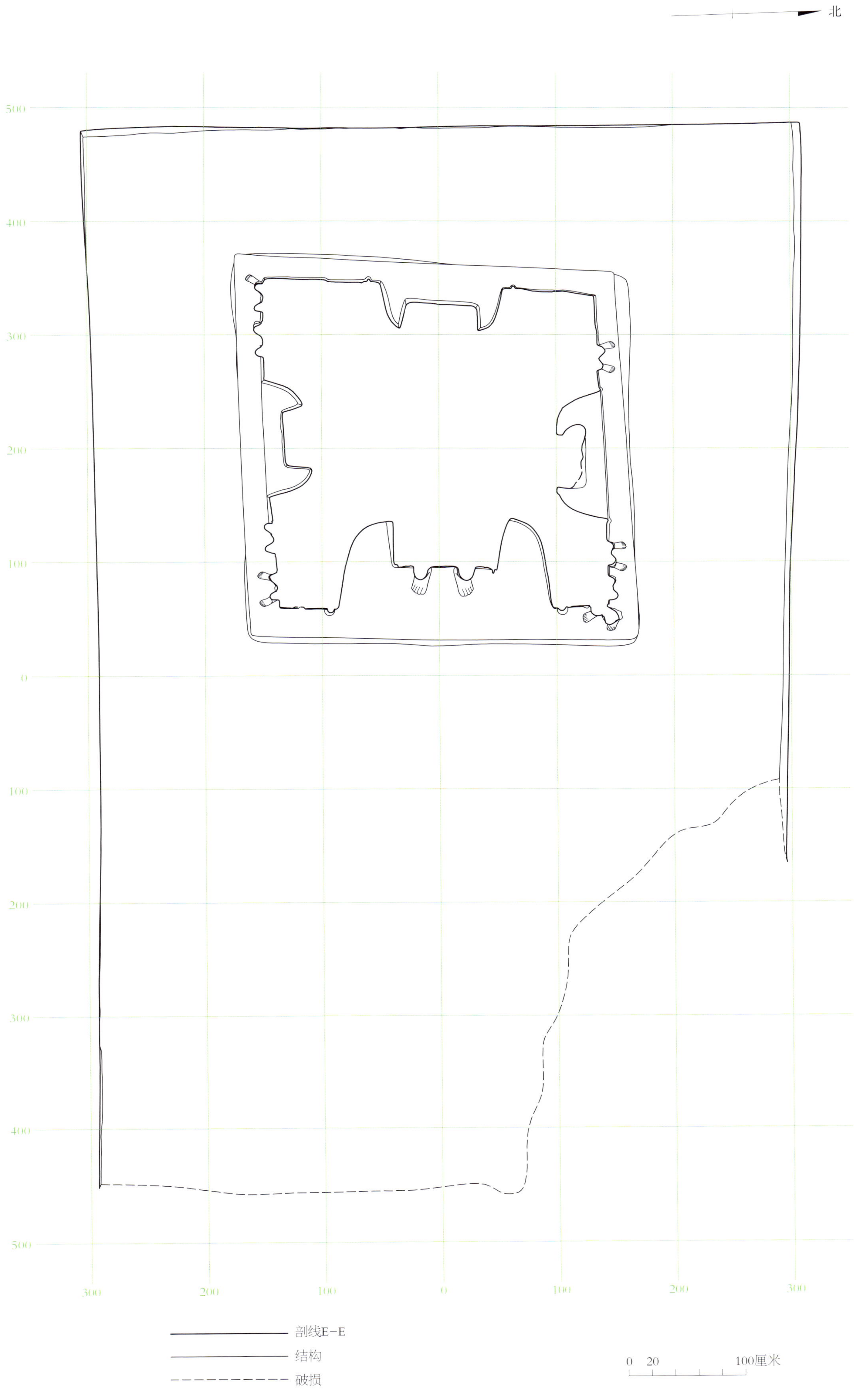
北
500
400
300
200
100
0
100
200
300
400
500
300
200
100
0
100
200
300
剖线E-E
结构
破损
0 20 100厘米

第 257 窟平面（E–E）图

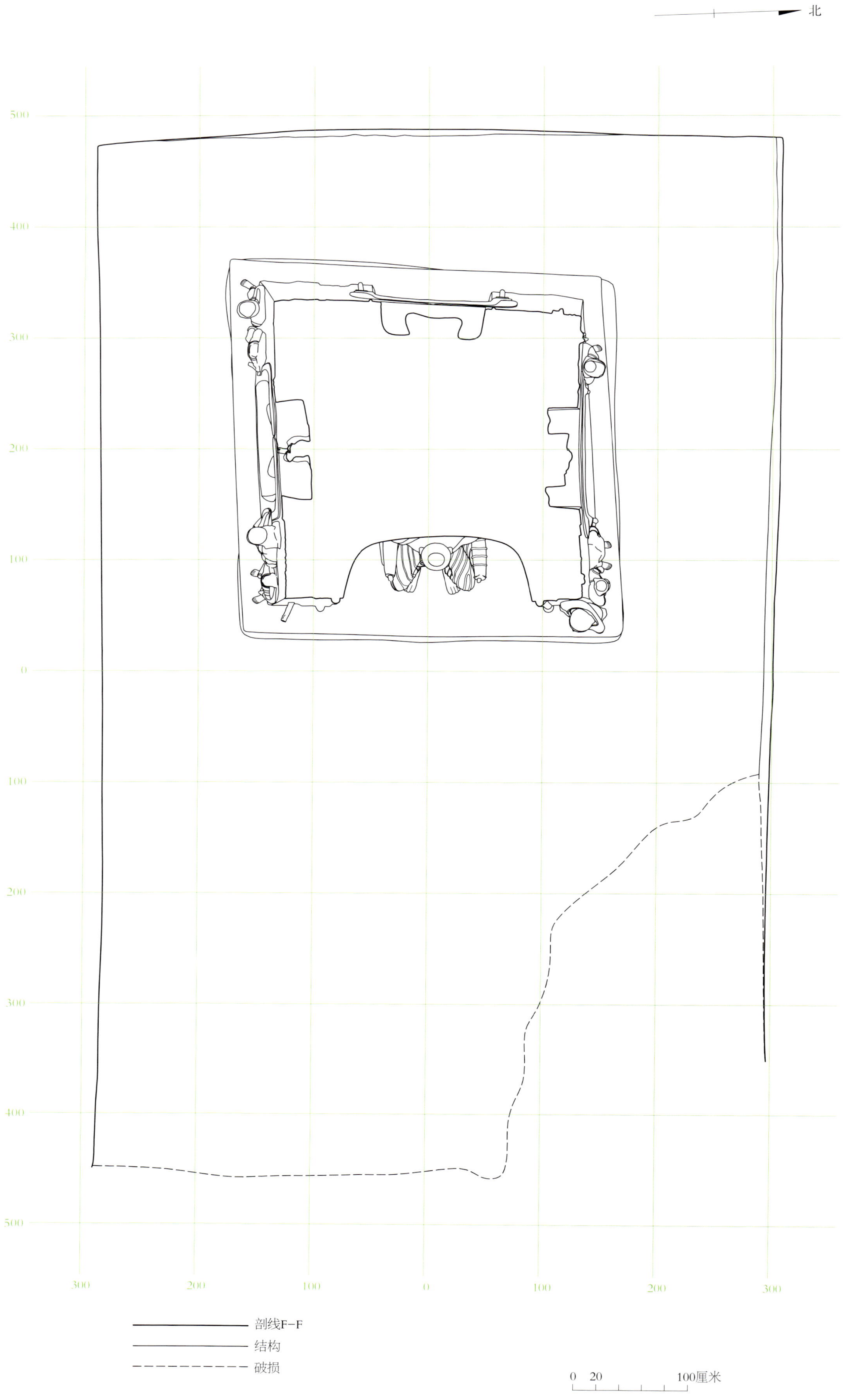
北
500
400
300
200
100
0
100
200
300
400
500
300
200
100
0
100
200
300
剖线F-F
结构
破损
0 20 100厘米

第257窟平面（F–F）图

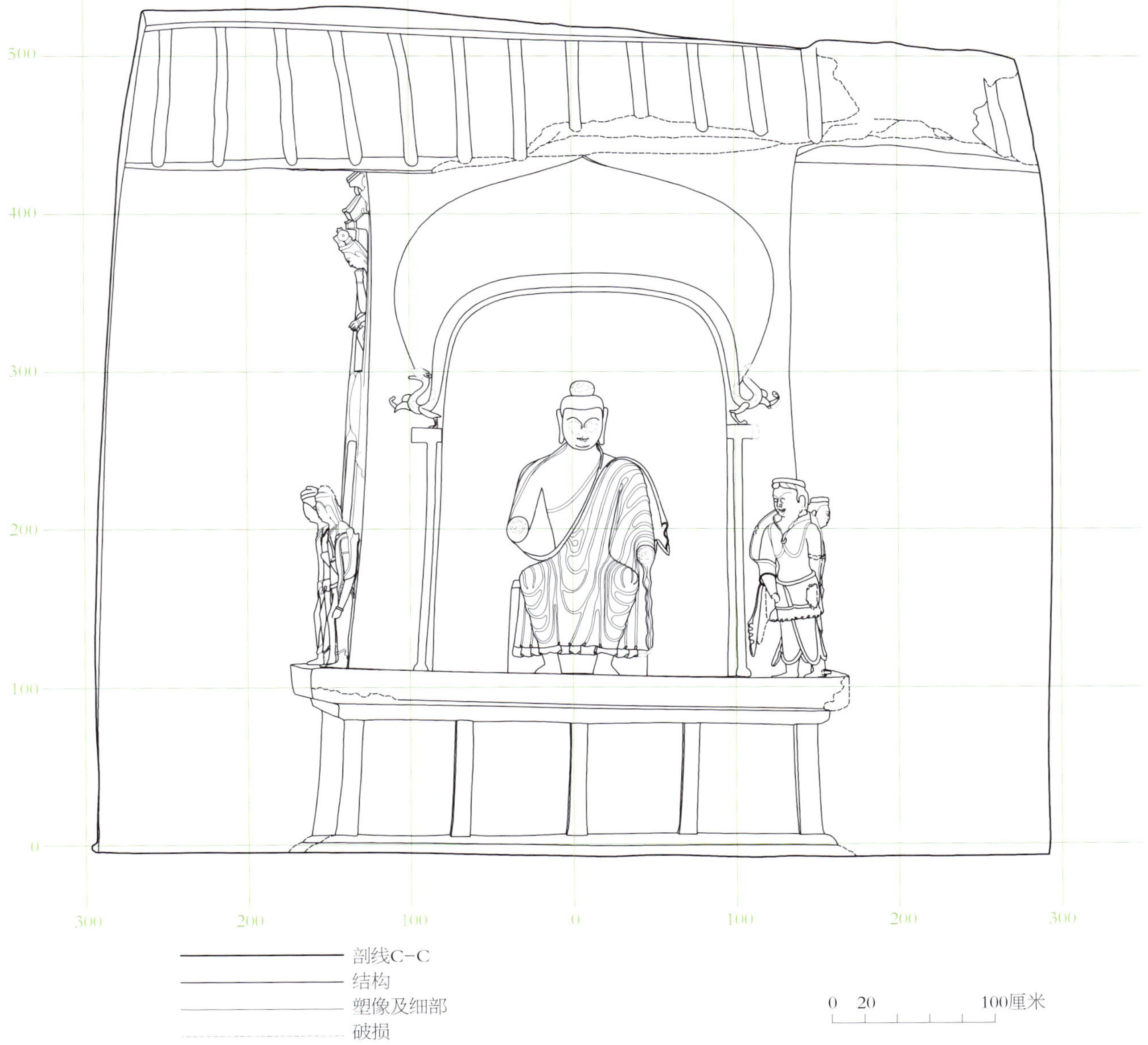

第 257 窟横剖面（C–C）图（向西）

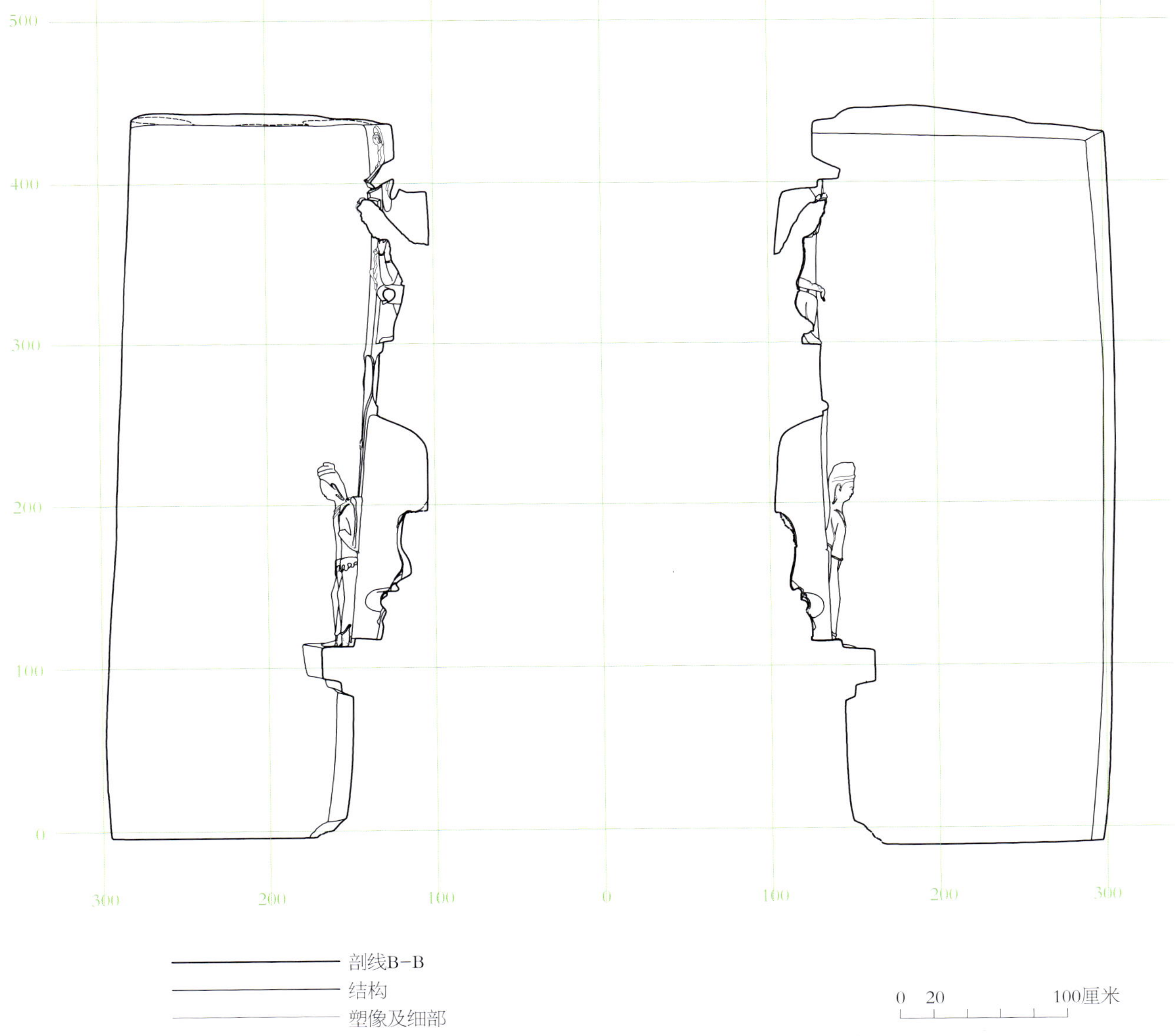

第 257 窟横剖面（B–B）图（向西）

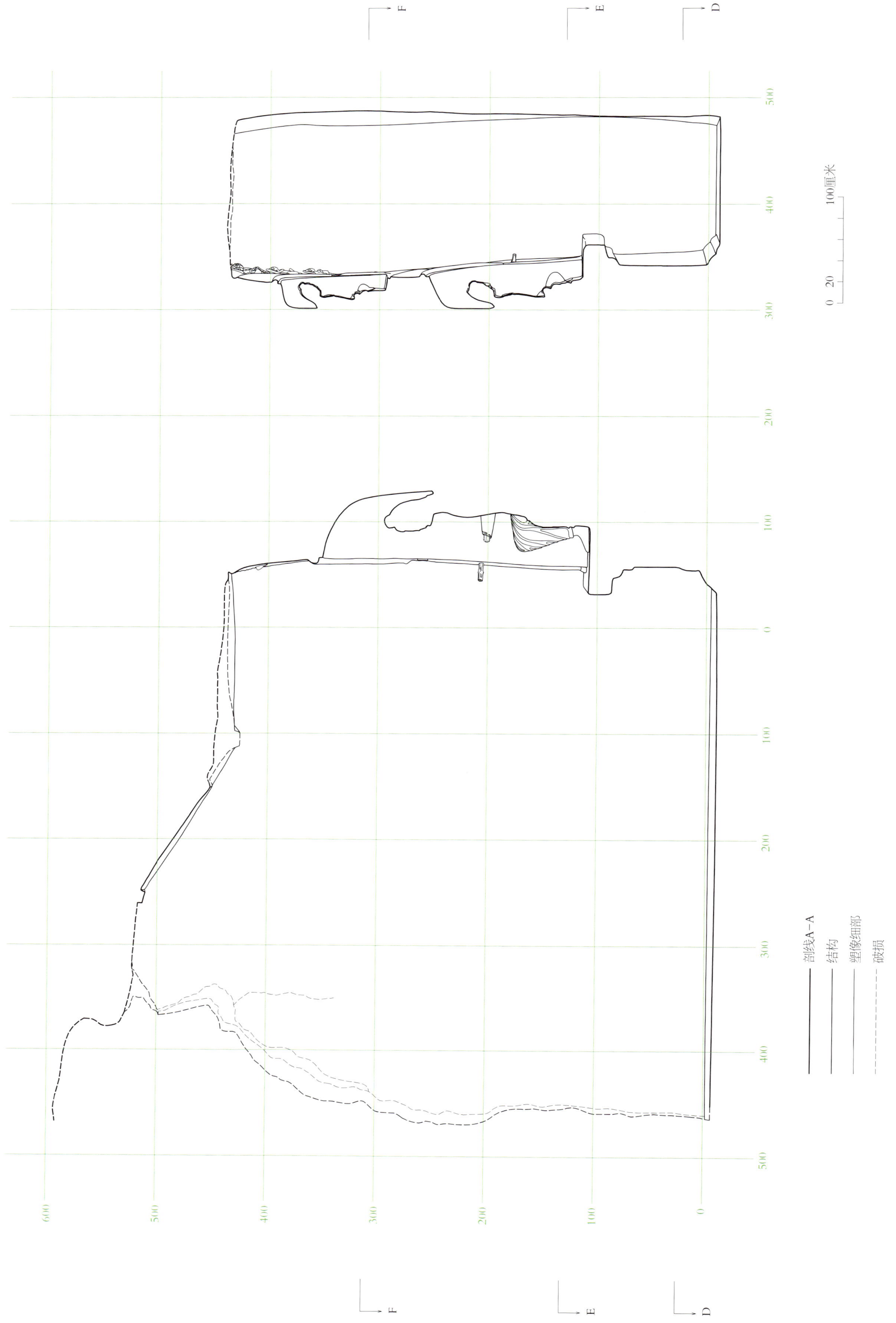

第257窟纵剖面（A-A）图（向南）

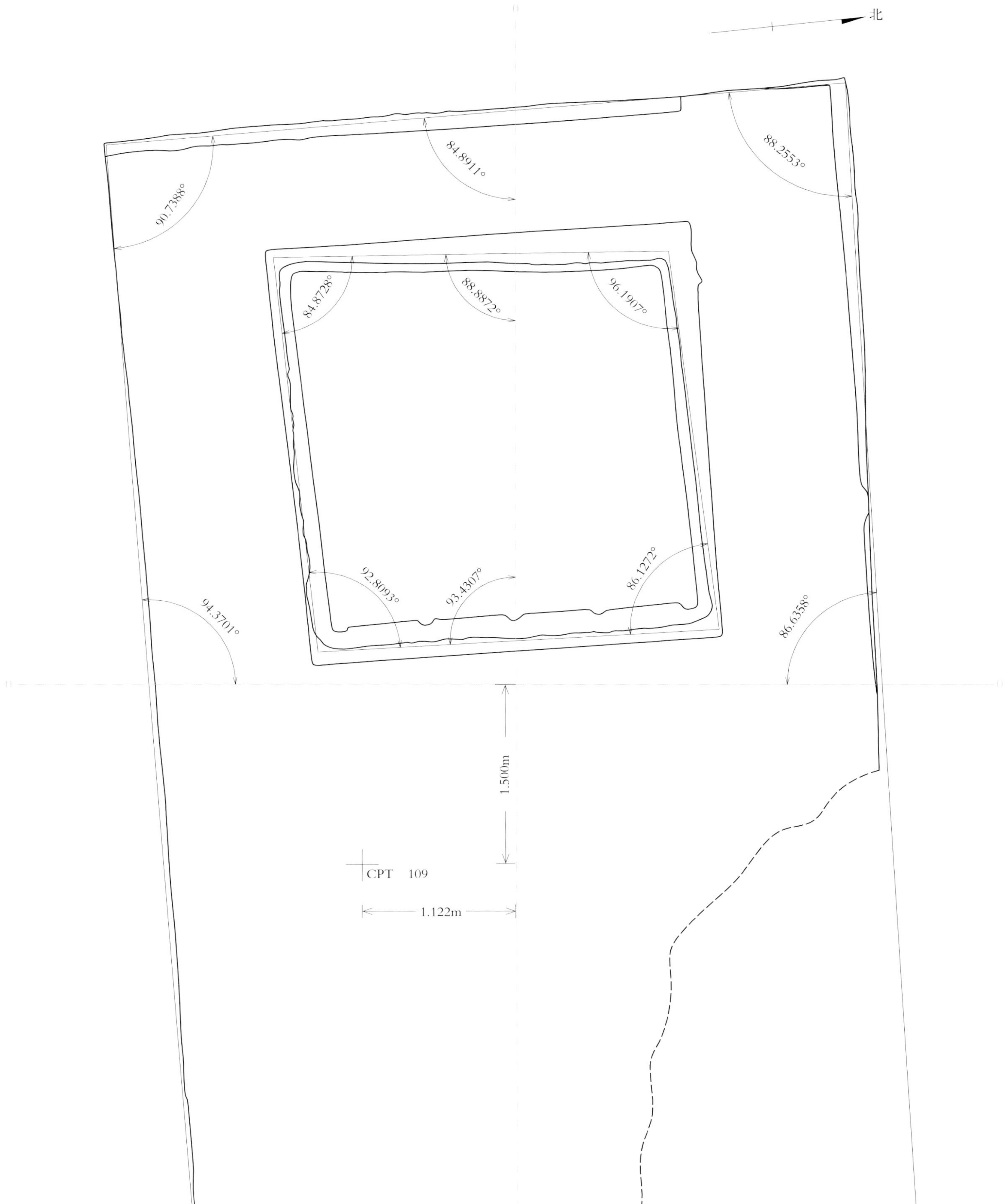

说明：

1.第257窟平面（D–D）及顶部投影图　2.第257窟平面（E–E）图　3.第257窟平面（F–F）图

三幅图在原扫描的点云坐标系（除网格外）Z轴整个以（0，0）为圆心，顺时针旋转3.8615度。

0　20　　　100厘米

CPT　108

第257窟平立面关系图

第 257 窟中心塔柱东向立面图

结构及塑像轮廓
塑像细部
壁画
破损

0 10 50厘米

第 257 窟中心塔柱南向立面图

第 257 窟中心塔柱西向立面图

第257窟中心塔柱北向立面图

图版 42

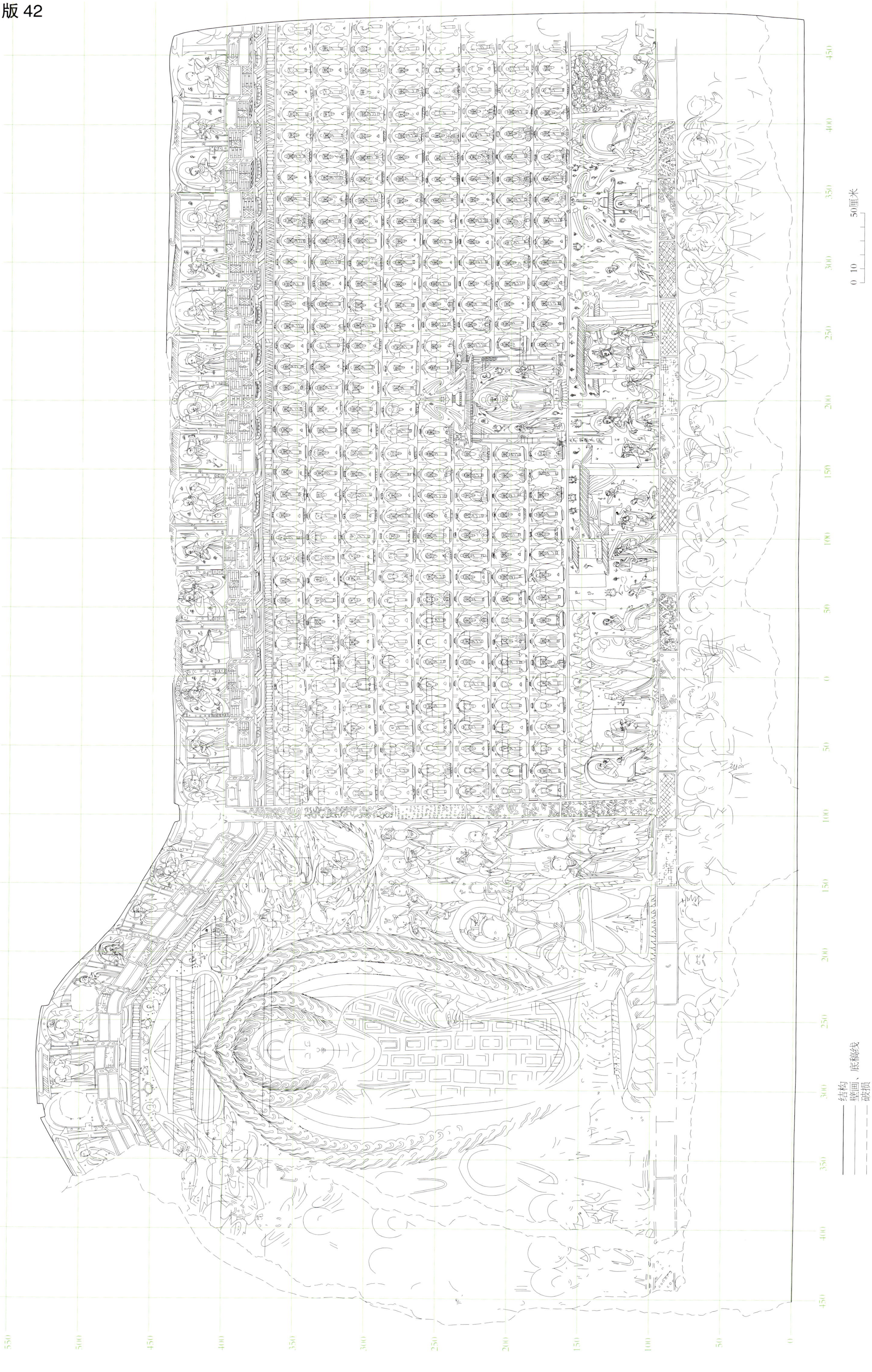

第257窟南壁立面图

第257窟西壁立面图

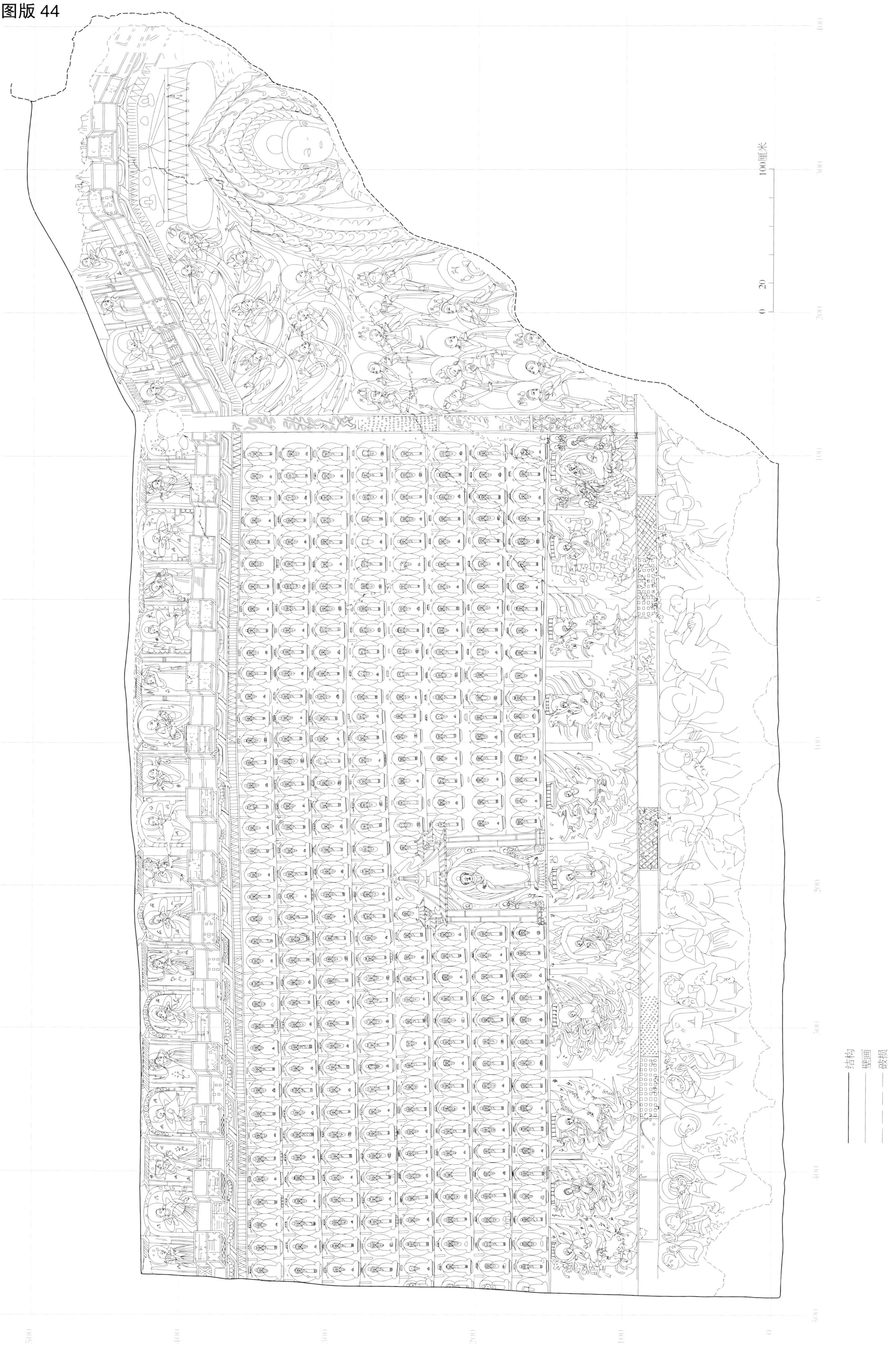

第 257 窟北壁立面图

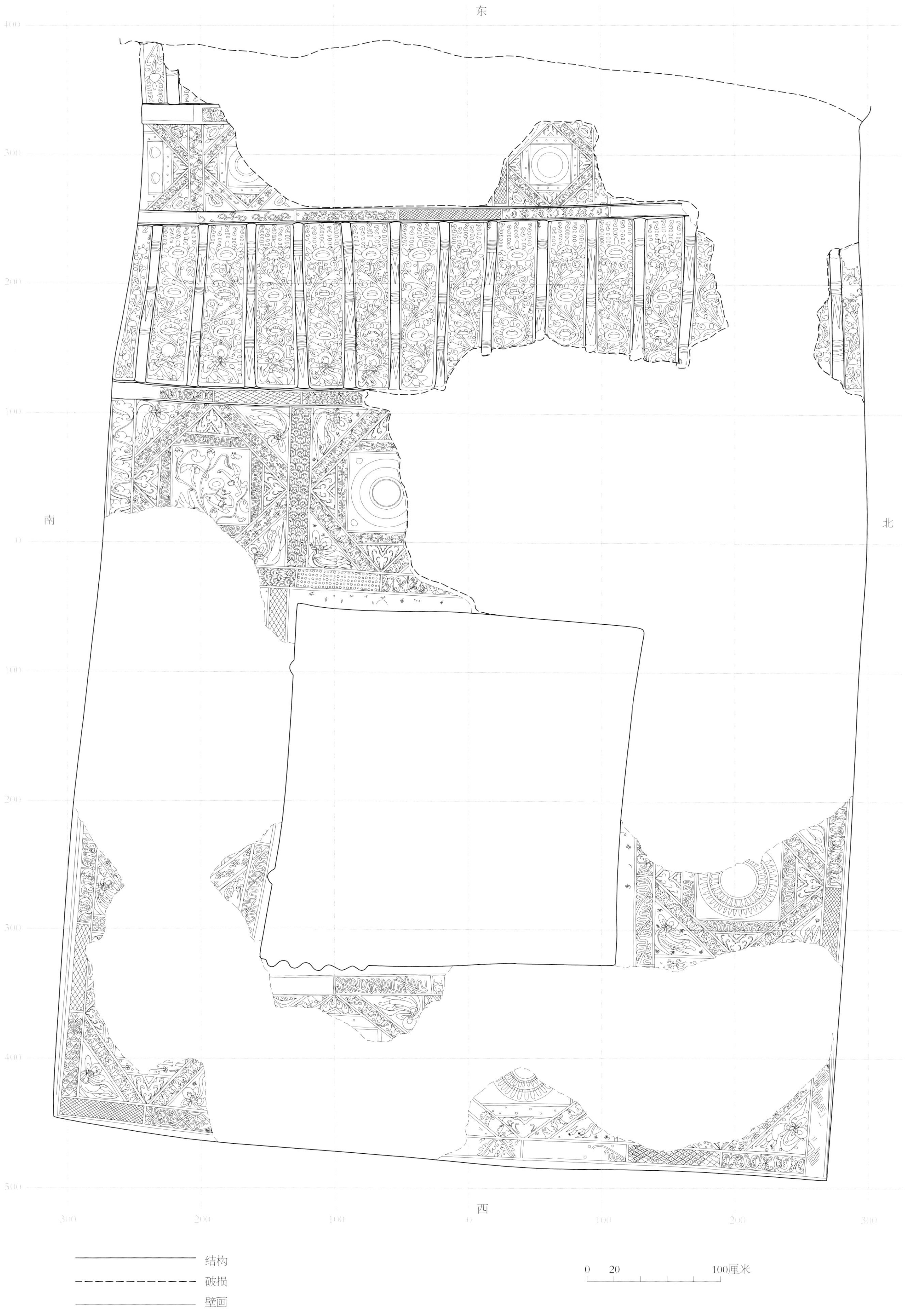

第 257 窟窟顶仰视图

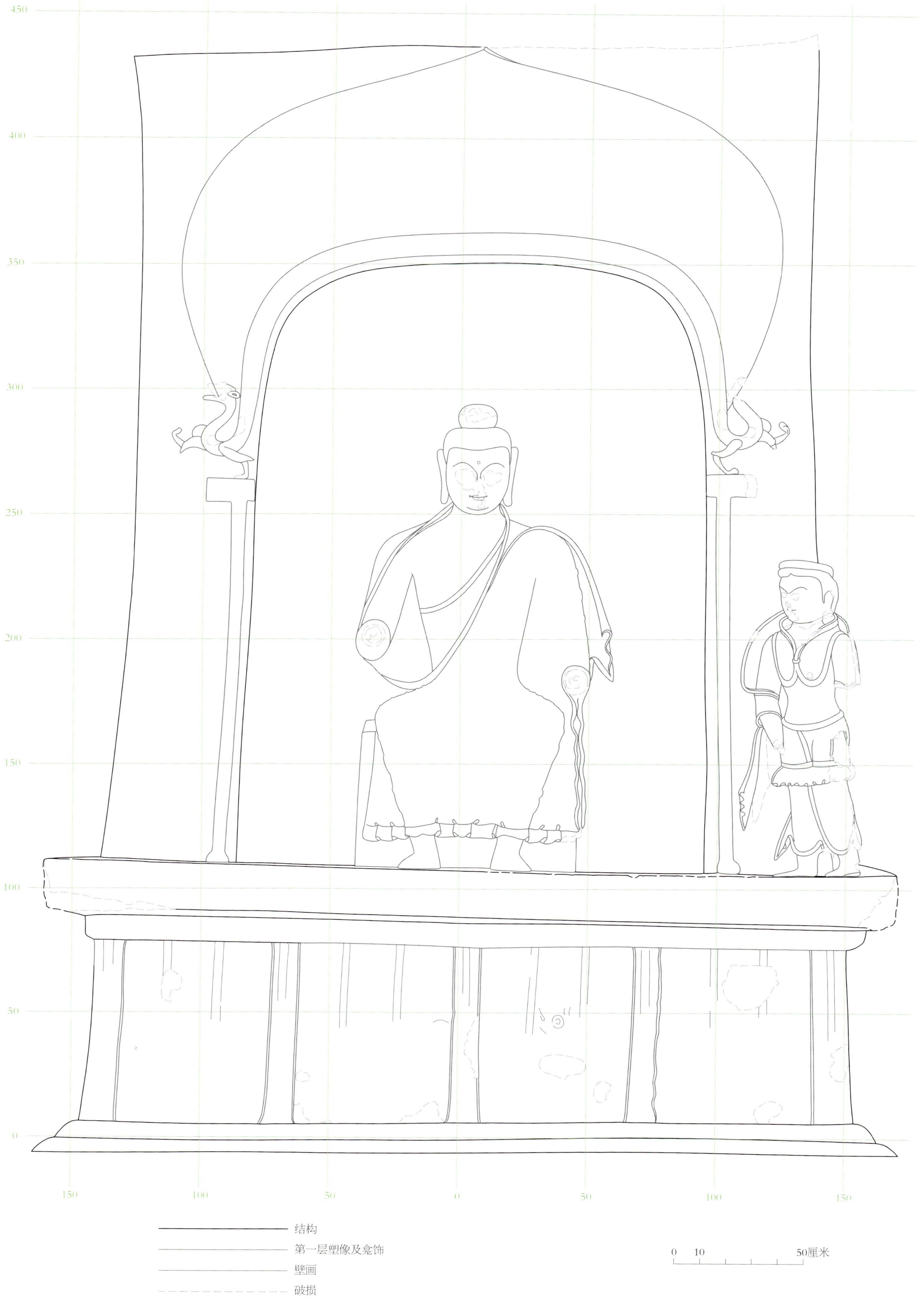

第257窟中心塔柱东向立面图（第二层）

第 257 窟中心塔柱南向立面图（第二层）

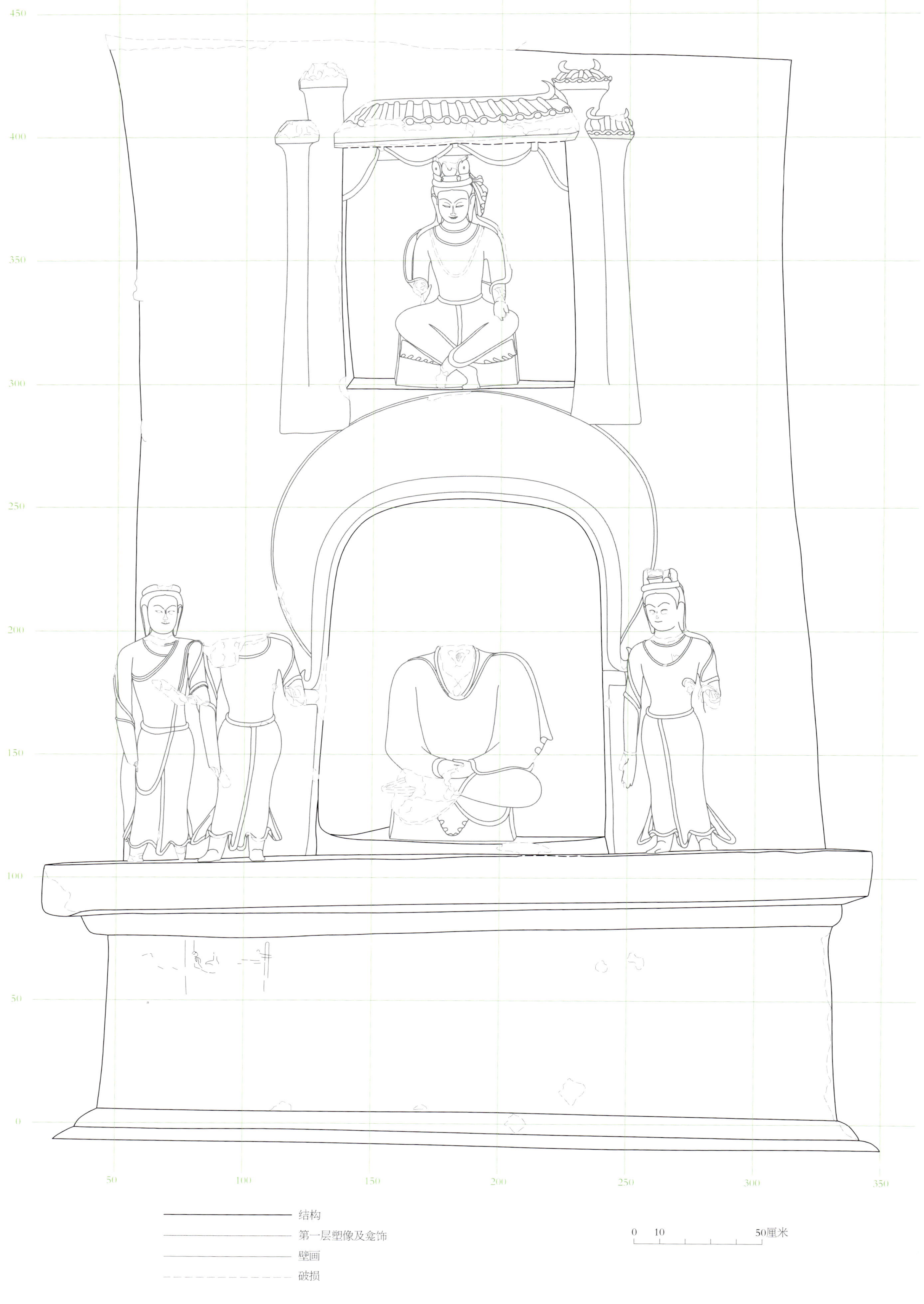

第 257 窟中心塔柱北向立面图（第二层）

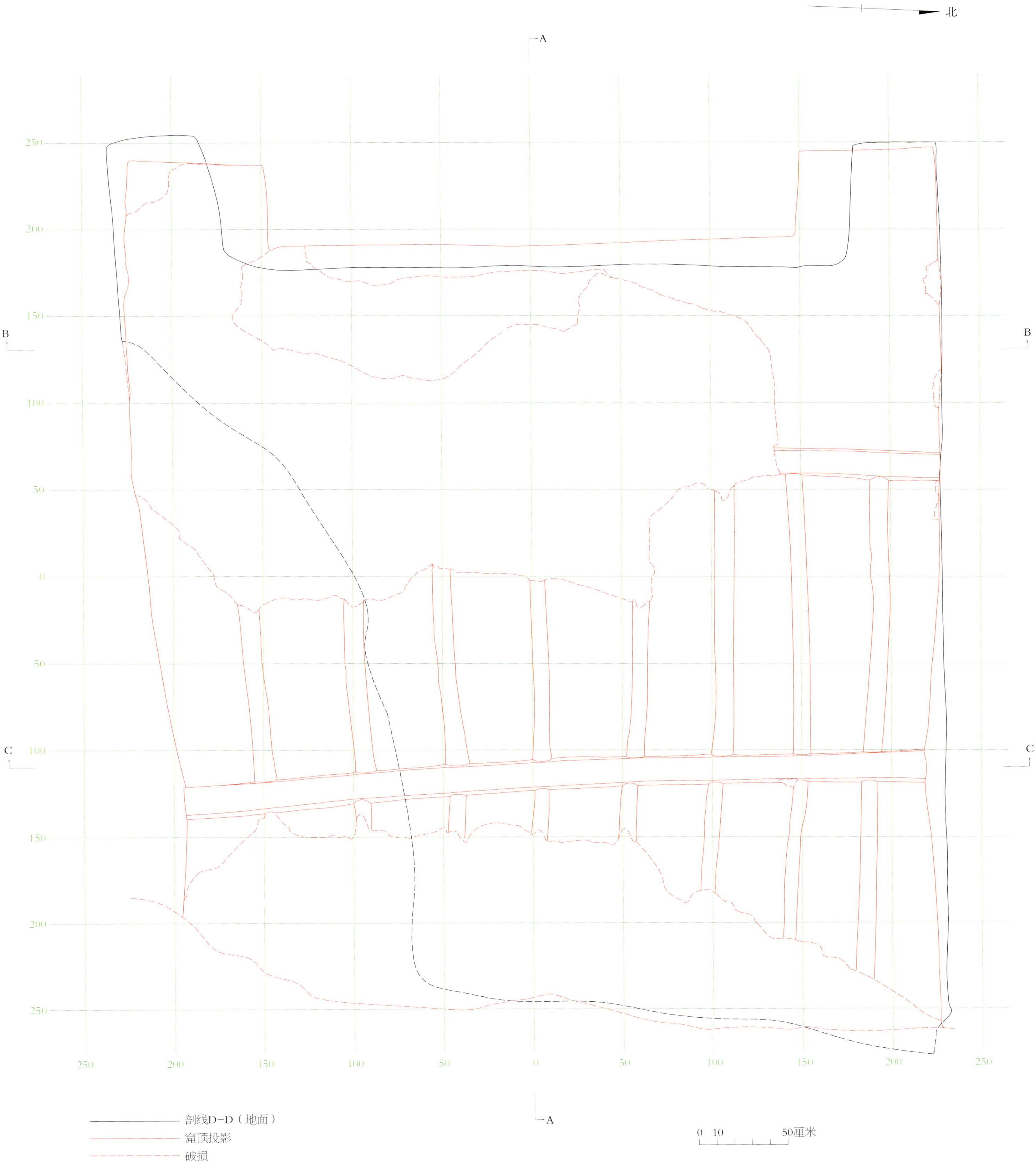

第259窟平面（D–D）及顶部投影图

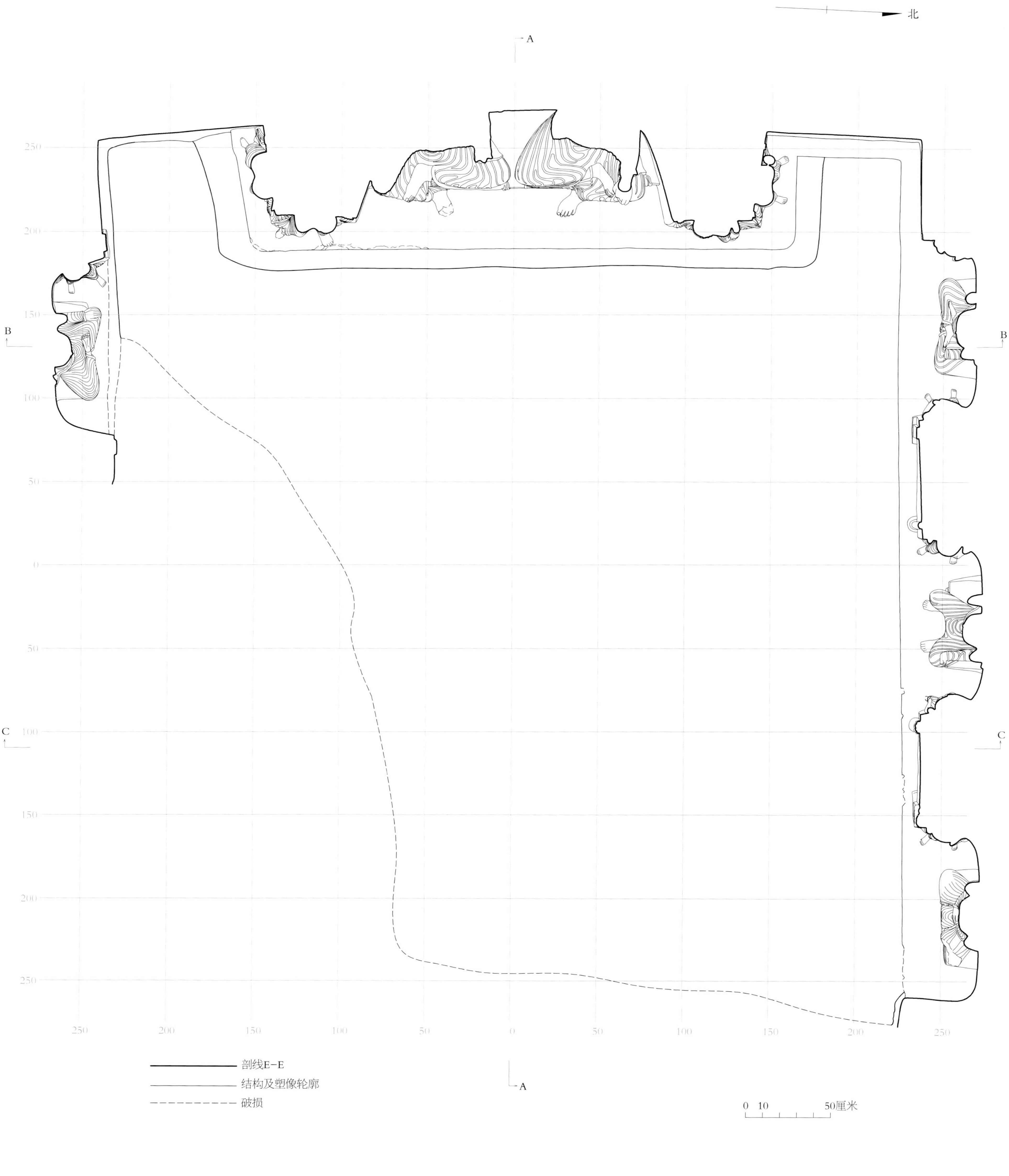

第 259 窟平面（E–E）图

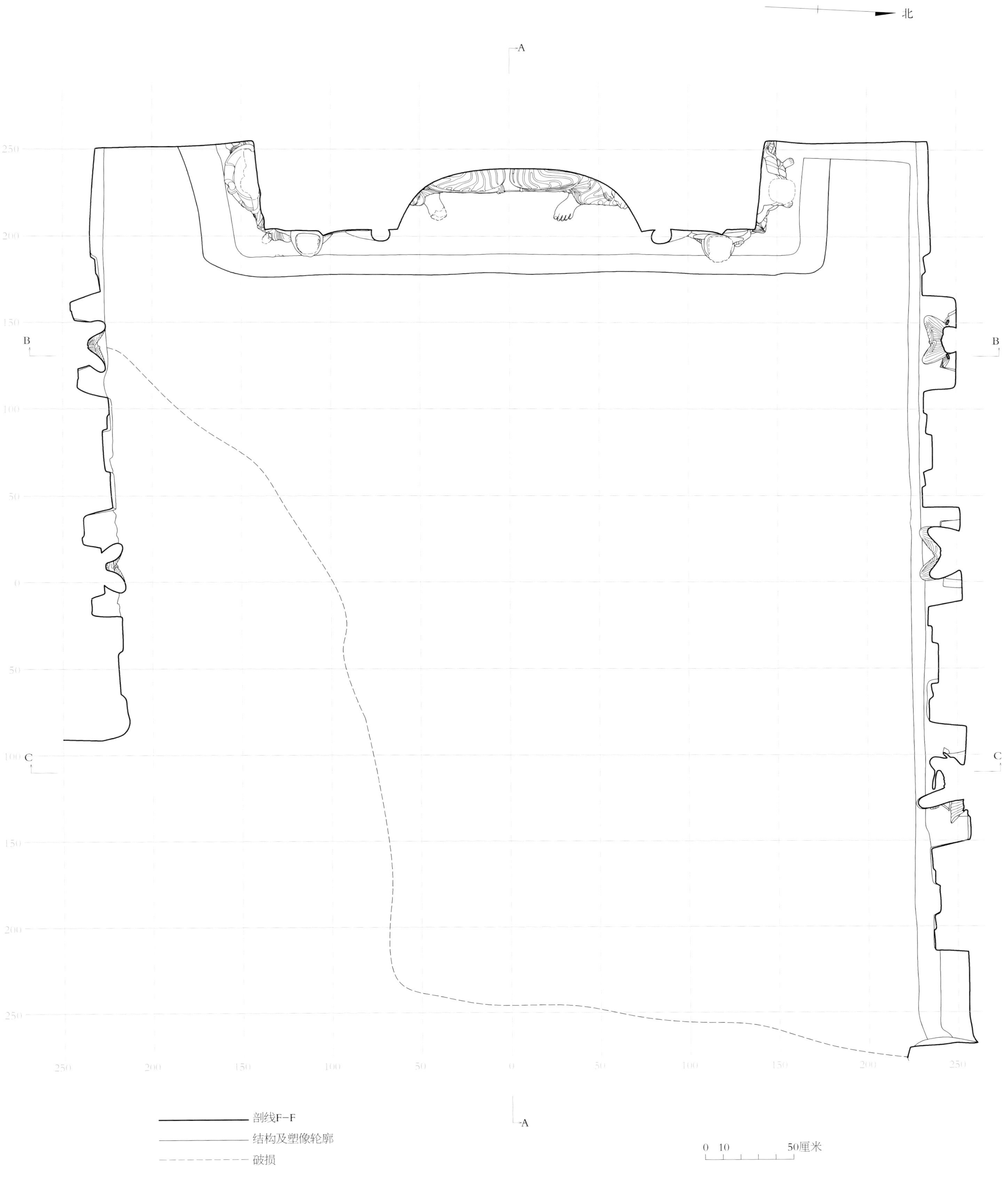
北
A
B
B
C
C
A
250
200
150
100
50
0
50
100
150
200
250
250
200
150
100
50
0
50
100
150
200
250
剖线F-F
结构及塑像轮廓
破损
0 10 50厘米

第259窟平面（F–F）图

第259窟横剖面（B-B）图（向西）

第 259 窟横剖面（C–C）图（向西）

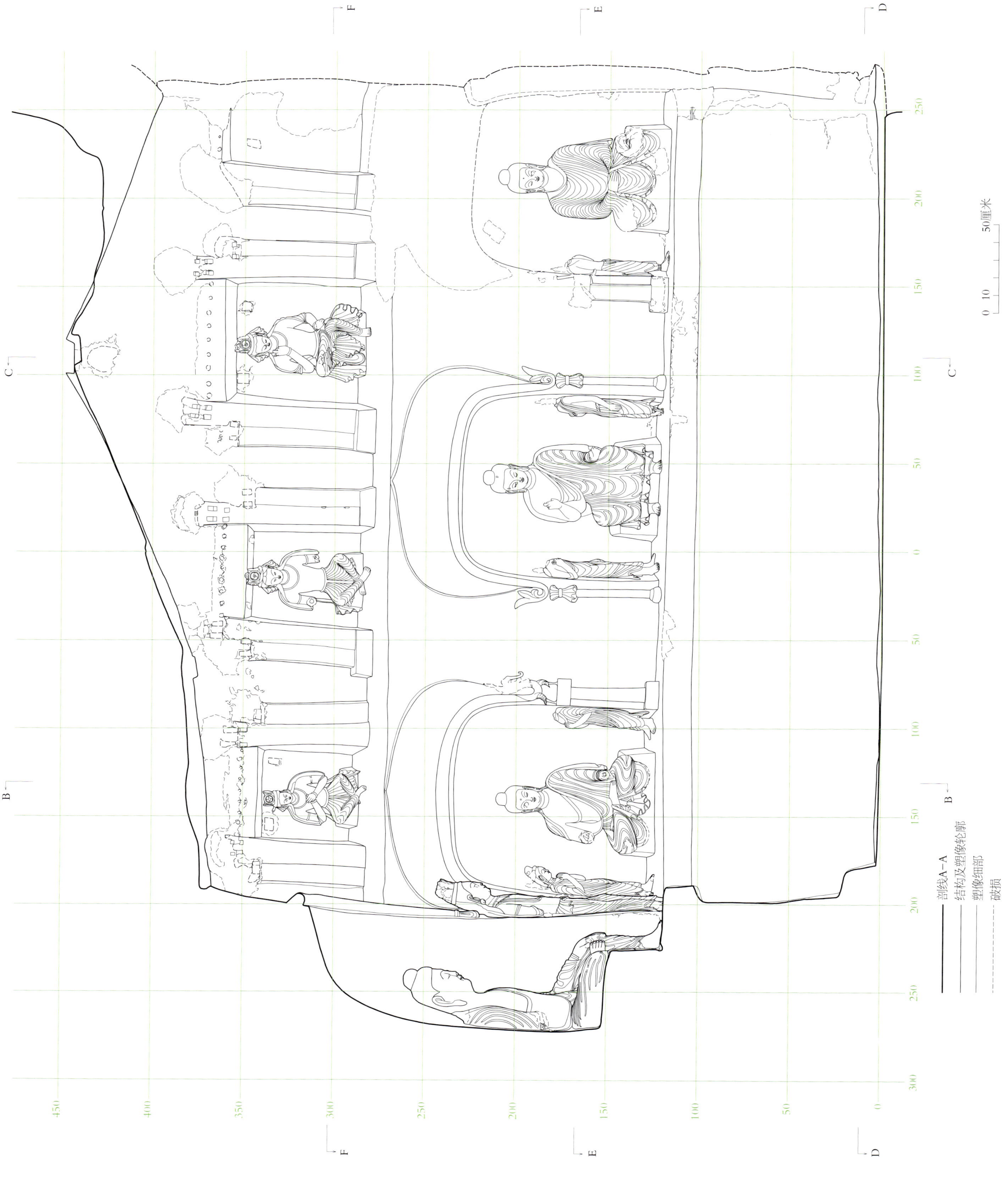

第259窟纵剖面（A–A）图（向北）

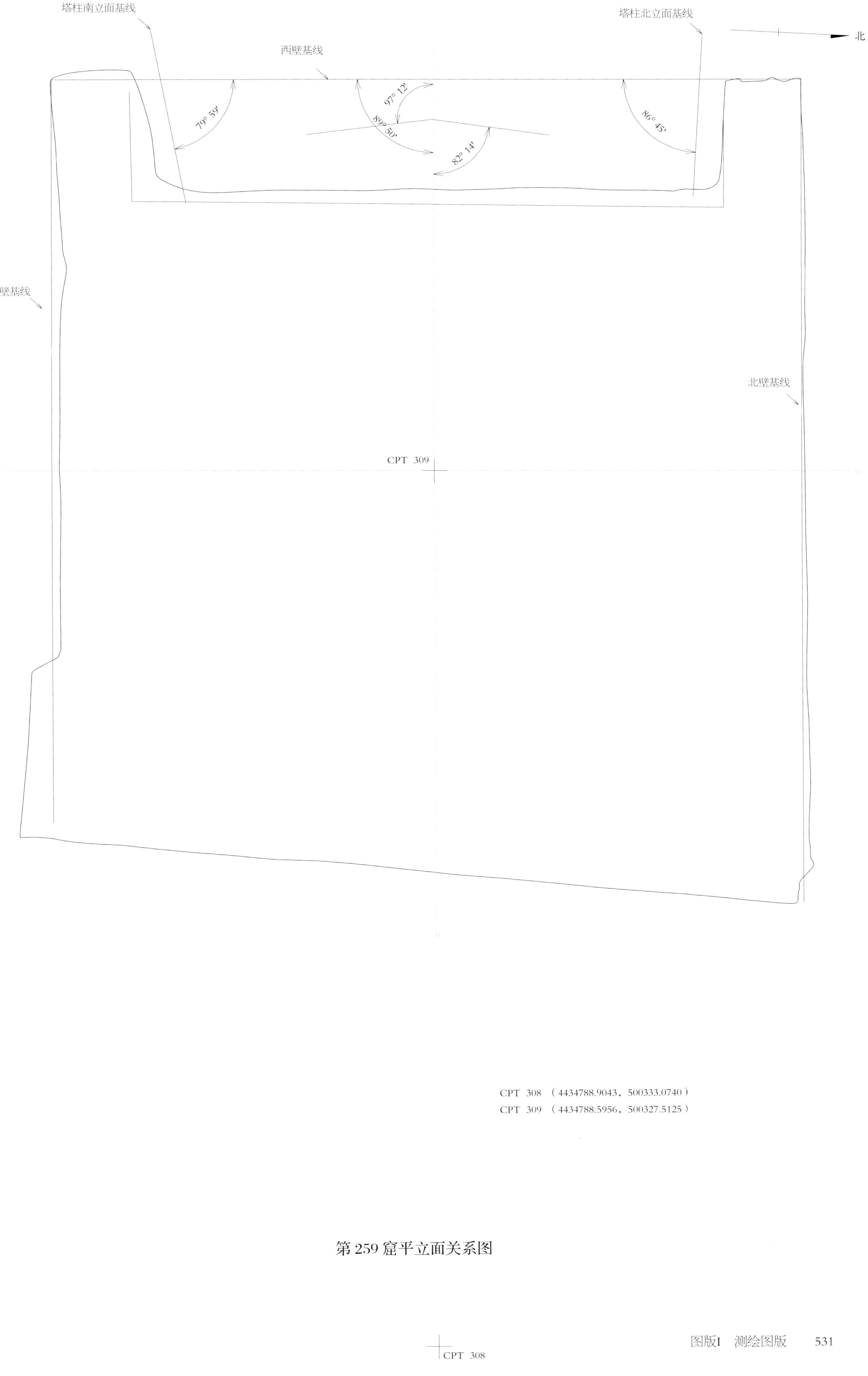

CPT 308 （4434788.9043，500333.0740）
CPT 309 （4434788.5956，500327.5125）

第259窟平立面关系图

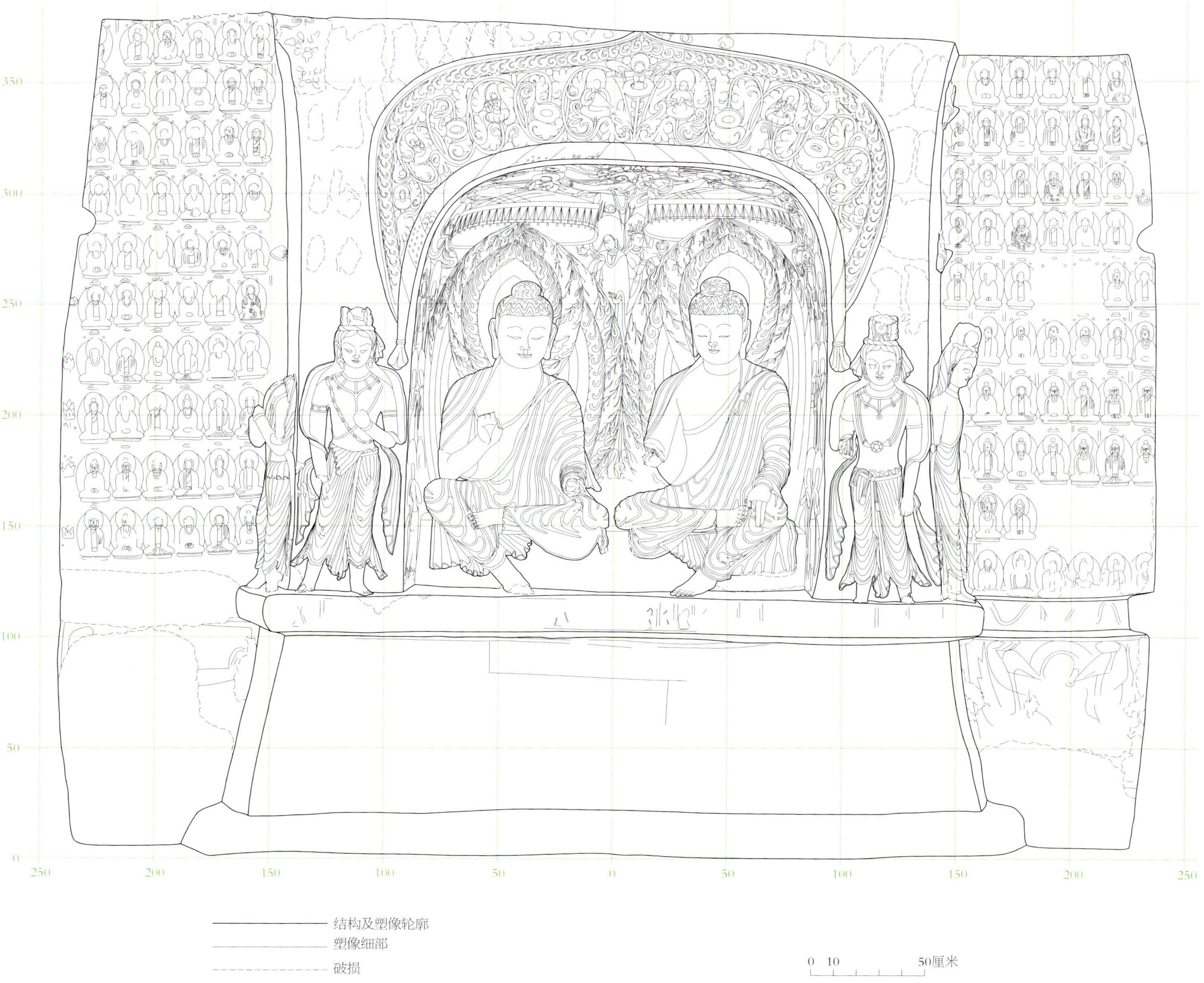
350
300
250
200
150
100
50
0
250
200
150
100
50
0
50
100
150
200
250
结构及塑像轮廓
塑像细部
破损
0 10 50厘米

第259窟西壁立面图

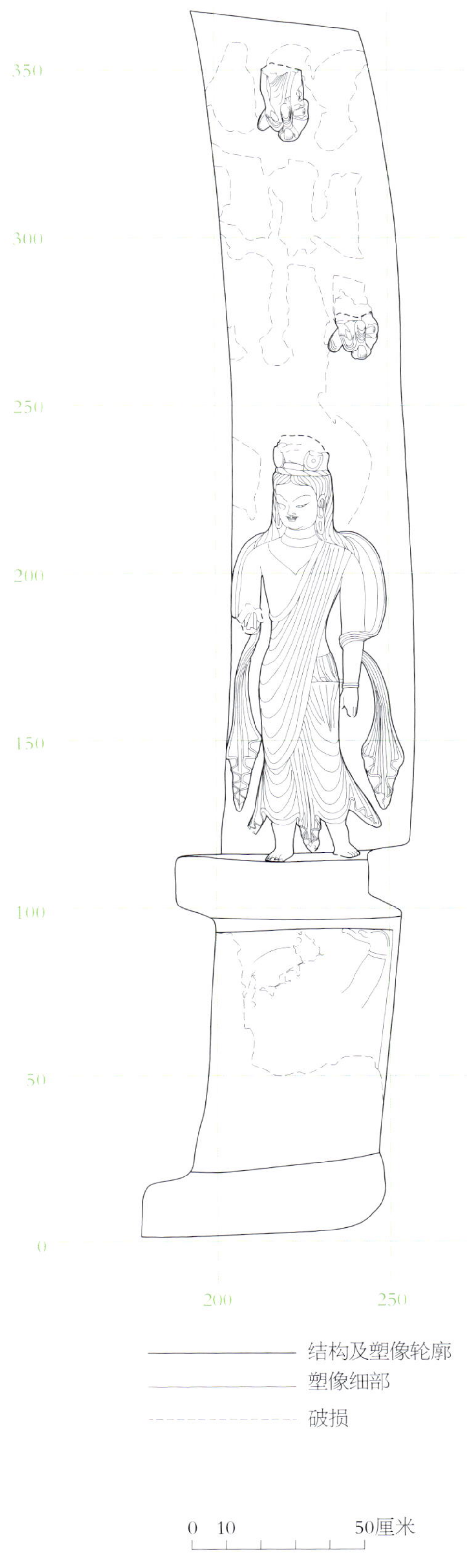

第 259 窟西壁塔柱形北侧立面图

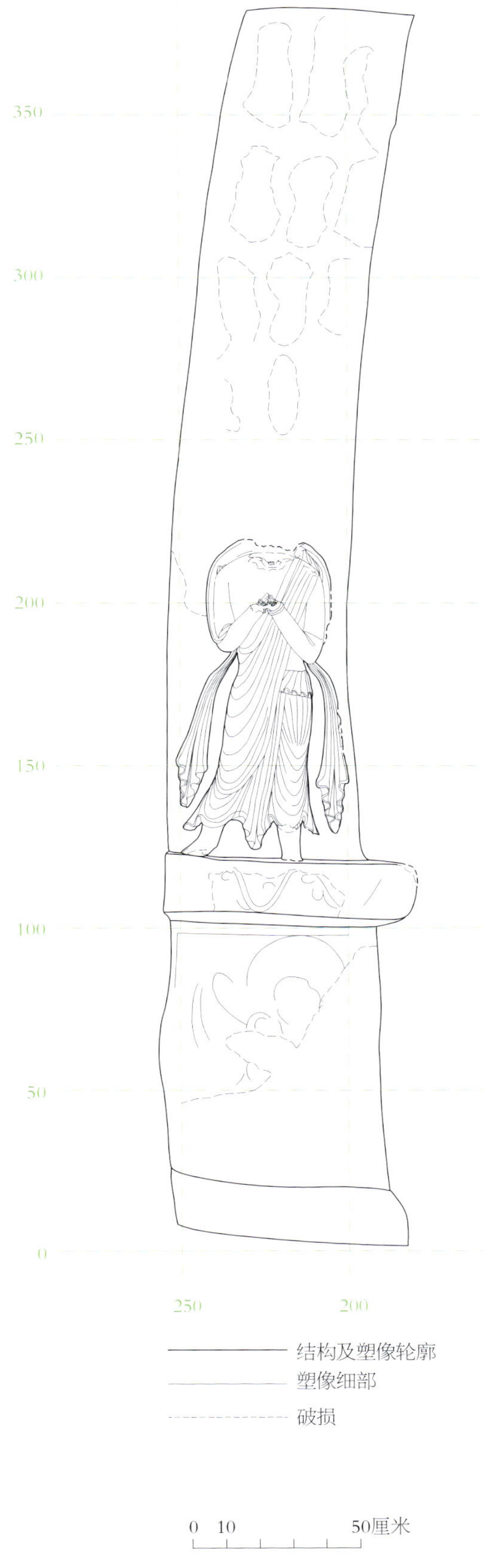

第 259 窟西壁塔柱形南侧立面图

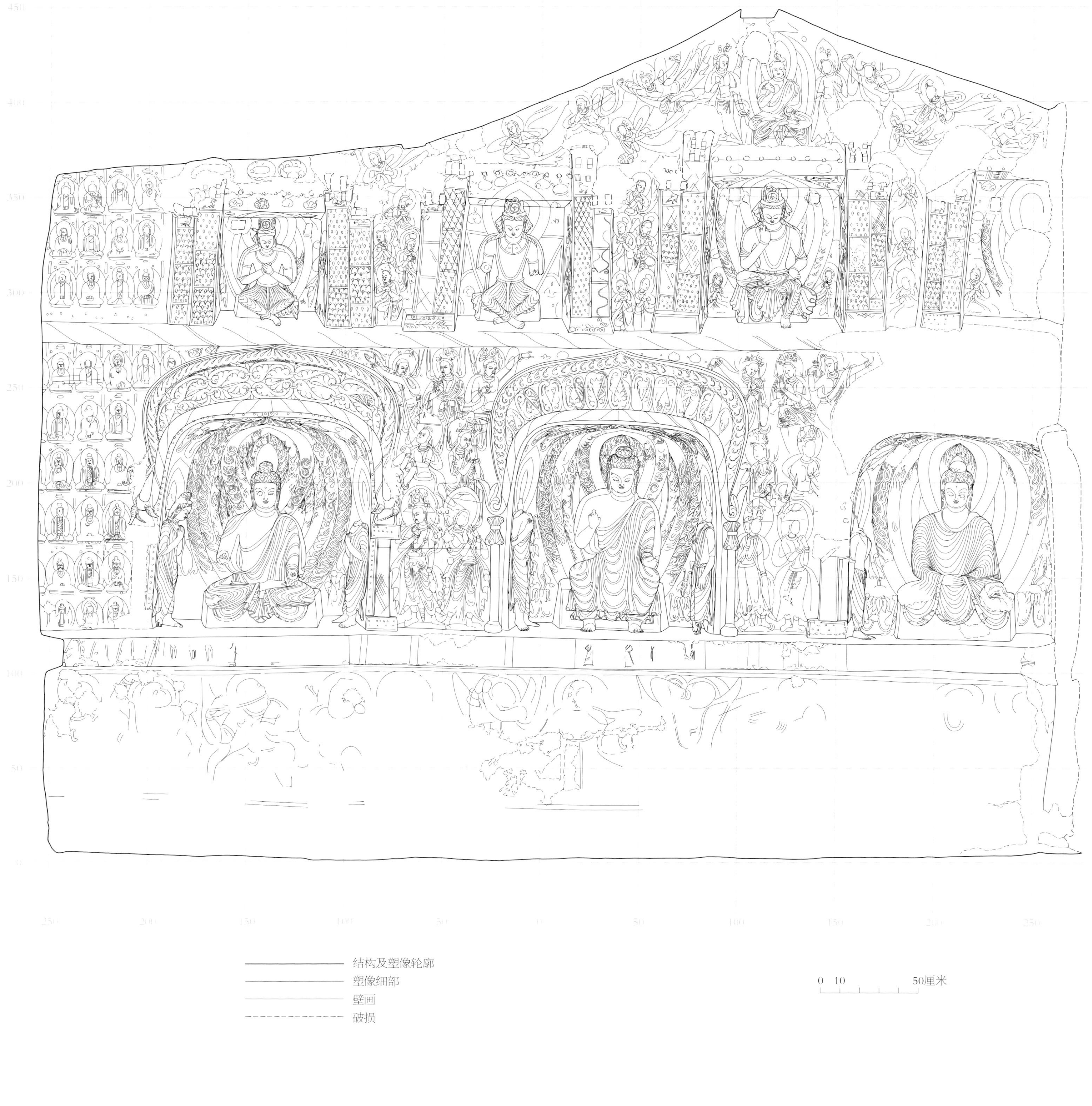
结构及塑像轮廓
塑像细部
壁画
破损
0 10 50厘米

第 259 窟北壁立面图

450
400
350
300
250
200
150
100
50
0
200
150
100
50
0
50
100
150
200
250
结构及塑像轮廓
塑像细部
壁画
破损
0 10 50厘米

第 259 窟南壁立面图

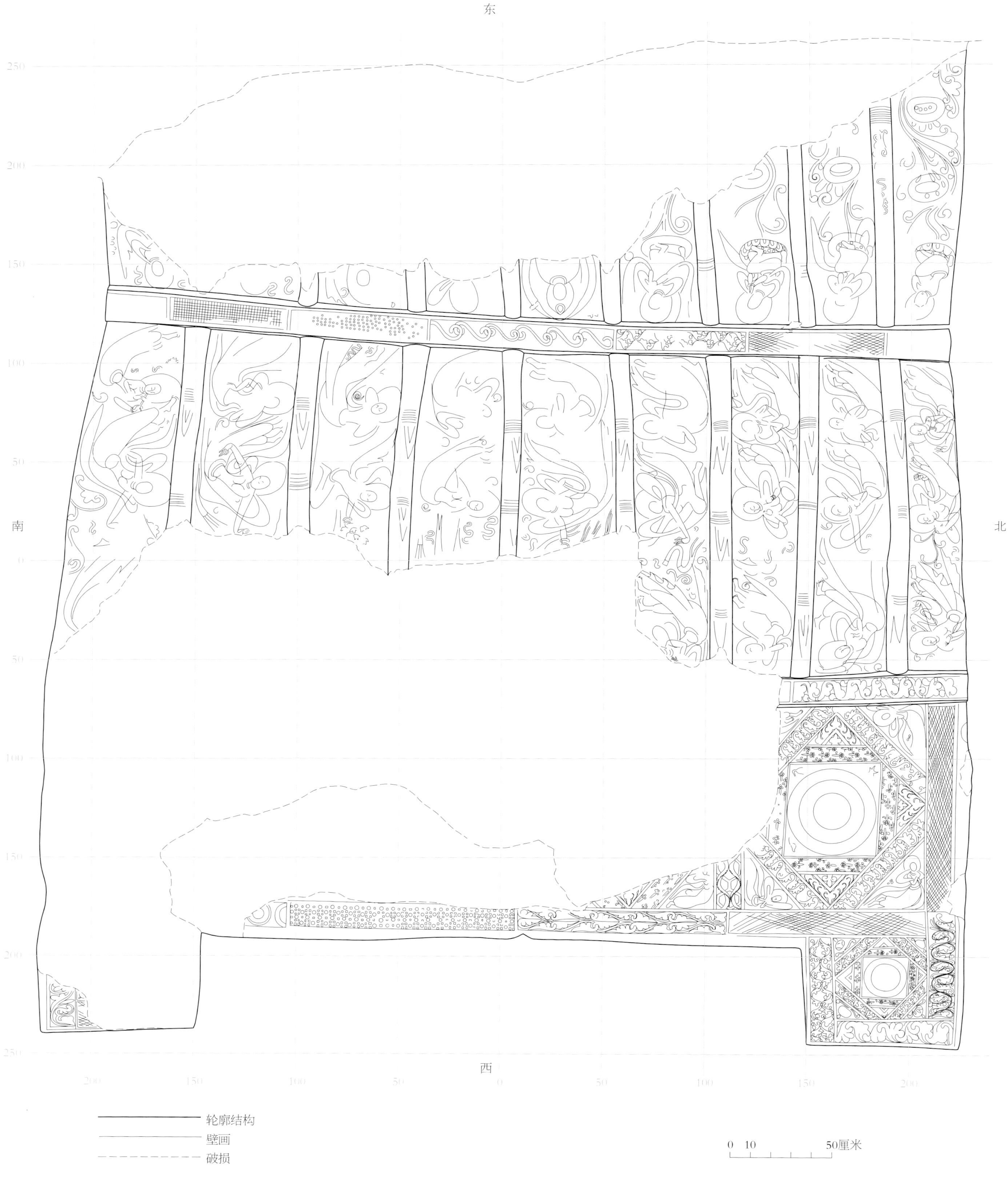

第259窟窟顶仰视图

1　第256窟中心佛坛上佛坐像

2　第256窟中心佛坛上南侧菩萨坐像（第二层）

3　第256窟中心佛坛上北侧菩萨坐像（第二层）

塑像等值线图（一）

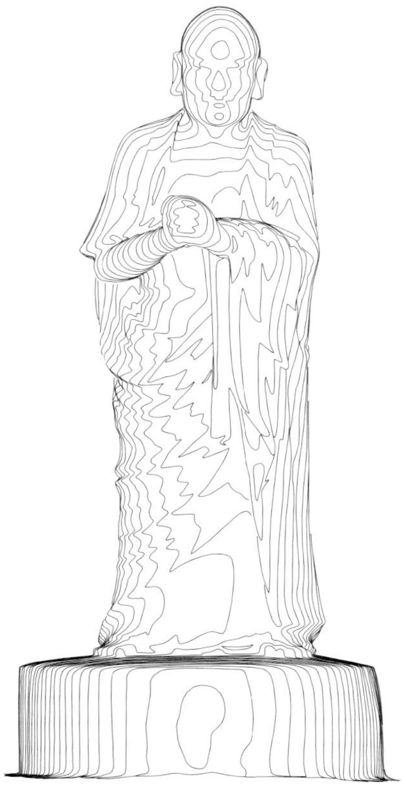

1　第256窟中心佛坛上北侧弟子立像
（第二层）

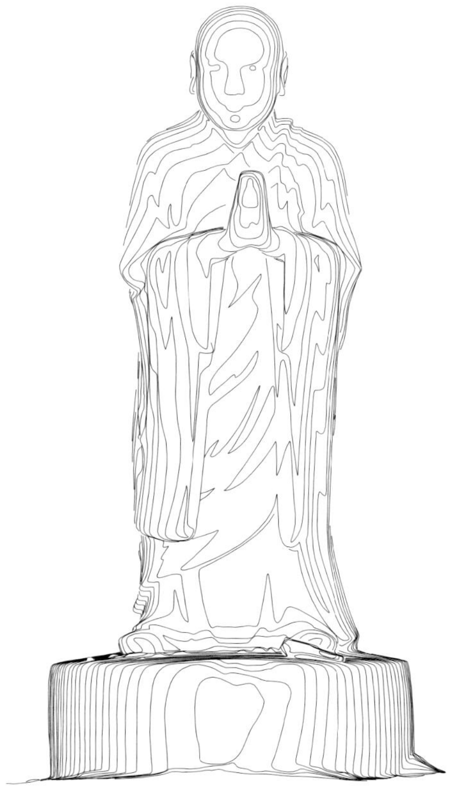

2　第256窟中心佛坛上南侧弟子立像
（第二层）

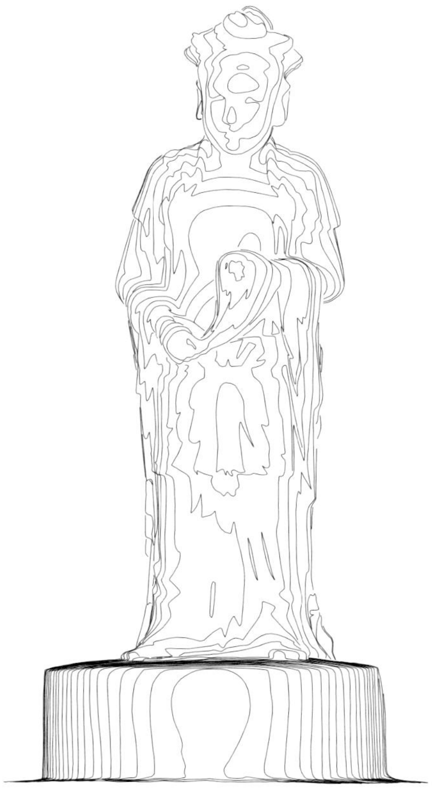

3　第256窟中心佛坛上南侧菩萨立像
（第二层）

4　第256窟中心佛坛上北侧菩萨立像
（第二层）

塑像等值线图（二）

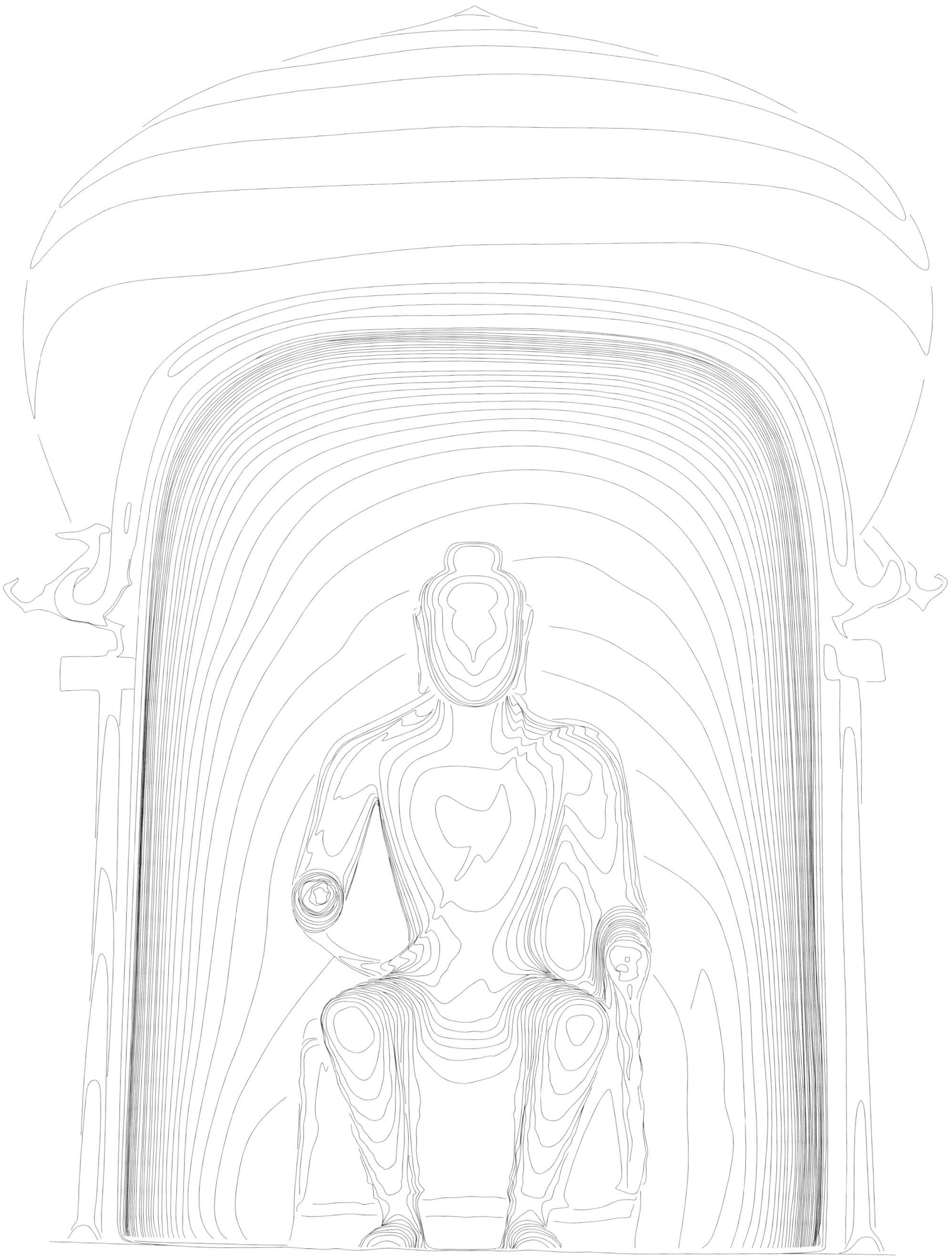

第257窟中心塔柱东向面佛龛

塑像等值线图（三）

1　第257窟中心塔柱南向面上层龛

2　第257窟中心塔柱北向面上层龛

3　第257窟中心塔柱南向面下层龛

4　第257窟中心塔柱北向面下层龛

塑像等值线图（四）

1　第257窟中心塔柱西向面上层龛

2　第257窟中心塔柱西向面下层龛

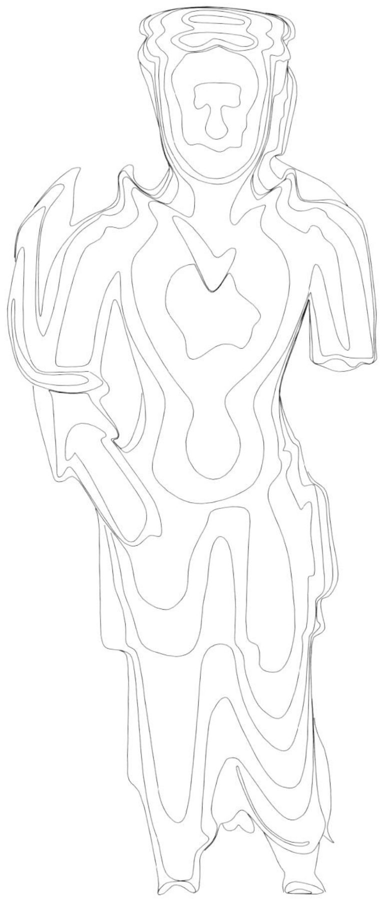

3　第257窟中心塔柱东向面龛外北侧左胁侍立像

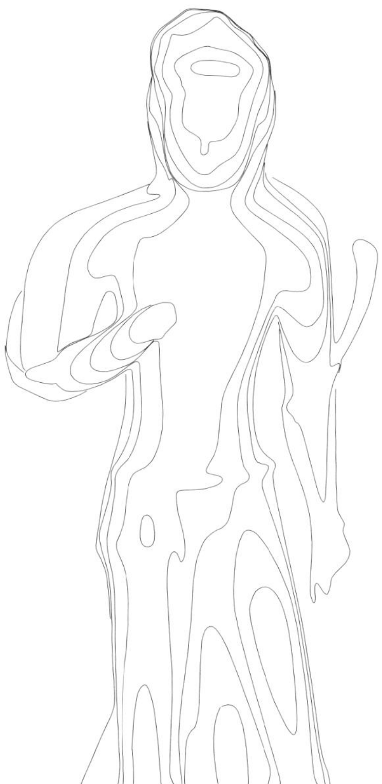

4　第257窟中心塔柱南向面龛外菩萨立像（东侧第一身）

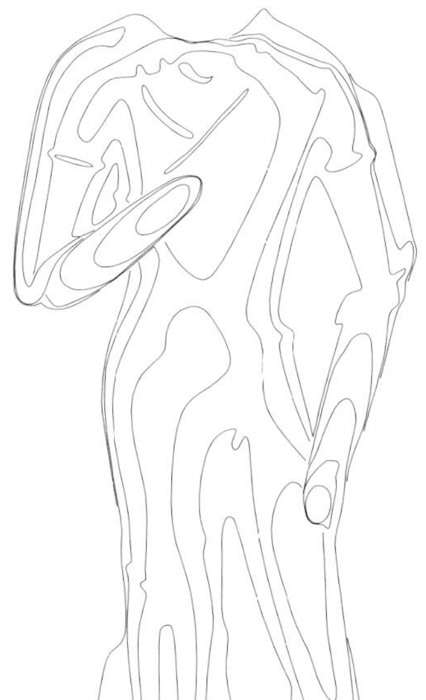

5　第257窟中心塔柱南向面龛外菩萨立像（东侧第二身）

塑像等值线图（五）

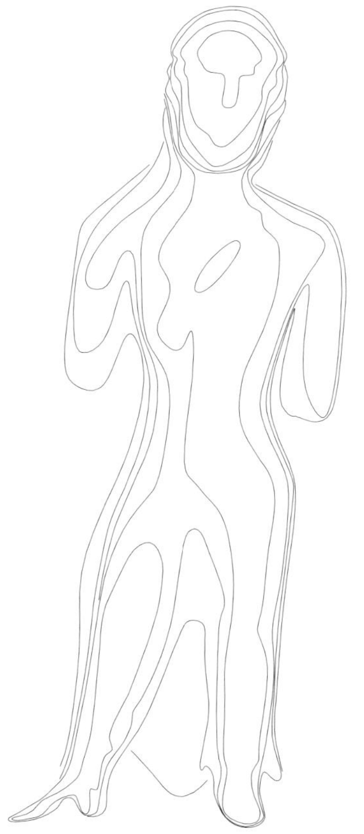

1　第257窟中心塔柱南向面龛外菩萨立像（西侧第二身）

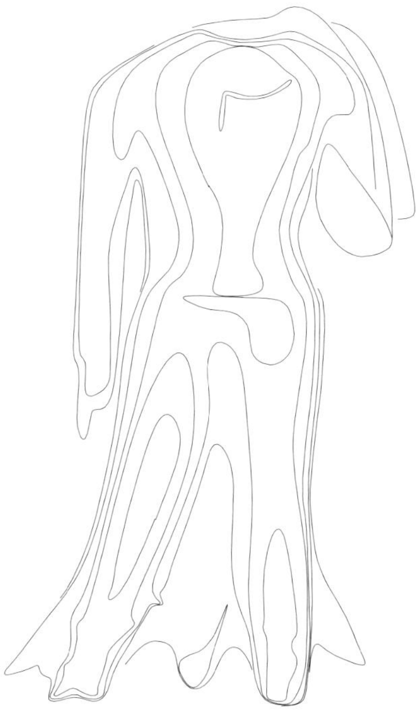

2　第257窟中心塔柱南向面龛外菩萨立像（西侧第一身）

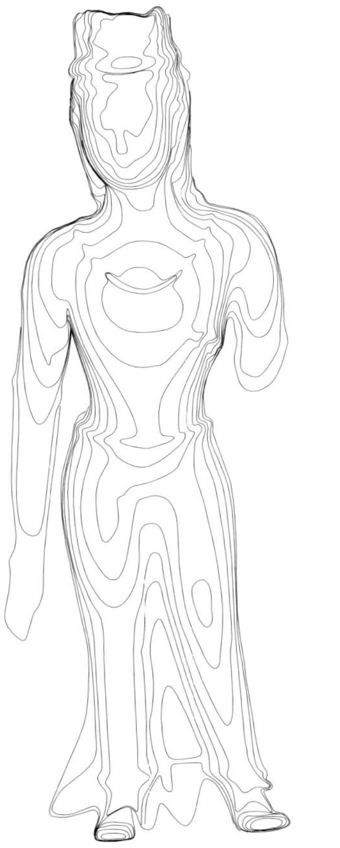

3　第257窟中心塔柱北向面龛外菩萨立像（西侧第一身）

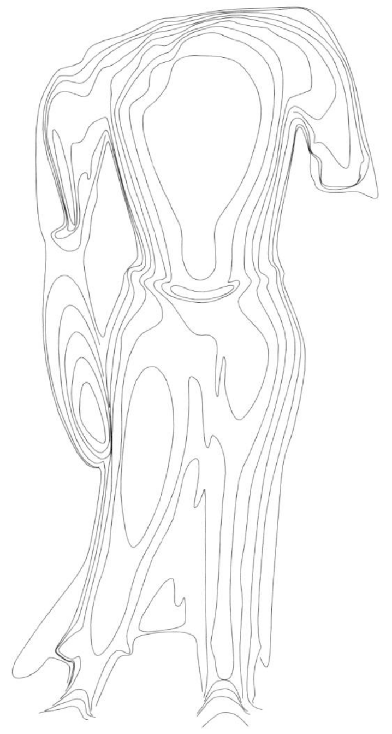

4　第257窟中心塔柱北向面龛外菩萨立像（东侧第一身）

5　第257窟中心塔柱北向面龛外菩萨立像（东侧第二身）

塑像等值线图（六）

第259窟西壁龛内二佛并坐像

塑像等值线图（七）

1　第259窟北壁上层第一龛

2　第259窟北壁上层第二龛

3　第259窟北壁下层第一龛

4　第259窟北壁下层第二龛

塑像等值线图（八）

1　第259窟北壁上层第三龛

2　第259窟南壁上层第一龛

3　第259窟北壁下层第三龛

4　第259窟南壁下层第一龛

塑像等值线图（九）

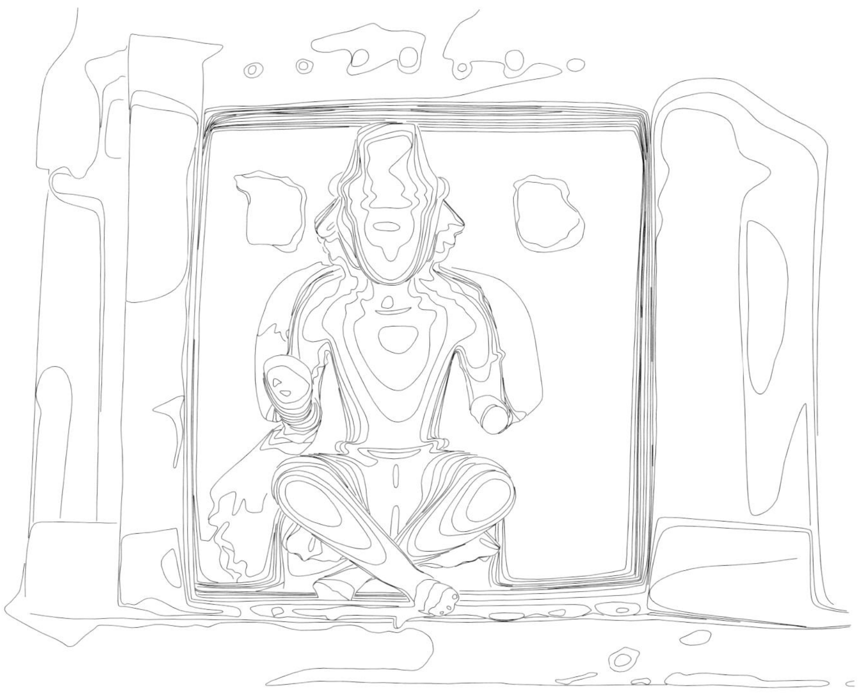

1　第259窟南壁上层第二龛

2　第259窟西壁龛外北侧左胁侍菩萨立像

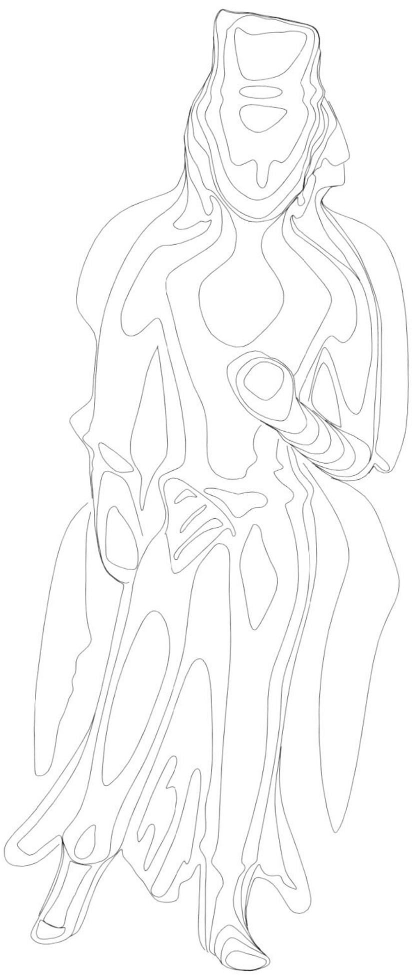

3　第259窟西壁龛外南侧右胁侍菩萨立像

塑像等值线图（十）

II

摄影图版

2013

第256窟以南部分洞窟

石窟外景

2013

1　第256窟及南侧洞窟

2013

2　第256、257、259窟以北洞窟

石窟外景

2023

第256、257、259窟上下洞窟

石窟外景（赵国靖　摄）

1　第256、257、259窟外景

2023

2　第256、257、259窟外景

2023

石窟外景（吕文旭　摄）

2023

1　第256、257、259窟外景

2023

2　第256窟外景

石窟外景（吕文旭　摄）

1　第256窟外崖面壁画（部分）

2023

2　第256窟外立面

2023

第 256 窟外崖面（赵国靖　摄）

2023

1　第256窟外崖面壁画（部分，赵国靖　摄）

2013

2　第256窟外崖面壁画之一

第 256 窟外崖面

2023

1　第256窟外崖面壁画之二

2023

2　第256窟外崖面壁画之三

第 256 窟外崖面（赵国靖　摄）

2023

1　第256窟外崖面壁画之四

2023

2　第256窟外崖面壁画之五

第 256 窟外崖面（赵国靖　摄）

2013

第 256 窟前室西壁北侧普贤变

2013

第256窟前室西壁南侧文殊变

2013

第256窟前室西壁北侧普贤变部分

2013

1　前室南壁、西壁上部帐幔及顶部团花图案

2013

2　前室南壁、西壁部分帐幔及顶部

第 256 窟前室上部壁画

2013

1　前室南壁、西壁部分帐幔

2013

2　前室西壁帐幔南段之一

第 256 窟前室上部壁画

2013

1　前室西壁帐幔南段之二及南侧梁孔

2013

2　前室西壁梁孔和中段七佛、帐幔

第 256 窟前室上部壁画

2013

1 前室西壁中段七佛、帐幔

2013

2 前室西壁北侧梁孔和帐幔北段之一

第 256 窟前室上部壁画

2013

1　前室西壁帐幔北段之二

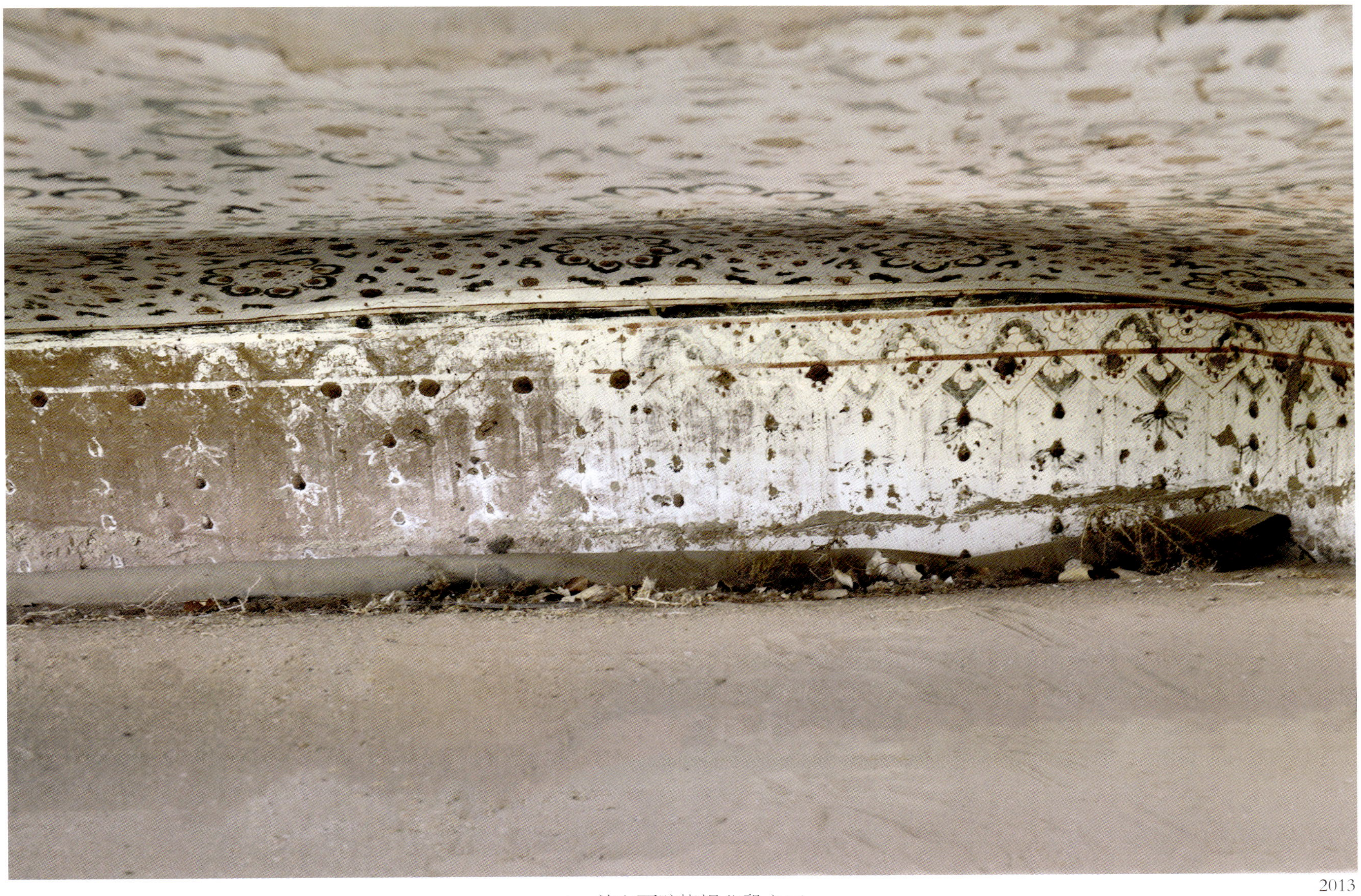

2013

2　前室西壁帐幔北段之三

第 256 窟前室上部壁画

2013

1　前室北壁帐幔

2013

2　前室西壁、北壁帐幔（部分）

第 256 窟前室上部壁画

2013

1　前室北壁梁架间壁画

2013

2　前室南壁梁架间壁画

第 256 窟前室上部壁画

2013

1　甬道北壁（由外向内）

2013

2　甬道北壁（由内向外）

第256窟甬道北壁

2013

西起第一、二身菩萨（天人）

第256窟甬道北壁供养菩萨（天人）

2013

西起第三、四身菩萨（天人）

第256窟甬道北壁供养菩萨（天人）

2013

西起第五、六身菩萨（天人）

第256窟甬道北壁供养菩萨（天人）

2013

西起第七、八身菩萨（天人）

第256窟甬道北壁供养菩萨（天人）

2013

1　西起第一、二身菩萨（天人，部分）

2013

2　西起第三、四身菩萨（天人，部分）

第 256 窟甬道北壁供养菩萨（天人）

2013

1 西起第五、六身菩萨（天人，部分）

2013

2 西起第七、八身菩萨（天人，部分）

第256窟甬道北壁供养菩萨（天人）

2013

1　西起第一身化生童子

2013

2　西起第二身化生童子

2013

3　西起第三身化生童子

2013

4　西起第四身化生童子

2013

5　西起第五身化生童子

2013

6　西起第六身化生童子

2013

7　西起第七身化生童子

第 256 窟甬道北壁化生童子

2013

1　甬道南壁（由外向内）

2013

2　甬道南壁（由内向外）

第256窟甬道南壁

2013

西起第一、二身菩萨（天人）

第 256 窟甬道南壁供养菩萨（天人）

西起第三、四身菩萨（天人）

2013

第256窟甬道南壁供养菩萨（天人）

2013

西起第五、六身菩萨（天人）

第256窟甬道南壁供养菩萨（天人）

2013

西起第七、八身菩萨（天人）

第256窟甬道南壁供养菩萨（天人）

2013

1　西起第一、二身菩萨（天人，部分）

2013

2　西起第三、四身菩萨（天人，部分）

第 256 窟甬道南壁供养菩萨（天人）

2013

1　西起第五身菩萨（天人，部分）

2013

2　西起第六身菩萨（天人，部分）

2013

3　西起第七、八身菩萨（天人，部分）

第256窟甬道南壁供养菩萨（天人）

2013

1　西起第八身化生童子

2013

2　西起第一身化生童子

2013

3　西起第二身化生童子

2013

4　西起第三身化生童子

2013

5　西起第四身化生童子

2013

6　西起第五身化生童子

2013

7　西起第六身化生童子

第256窟甬道南壁化生童子

2023

1　南壁西起第九身化生童子

2013

2　南壁西起第七身化生童子

2013

3　南壁西起第五身菩萨之华盖

2013

4　南壁西起第七身菩萨之宝瓶

2013

5　北壁西起第一身菩萨之长柄香炉

第256窟甬道壁画（部分）

2013

1　甬道顶壁画

2013

2　甬道顶南披部分

第 256 窟甬道壁画（部分）

2013

1　主室内景之一（由东南向西北）

2013

2　主室内景之二（由东北向西南）

第256窟主室内景

2013

第 256 窟主室内景

2013

1 中心佛坛东南角

2013

2 中心佛坛西北角

第256窟主室内景

2013

第 256 窟主室中心佛坛主尊佛坐像

1 佛坐像（右侧视）

2013

2 佛坐像（左侧视）

2013

第 256 窟主室中心佛坛主尊佛坐像

2013

第 256 窟主室中心佛坛主尊佛坐像

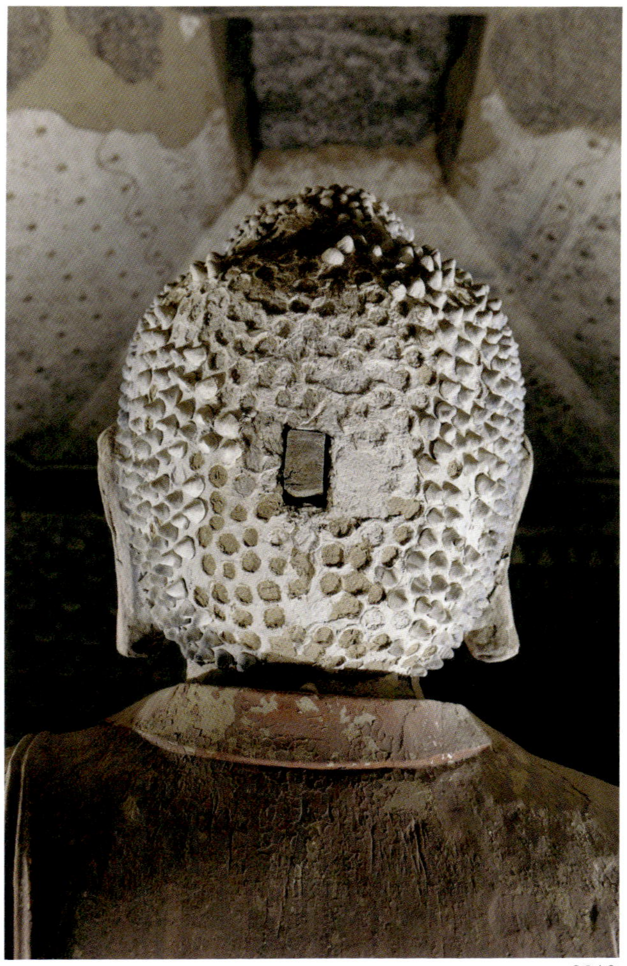
2013
1　佛像头部后视及木楔

2013
2　佛像头部左视

2013
3　佛像背部木楔

2013
4　佛像（左后视）

第256窟主室中心佛坛主尊佛坐像

1　佛像须弥座西向面壶门、上枭　2013

2　佛像须弥座西向面　2013

第256窟主室中心佛坛主尊佛坐像

2013

1 中心佛坛上层坛上面东南部凿窝、油渍

2013

2 中心佛坛上层坛上面东北部凿窝、烧土

第256窟主室中心佛坛上层坛遗迹

2013

1　甬道顶东部重层壁画

2013

2　前室西壁北侧下端重层壁画

第 256 窟重层壁画

2023
1　甬道北壁西侧上部重层壁画（李月丽　摄）

2013
2　中心佛坛东向面下层坛北起第五壸门重层壁画

2013
3　中心佛坛东向面下层坛北起第七壸门重层壁画

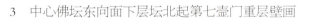

2013
4　中心佛坛南向面上层坛上涩西部重层壁画

2013
5　中心佛坛南向面下层坛上涩西部重层壁画

2013
6　中心佛坛西向面下层坛上枋北段重层壁画

2013
7　中心佛坛西向面上层坛上枋南段重层壁画

2013
8　中心佛坛北向面上层坛上枋中部重层壁画

第256窟重层壁画

2013

1 东壁门北侧重层壁画

2013

2 东壁门南侧重层壁画

第 256 窟重层壁画

2013

1　东壁门北侧重层壁画

2013

2　北壁西部重层壁画

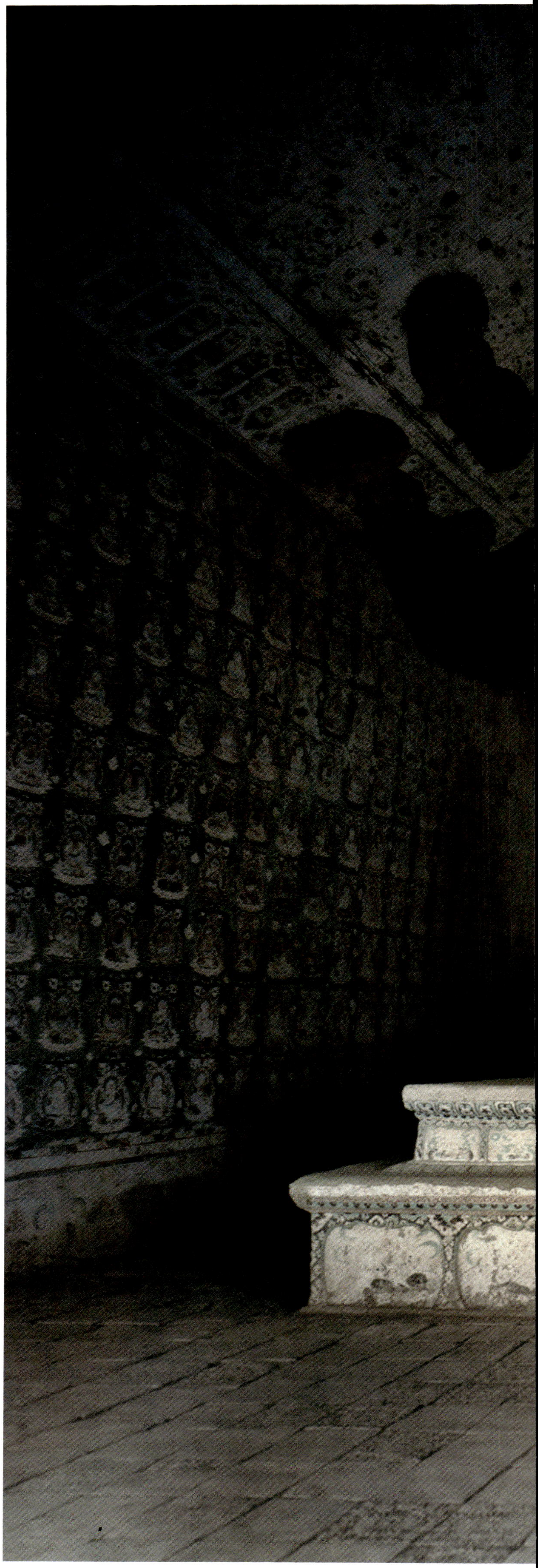

第 256 窟重层壁画

2013

第 256 窟主室内景

2013

1　地面东南部

2013

2　地面花砖第一种，八瓣莲花云头纹

第 256 窟主室地面

2013

1 地面花砖第三种，云头莲花纹

2013

2 地面花砖第二种，蔓草卷云纹

第256窟主室地面

2023
1　地面花砖第四种，桃心十二卷瓣莲花纹（李月丽　摄）

2023
2　地面花砖第五种，桃心十六瓣莲花纹（李月丽　摄）

2013
3　地面花砖（部分）

第256窟主室地面

2007
1 北壁中部底边前地面（第一处）

2007
2 北壁中部底边前地面（第一处）

2007
3 北壁中部底边前地面花砖与第二层壁画叠压关系（第二处）

2007
4 北壁中部底边前地面花砖与第二层壁画叠压关系（第二处）

2007
5 北壁中部底边前地面花砖下地层（第一处）

2007
6 北壁中部底边前地面花砖下地层（第一处）

第256窟主室地面探查清理（孙志军 摄）

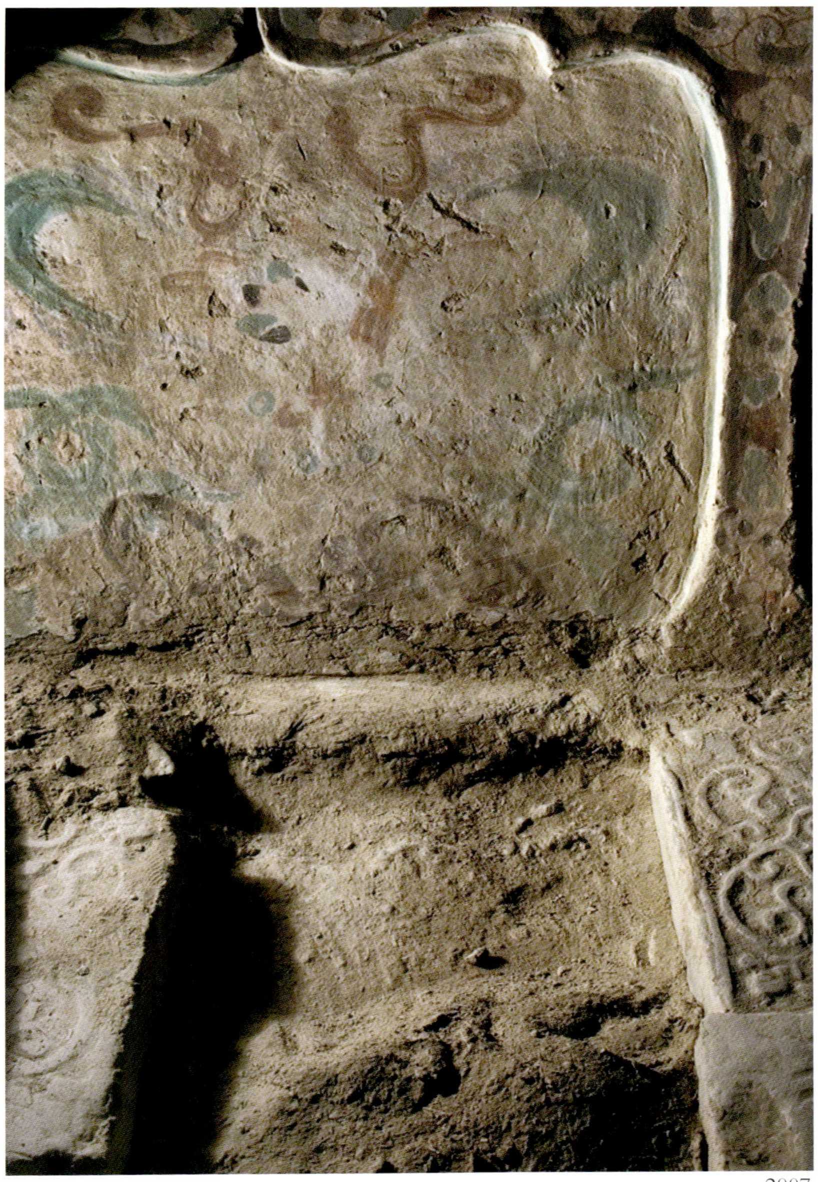

2007

1　佛坛北向面前地面（第一处）

2007

2　佛坛北向面前地面（第一处）

2007

3　佛坛北向面前地面（第一处）

第256窟主室地面探查清理（孙志军　摄）

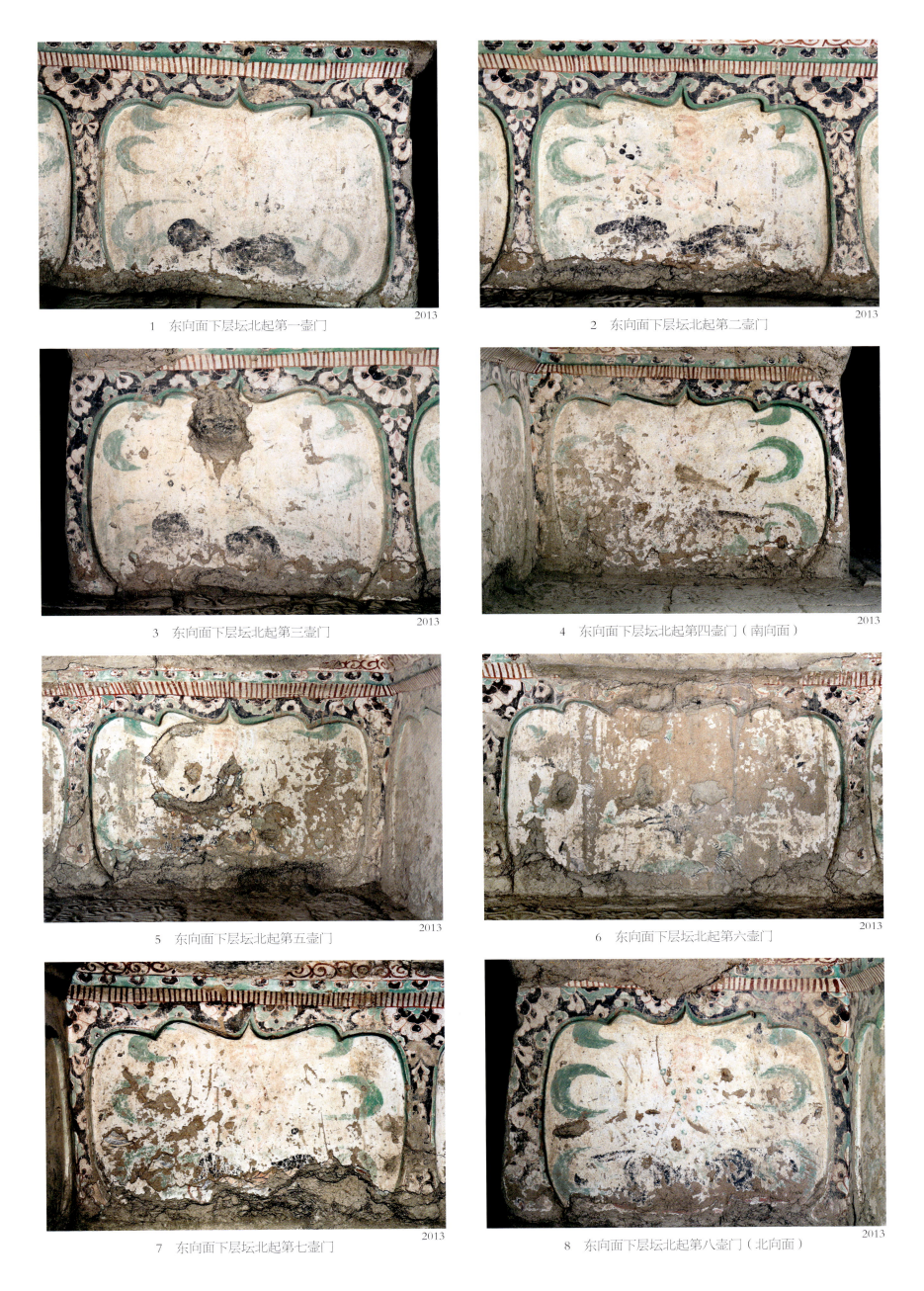

2013
1 东向面下层坛北起第一壸门

2013
2 东向面下层坛北起第二壸门

2013
3 东向面下层坛北起第三壸门

2013
4 东向面下层坛北起第四壸门（南向面）

2013
5 东向面下层坛北起第五壸门

2013
6 东向面下层坛北起第六壸门

2013
7 东向面下层坛北起第七壸门

2013
8 东向面下层坛北起第八壸门（北向面）

第 256 窟主室中心佛坛东向面

2013

1　东向面下层坛北起第九壸门

2013

2　东向面下层坛北起第十壸门

第256窟主室中心佛坛东向面

2013

1　东向面下层坛北起第十一壸门

2013

2　中心佛坛东向面

第256窟主室中心佛坛东向面

2013
1　东向面上层坛北起第一、二壸门

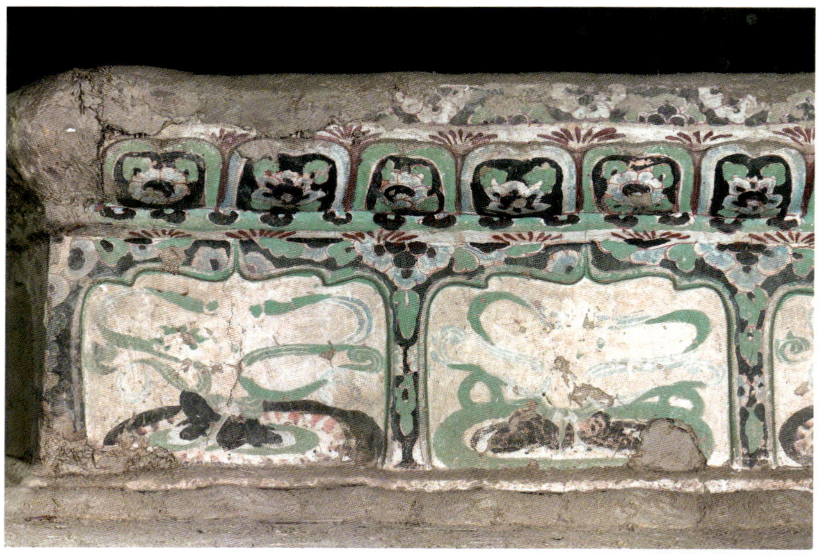
2013
2　东向面上层坛北起第三、四壸门

2013
3　东向面上层坛北起第五、六壸门（南向面）

2013
4　东向面上层坛北起第七、八壸门（南向面）

2013
5　东向面上层坛北起第九、十壸门

2013
6　东向面上层坛北起第十一、十二壸门

2013
7　东向面上层坛北起第十三、十四壸门

2013
8　东向面上层坛北起第十五、十六壸门

第256窟主室中心佛坛东向面

2013

1　东向面上层坛北起第十七、十八壸门（北向面）

2013

2　东向面上层坛北起第十九、二十壸门（北向面）

2013

3　东向面上层坛北起第二十一、二十二壸门

2013

4　东向面上层坛北起第二十三、二十四壸门

2013

5　中心佛坛南向面（由东向西）

第 256 窟主室中心佛坛东向面、南向面

2013

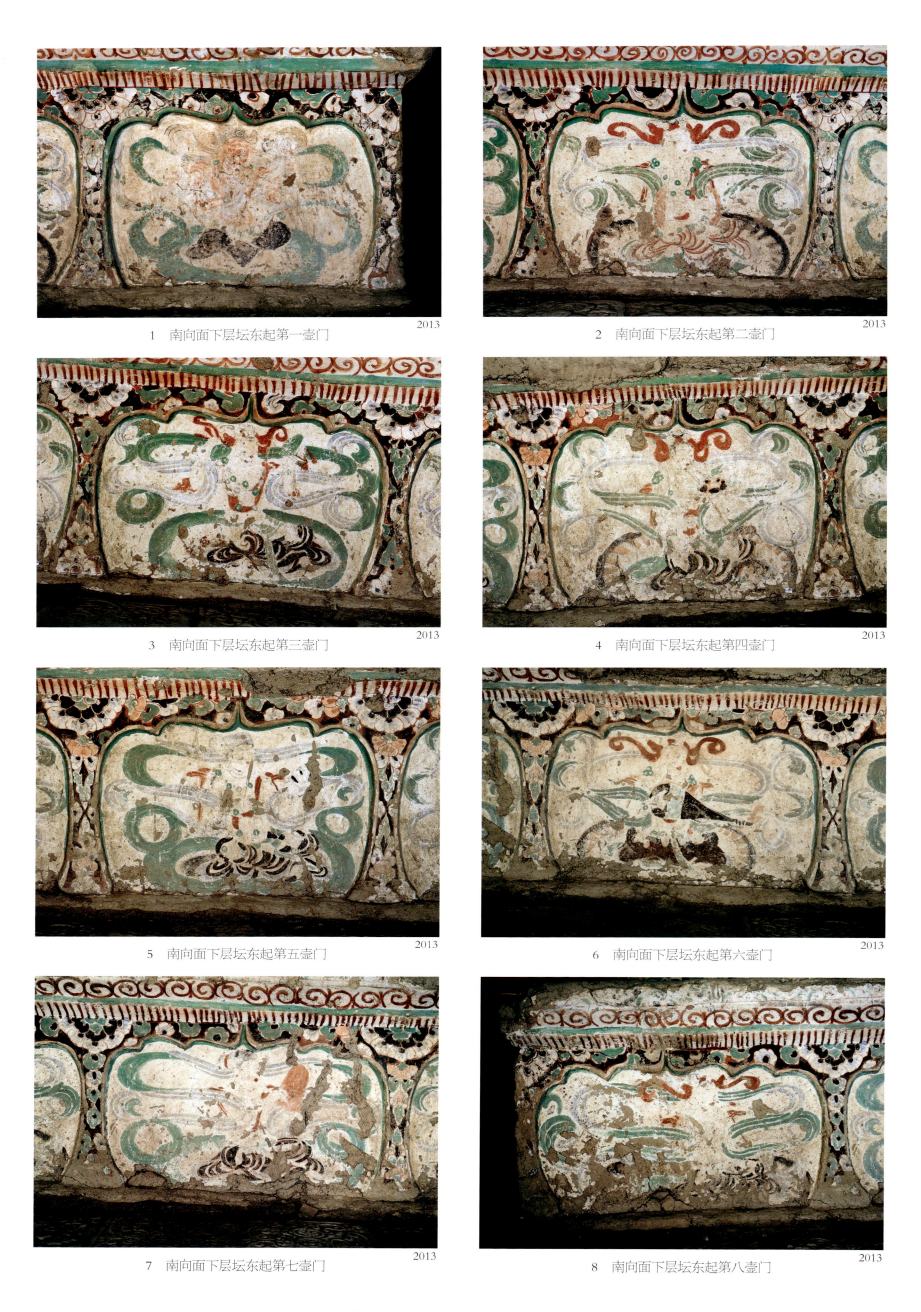

1　南向面下层坛东起第一壸门

2013

2　南向面下层坛东起第二壸门

2013

3　南向面下层坛东起第三壸门

2013

4　南向面下层坛东起第四壸门

2013

5　南向面下层坛东起第五壸门

2013

6　南向面下层坛东起第六壸门

2013

7　南向面下层坛东起第七壸门

2013

8　南向面下层坛东起第八壸门

第256窟主室中心佛坛南向面

2013
1 南向面上层坛东起第一、二壸门

2013
2 南向面上层坛东起第三、四壸门

2013
3 南向面上层坛东起第五、六壸门

2013
4 南向面上层坛东起第七、八壸门

2013
5 南向面上层坛东起第九、十壸门

2013
6 南向面上层坛东起第十一、十二壸门

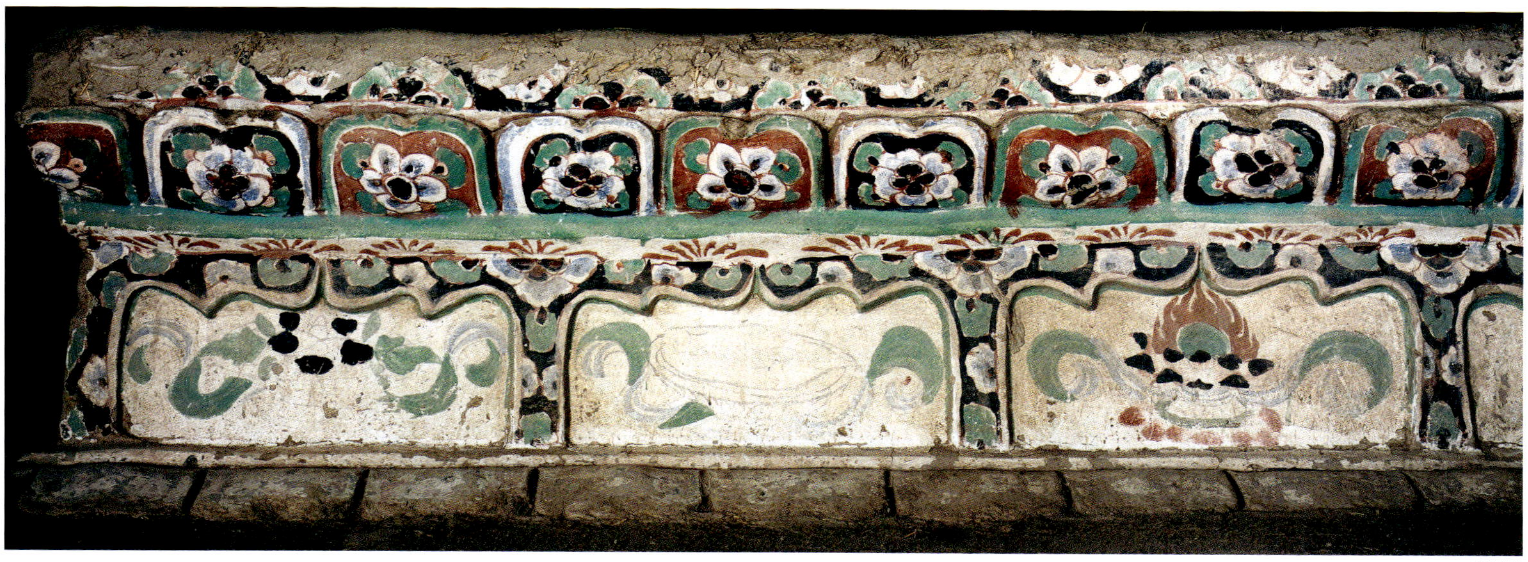

2013
7 南向面上层坛东起第十三、十四、十五壸门

第256窟主室中心佛坛南向面

2013

1　西向面下层坛南起第一壶门

2013

2　西向面下层坛南起第二壶门

2013

3　西向面下层坛南起第三壶门

2013

4　西向面下层坛南起第六壶门

2013

5　西向面下层坛南起第七壶门

2013

6　西向面下层坛南起第八壶门

2013

7　西向面上层坛南起第一壶门

2013

8　西向面上层坛南起第二壶门

第 256 窟主室中心佛坛西向面

2013

1　西向面下层坛南起第四壸门

2013

2　西向面下层坛南起第五壸门

2013

3　西向面上层坛南起第三壸门

2013

4　西向面上层坛南起第四壸门

第256窟主室中心佛坛西向面

2013

1　西向面上层坛南起第五壸门

2013

2　西向面上层坛南起第六壸门（南向面）

2013

3　西向面上层坛南起第七壸门（北向面）

2013

4　西向面上层坛南起第八壸门

2013

5　西向面上层坛南起第九壸门

2013

6　西向面上层坛南起第十壸门

2013

7　西向面上层坛南起第十一壸门

第256窟主室中心佛坛西向面

2013

1　中心佛坛北向面（由东向西）

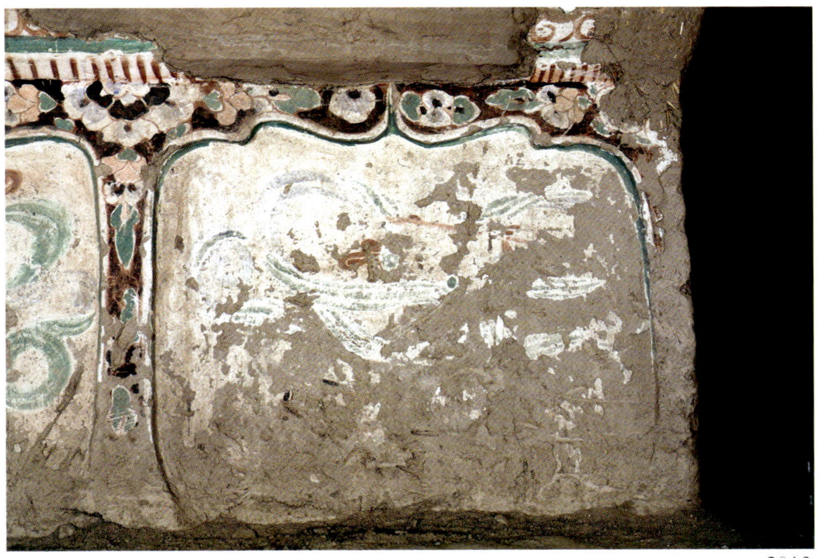

2013

2　北向面下层坛西起第一壸门

2013

3　北向面下层坛西起第二壸门

第 256 窟主室中心佛坛北向面

2013
1 北向面下层坛西起第三壸门

2013
2 北向面下层坛西起第四壸门

2013
3 北向面下层坛西起第五壸门

2013
4 北向面下层坛西起第六壸门

2013
5 北向面下层坛西起第七壸门

2013
6 北向面下层坛西起第八壸门

2013
7 北向面下层坛西起第九壸门

第256窟主室中心佛坛北向面

2013

1 北向面上层坛西起第一、二壸门

2013

2 北向面上层坛西起第三、四壸门

2013

3 北向面上层坛西起第五、六壸门

2013

4 北向面上层坛西起第七、八壸门

2013

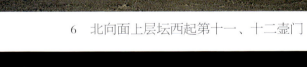

5 北向面上层坛西起第九、十壸门

2013

6 北向面上层坛西起第十一、十二壸门

2013

7 北向面上层坛西起第十三、十四壸门

2013

8 北向面上层坛西起第十五、十六壸门

第256窟主室中心佛坛北向面

2013

1　东向面下层坛坛沿下

2013

2　南向面下层坛壸门间

第256窟主室中心佛坛彩绘及破损情况

1　南向面上层坛上涩

2013

2　南向面下层坛东起第六壸门

2013

第256窟主室中心佛坛彩绘及破损情况

2013
1 西向面上层坛上涩

2013
2 北向面上层坛东端上涩

2013
3 北向面上层坛基座浮塑莲瓣

2013
4 东向面下层坛南段坛沿

2013
5 南向面下层坛坛沿

2013
6 东向面下层坛中段坛沿

2013
7 东向面上层坛中段坛沿

2013
8 东向面下层坛南段上涩

第256窟主室中心佛坛彩绘及破损情况

2013

1　上层坛东北角

2013

2　东向面下层坛北段坛沿

第 256 窟主室中心佛坛彩绘及破损情况

2013

1　西向面上层坛北段南端转角

2013

2　西向面北段部分

第256窟主室中心佛坛彩绘及破损情况

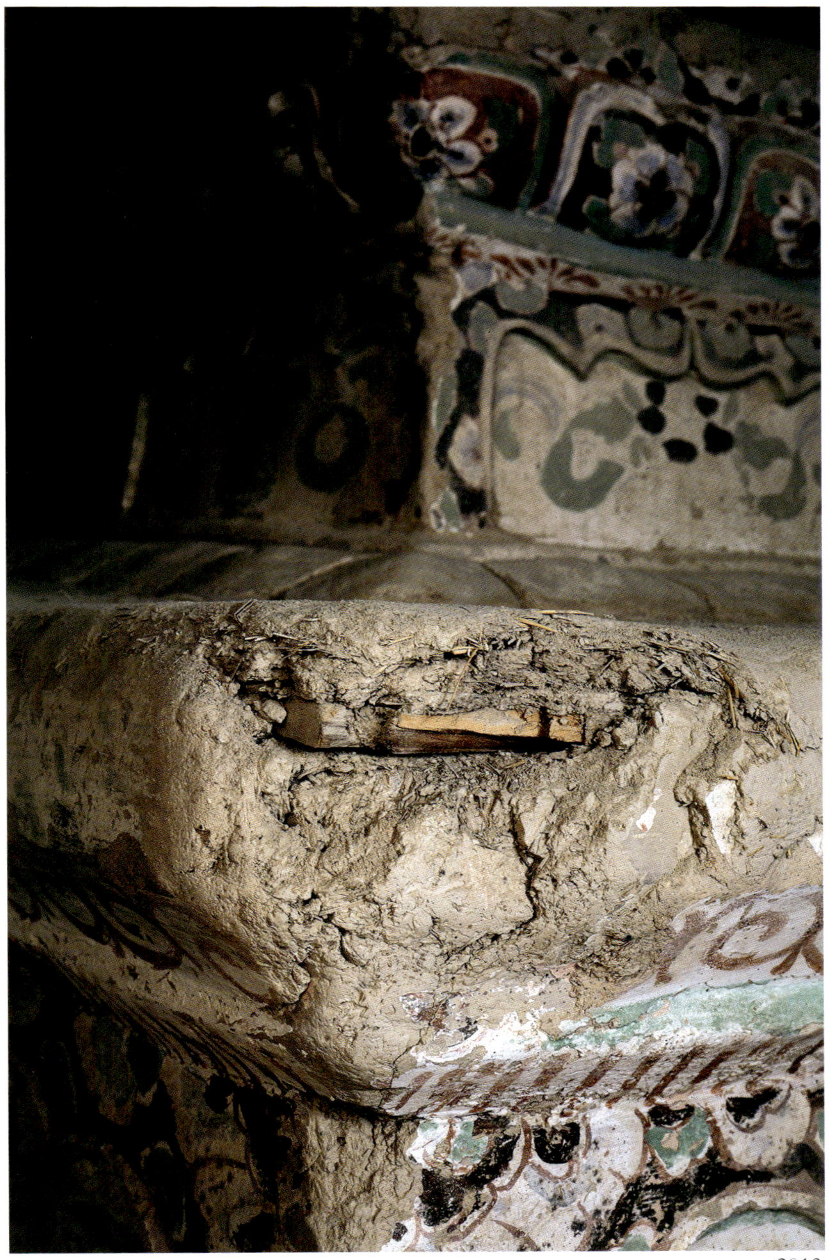
2013
1　下层坛西南角

2013
2　佛坛西南角

2013
3　北向面上层坛西起第七、八壸门

第 256 窟主室中心佛坛彩绘及破损情况

2013

1　南向面上层坛东起第七、八壸门

2013

2　南向面上层坛东起第十一、十二壸门

第256窟主室中心佛坛彩绘及破损情况

2013

第 256 窟主室西南角

2013

第256窟主室西北角

2013

第 256 窟主室东北角

2013

第 256 窟主室东南角

2013

第 256 窟主室西壁（由北向南）

2013

第 256 窟主室西壁（由南向北）

2013

第 256 窟主室北壁（由东向西）

2013

第 256 窟主室北壁（由西向东）

2013

第 256 窟主室北壁东部

北壁东端下部千佛、壸门

2013

第256窟主室北壁

2013

1　北壁千佛（部分）

2023

2　北壁千佛（部分，李月丽　摄）

第 256 窟主室北壁千佛

2013

第 256 窟主室南壁（由东向西）

2013

第 256 窟主室南壁（由西向东）

2013

第256窟主室南壁东部

2013

1　南壁东端下部千佛、壶门

2013

2　南壁东端下部壶门

第256窟主室南壁

2013

1　南壁千佛（部分）

2013

2　南壁千佛袈裟结带、勾纽

2013

3　南壁千佛袈裟结带、勾纽

2013

4　南壁千佛袈裟结带、勾纽

第256窟主室南壁千佛

2013

2　南壁千佛袈裟结带、勾纽

2013

1　南壁千佛（部分）

2013

3　南壁千佛袈裟结带、勾纽

2013

4　南壁千佛袈裟结带、勾纽

2013

5　南壁千佛袈裟结带、勾纽

第 256 窟主室南壁千佛

2023

1　南壁千佛（部分）

2023

2　南壁千佛（部分）

第 256 窟主室南壁千佛（李月丽　摄）

2013

第 256 窟主室东南角（部分）

2013

第 256 窟主室东壁

2013

东壁南侧

第 256 窟主室东壁

东壁北侧

2013

第256窟主室东壁

2013

1　东壁北端下部千佛、壸门

2013

2　东壁南端下部千佛、壸门

第 256 窟主室东壁

2013

1　东壁南侧千佛（部分）

2013

2　东壁南侧千佛（部分）

2013

3　东壁千佛袈裟结带、勾纽

第256窟主室东壁千佛

2013

1　东壁南侧千佛头光、华盖

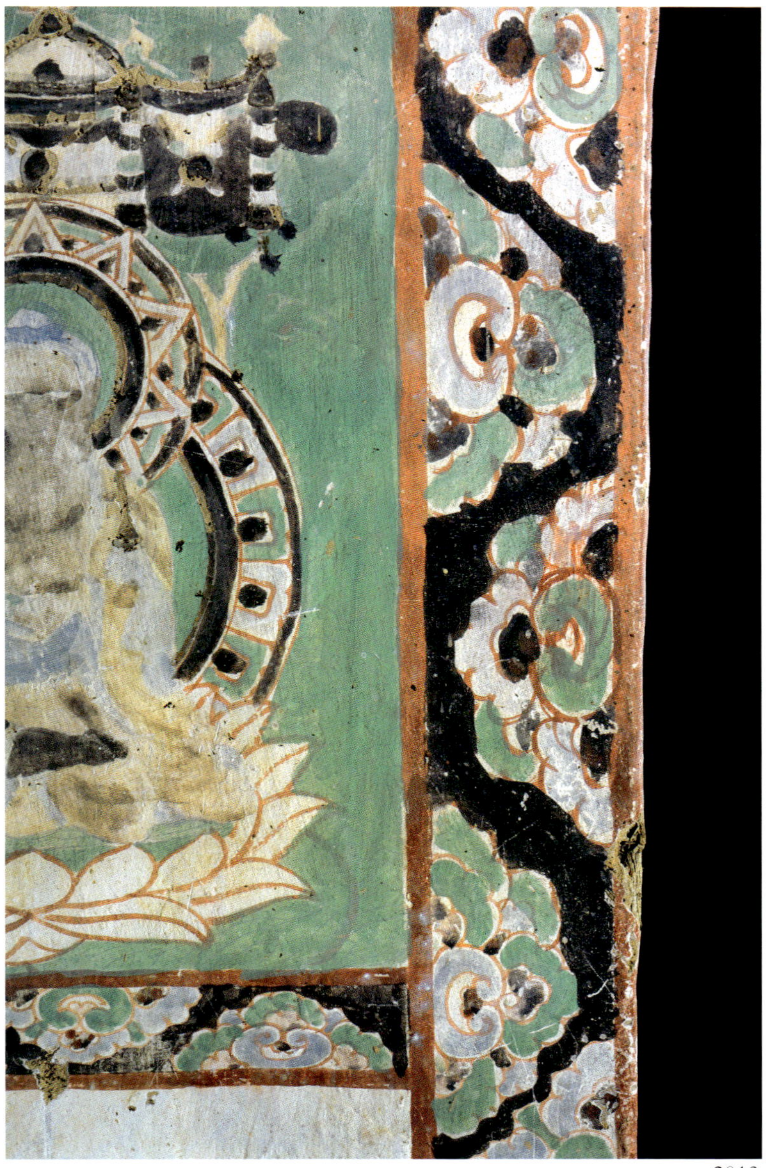

2013

2　东壁甬道北侧门沿边饰（部分）

2013

3　东壁门上千佛变宝瓶

第256窟主室东壁（部分）

2013

1 门上千佛变

2013

2 东壁门上壁画

第256窟主室东壁门上

2013

门上千佛变（部分）

第 256 窟主室东壁门上

2013

1 门上千佛变北侧赴会佛

2013

2 门上千佛变北侧人物

第256窟主室东壁门上

2013

1　门上千佛变南侧赴会佛

2013

2　门上千佛变南侧人物

第 256 窟主室东壁门上

门上千佛变北侧人物

2013

第256窟主室东壁门上

2013

门上千佛变南侧人物

第 256 窟主室东壁门上

门上千佛变南侧人物

2013

第 256 窟主室东壁门上

2013

门上千佛变北侧人物

第256窟主室东壁门上

2013

1　门上千佛变宝瓶、莲花、人物

2013

2　窟顶东披下段帐幔（部分）

第 256 窟主室东壁门上

2013

第256窟主室东壁北侧供养人画像

南起第一身女供养人（部分）

2013

第 256 窟主室东壁北侧供养人画像

2013

南起第一身女供养人（部分）

第 256 窟主室东壁北侧供养人画像

南起第二身女供养人（部分）

2013

第256窟主室东壁北侧供养人画像

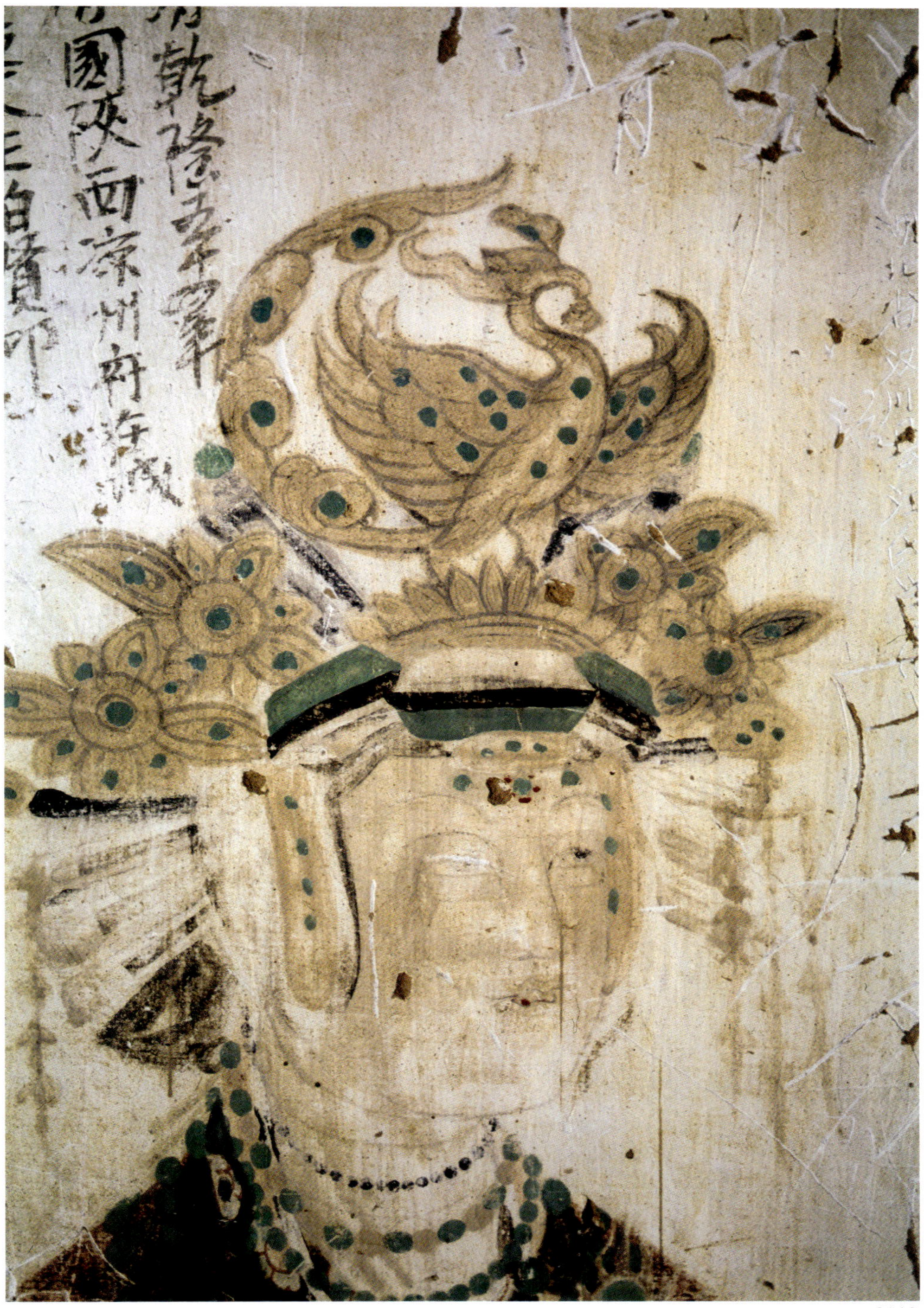

2013

1　南起第二身女供养人（部分）

2013

2　南起第二身女供养人（部分）

第 256 窟主室东壁北侧供养人画像

南起第三身男供养人

2013

第256窟主室东壁北侧供养人画像

2013

第 256 窟主室东壁南侧供养人画像

男供养人画像（部分）

2013

第256窟主室东壁南侧供养人画像

2013

第256窟主室窟顶（由东向西）

2013

第 256 窟主室窟顶藻井

2013

2013

第256窟主室窟顶西披

2013

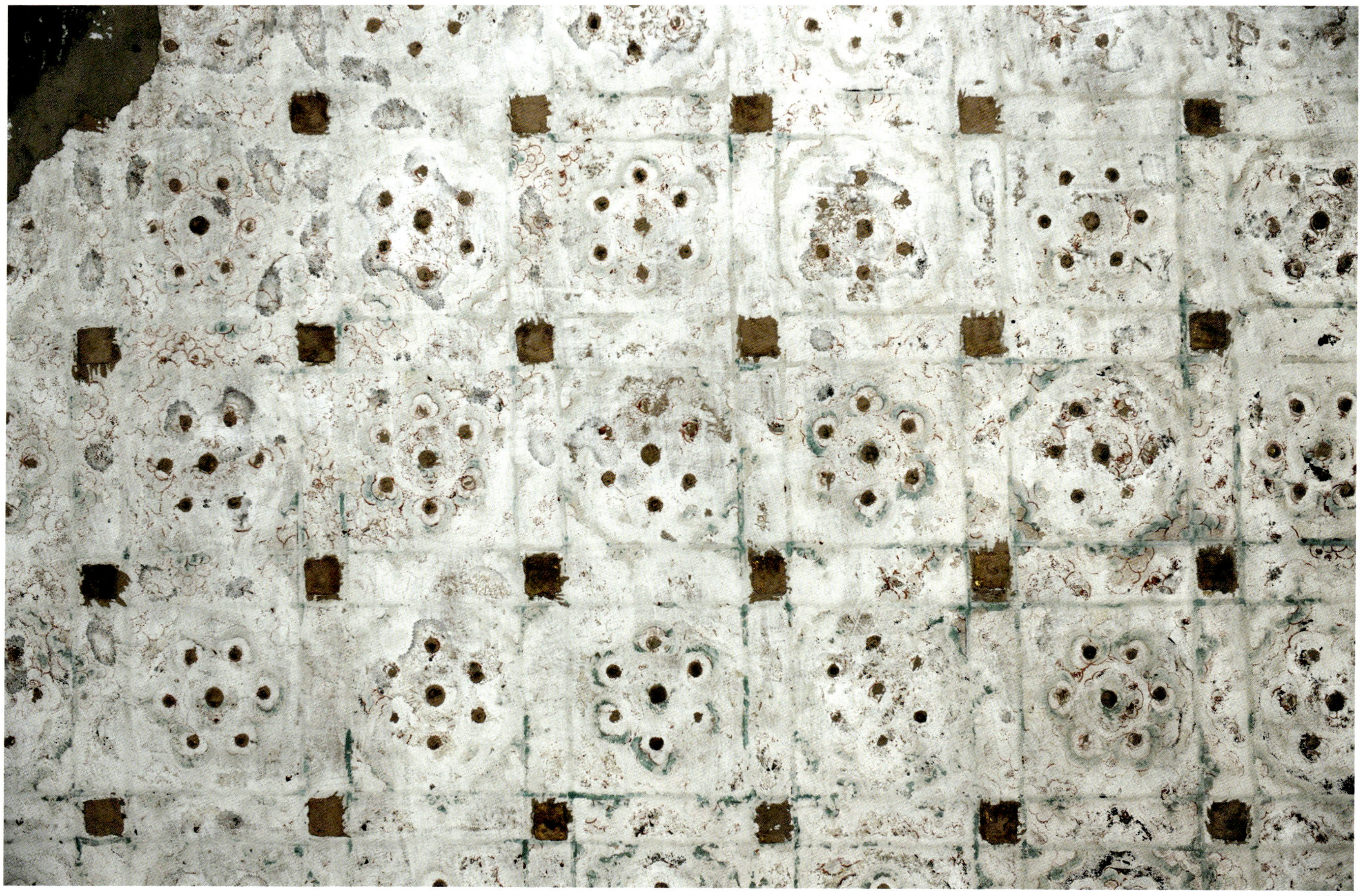

2023

第 256 窟主室窟顶北披

2013

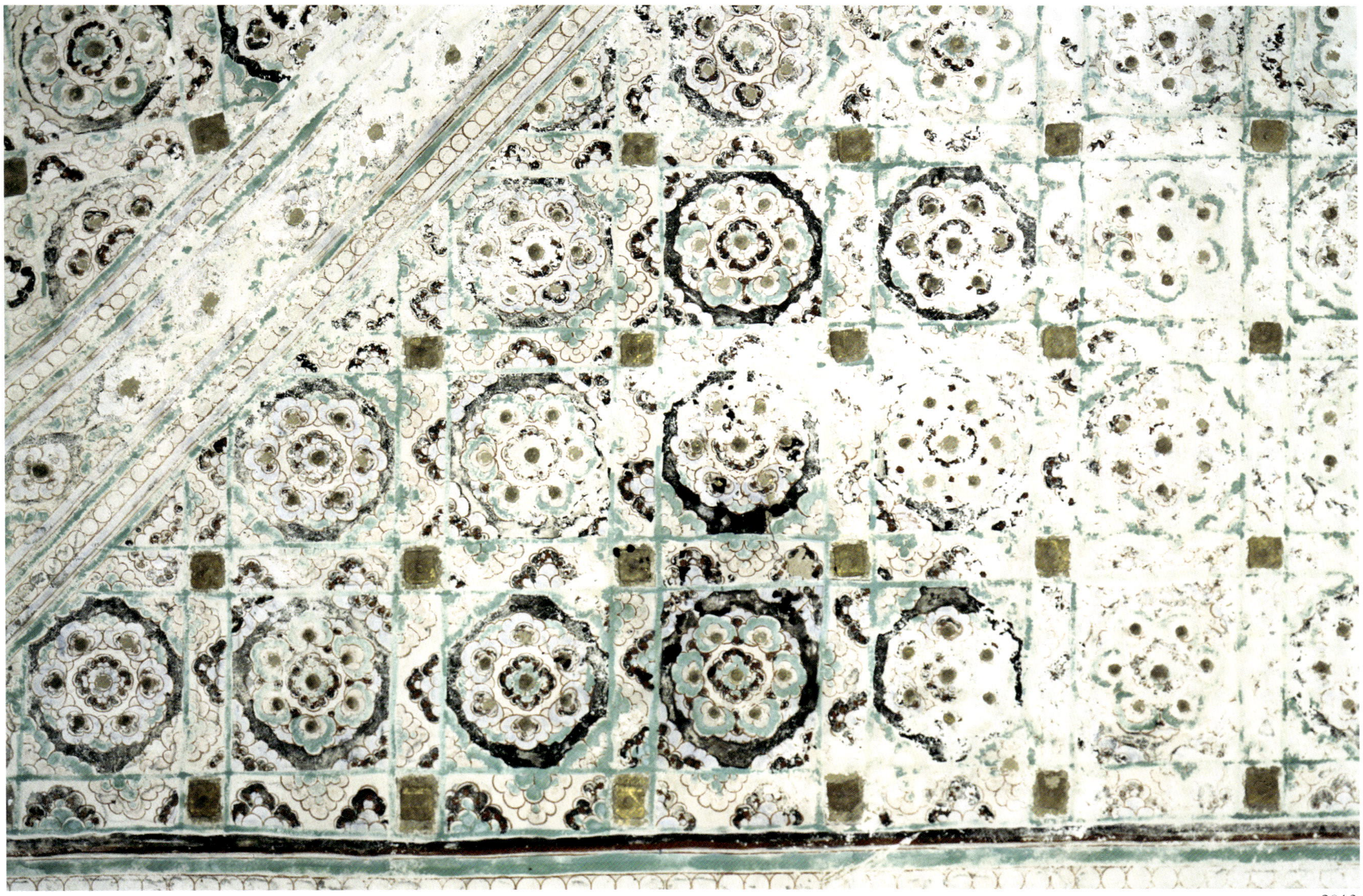

2013

第 256 窟主室窟顶南披

2013

2013

第 256 窟主室窟顶东披

2013

1　主尊佛坐像与北侧弟子、菩萨像

2013

2　主尊佛坐像与南侧弟子、菩萨像

第256窟主室中心佛坛塑像（第三层）

2013

1 佛像头部、胸部敷色

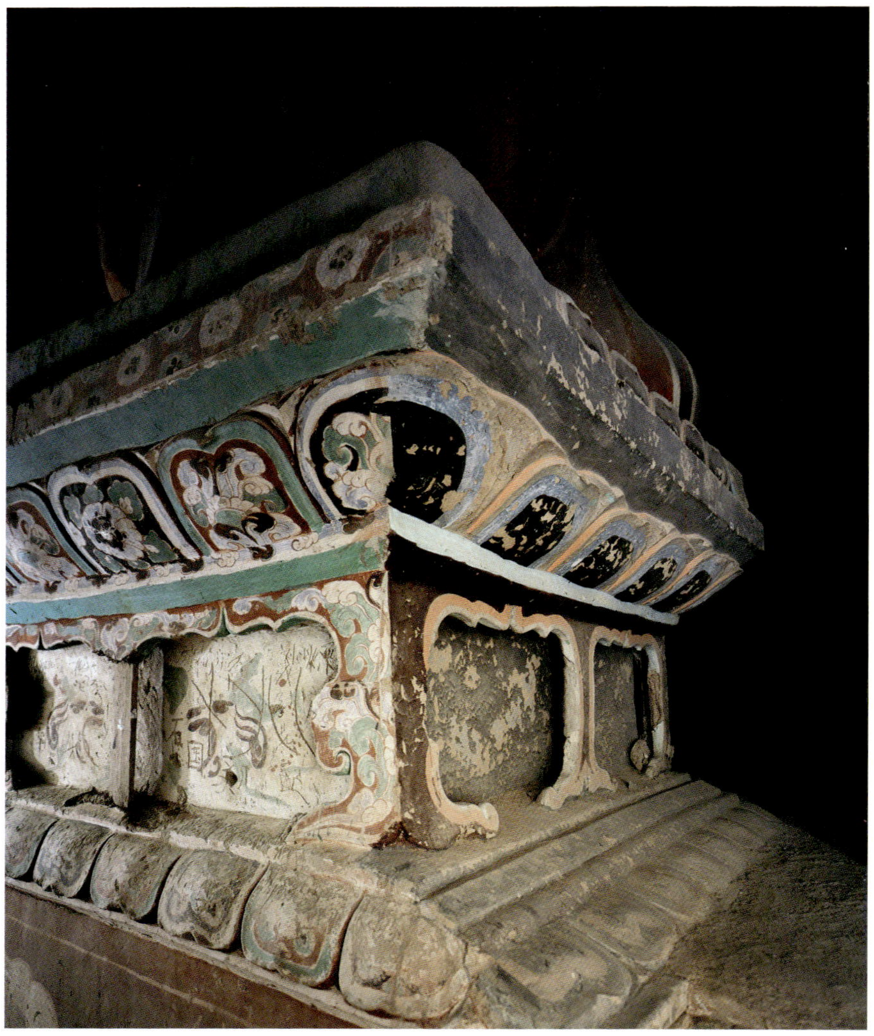

2013

2 佛像须弥座彩绘

3 佛像腿部彩绘及须弥座东向面彩绘

2013

第 256 窟主室中心佛坛主尊佛坐像（第三层）

2013

1　佛像须弥座北向面

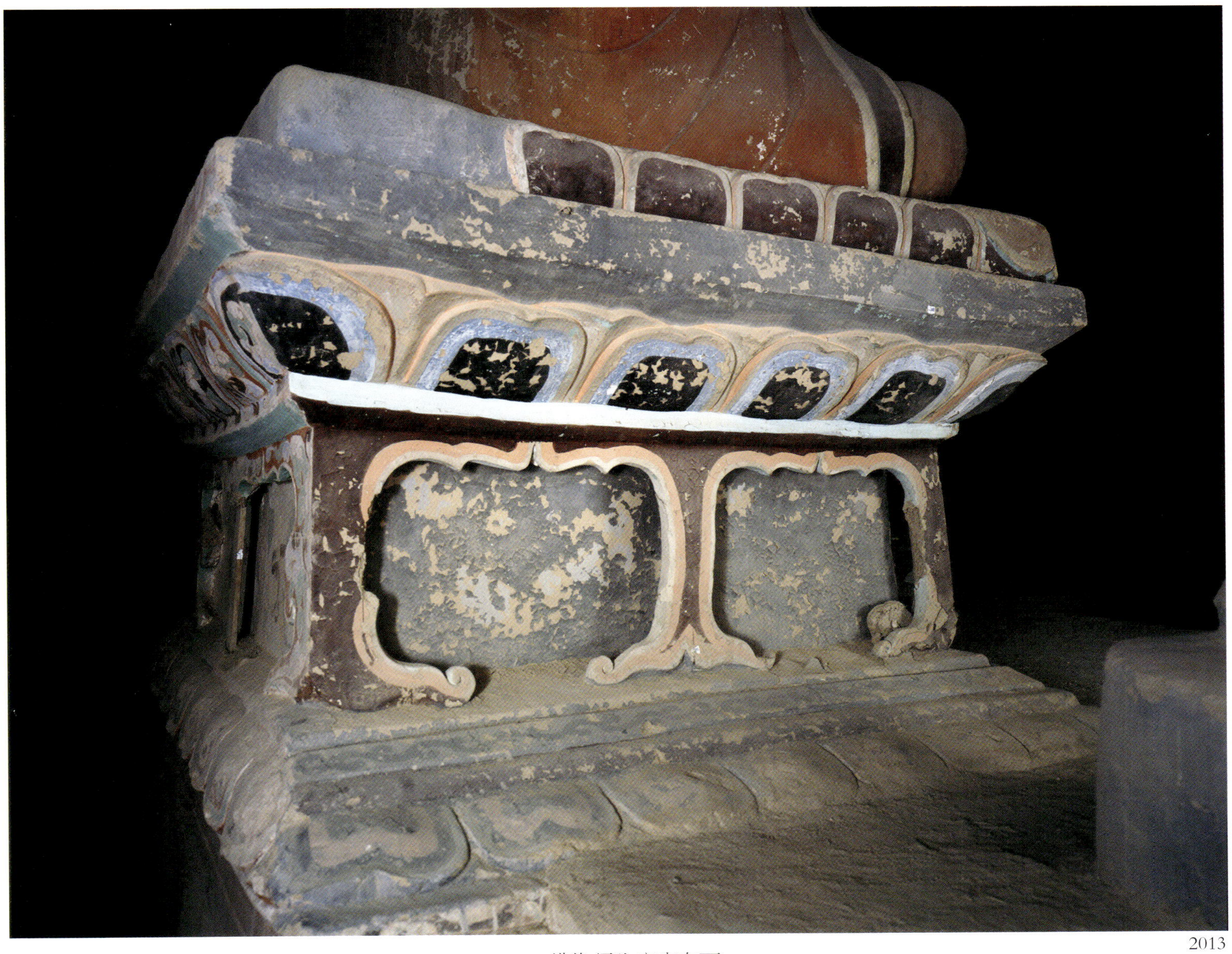

2013

2　佛像须弥座南向面

第 256 窟主室中心佛坛主尊佛坐像（第三层）

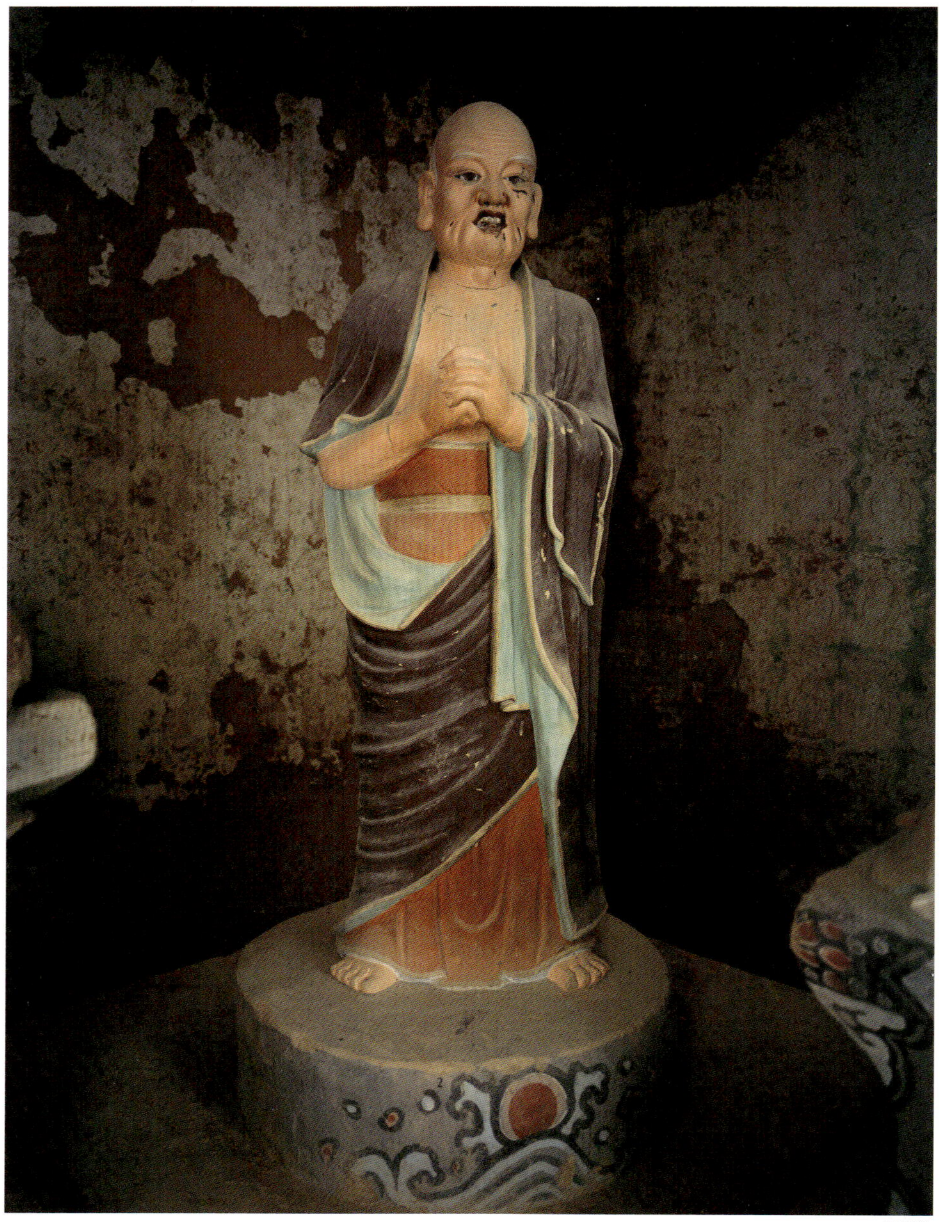

2013

1　北侧弟子立像（正视）

2013

2　北侧弟子立像（左侧视）

2013

3　北侧弟子立像（右侧视）

2013

4　北侧弟子立像（后视）

第256窟主室中心佛坛塑像（第三层）

2013

1　南侧弟子立像（右侧视）

2013

2　南侧弟子立像（正视）

2013

3　南侧弟子立像（左侧视）

2013

4　南侧弟子立像（后视）

第256窟主室中心佛坛塑像（第三层）

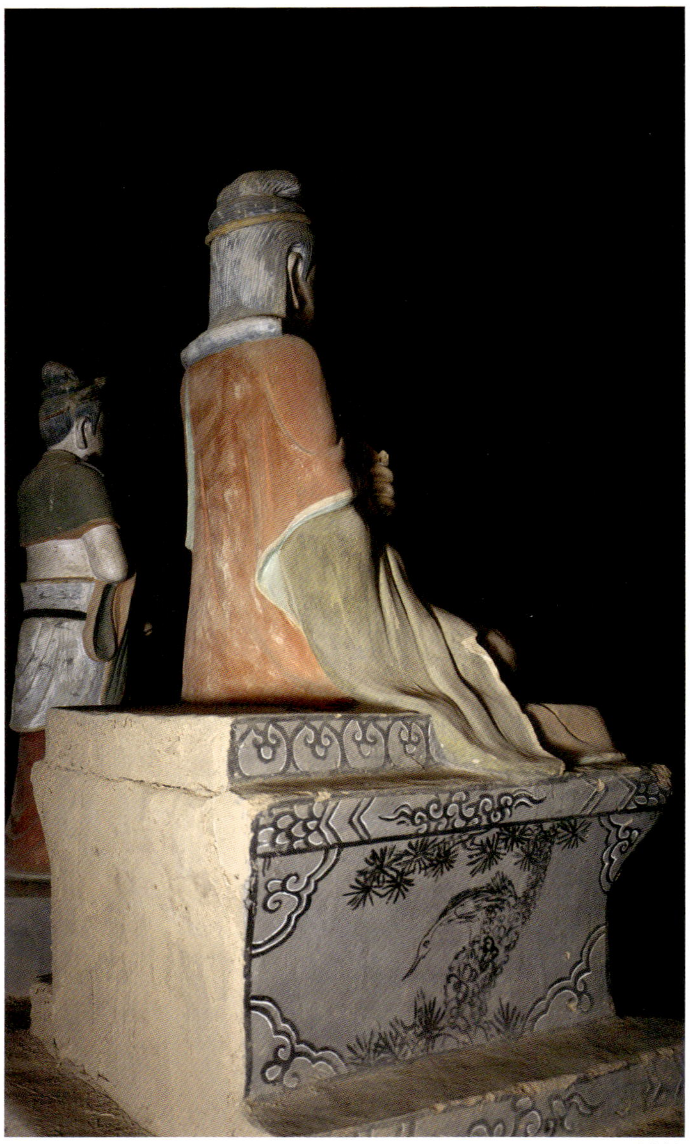
1　北侧菩萨坐像（右侧视）　2013

2　北侧菩萨坐像（左前视）　2013

3　北侧菩萨坐像（左后视）　2013

4　北侧菩萨坐像（正视）　2013

第 256 窟主室中心佛坛塑像（第三层）

2013

1　南侧菩萨坐像（右侧视）

2013

2　南侧菩萨坐像（正视）

2013

3　南侧菩萨坐像（后视）

2013

4　北侧菩萨坐像（左侧视）

第256窟主室中心佛坛塑像（第三层）

2013

1　北侧菩萨立像（正视）

2013

2　北侧菩萨立像（左侧视）

2013

3　北侧菩萨立像（后视）

第 256 窟主室中心佛坛塑像（第三层）

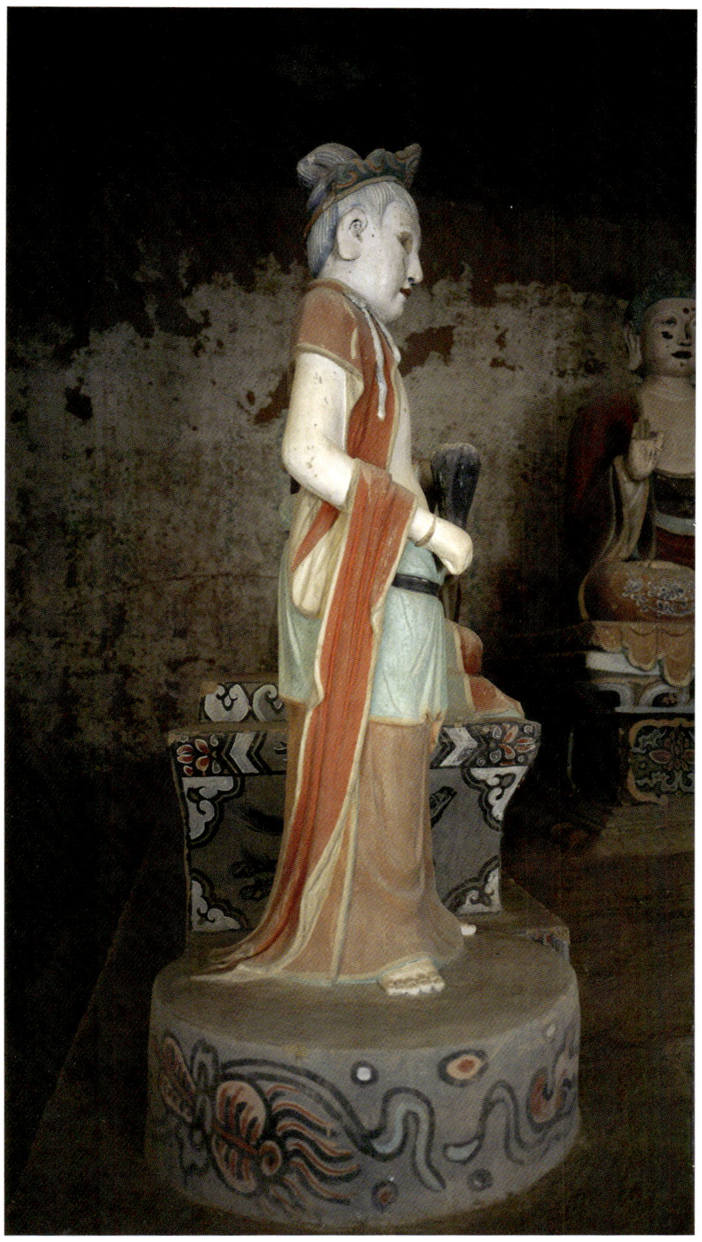
2013
1　南侧菩萨立像（右侧视）

2013
2　南侧菩萨立像（正视）

3　南侧菩萨立像（后视）
2013

第256窟主室中心佛坛塑像（第三层）

2013
1　北侧弟子像台座海浪、红日

2013
2　南侧弟子像台座海浪、红日

2013
3　北侧菩萨立像台座正面如意

2013
4　北侧菩萨立像台座侧面葫芦

2013
5　南侧菩萨立像台座正面珊瑚

2013
6　南侧菩萨立像台座侧面芭蕉扇

第256窟主室中心佛坛弟子、菩萨像台座彩绘（第三层）

2013

1　北侧菩萨坐像台座南向面卧狮

2013

2　北侧菩萨坐像台座东向面奔牛望月

2013

3　北侧菩萨坐像台座西向面松鹤图

第256窟主室中心佛坛北侧菩萨像台座彩绘（第三层）

2013

1　南侧菩萨坐像台座北向面蹲象

2013

2　南侧菩萨坐像台座东向面龙马负图

2013

3　南侧菩萨坐像台座西向面松鹿图

第256窟主室中心佛坛南侧菩萨像台座彩绘（第三层）

2023

1　游人题记之一（西壁门北侧）

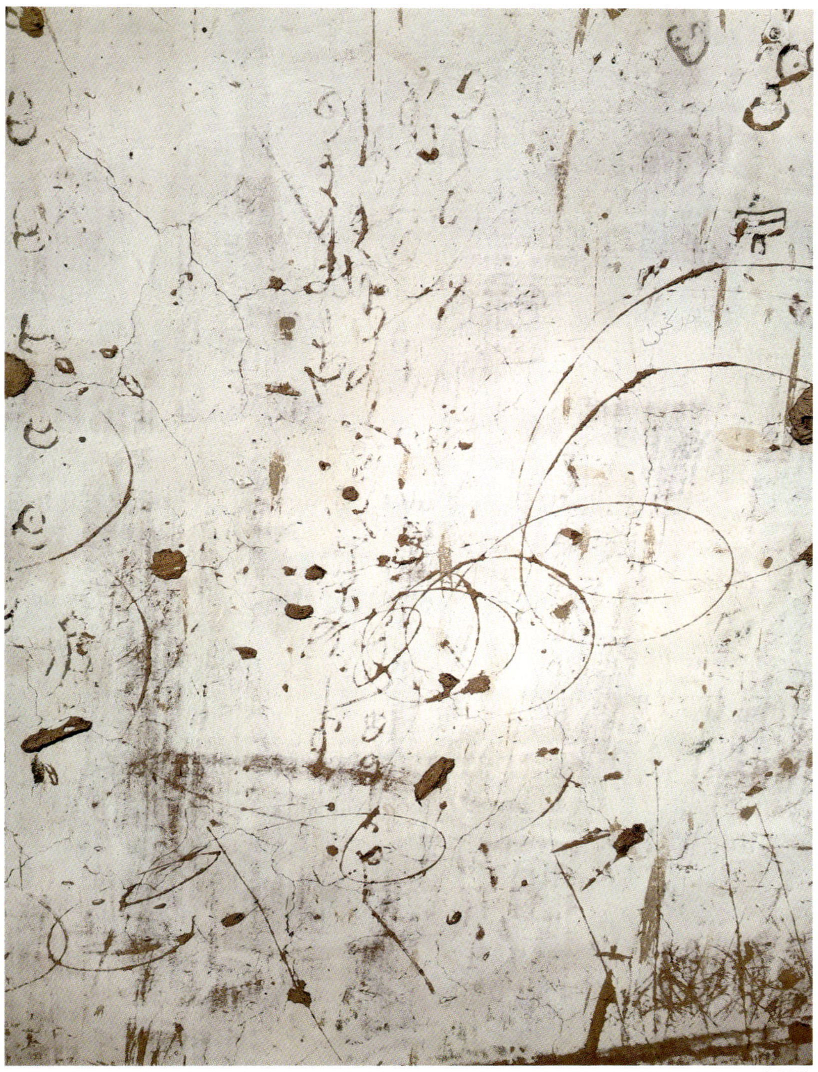

2023

2　游人题记之二（西壁门北侧）

2023

3　游人题记之三（西壁门北侧）

2023

4　游人题记之四（西壁门北侧）

第256窟前室游人题记（蔡伟堂　摄）

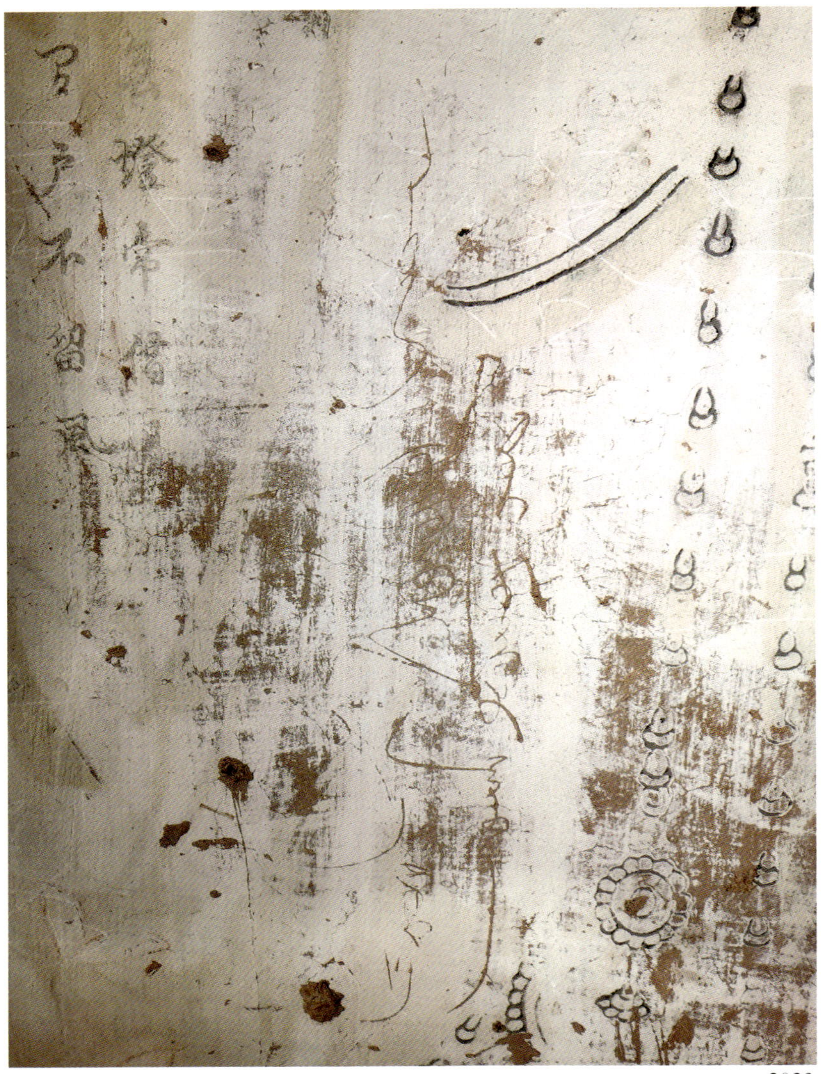

2023

1　游人题记之一（北壁）

2023

2　游人题记之二（北壁）

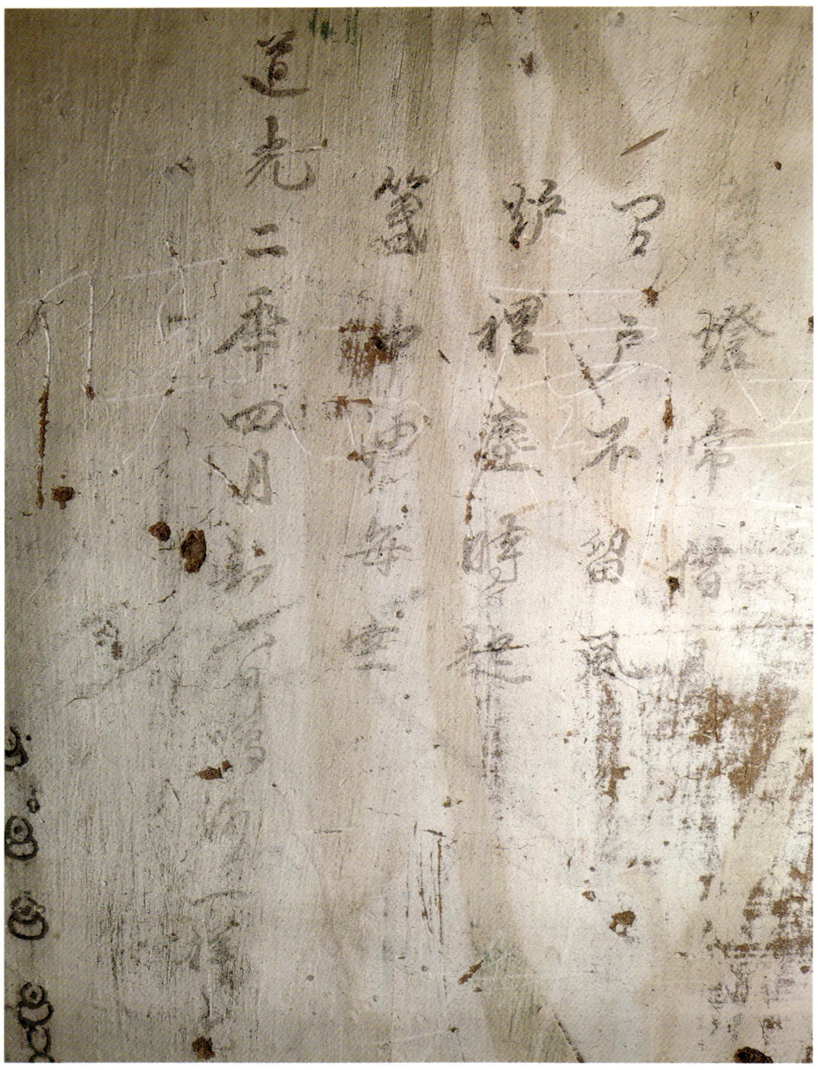

2023

3　游人题记之三（北壁）

2023

4　游人题记之四（南壁）

第256窟甬道游人题记（蔡伟堂　摄）

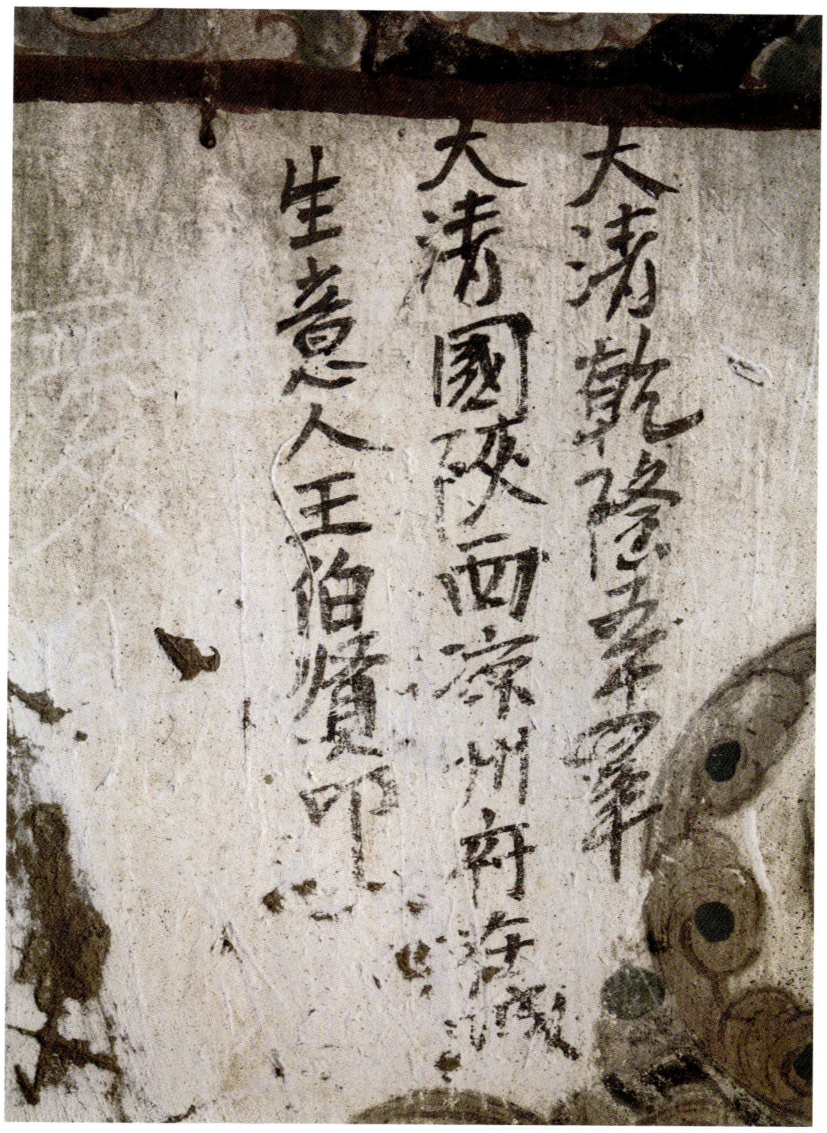

2013

1　游人题记之一（东壁门北侧）

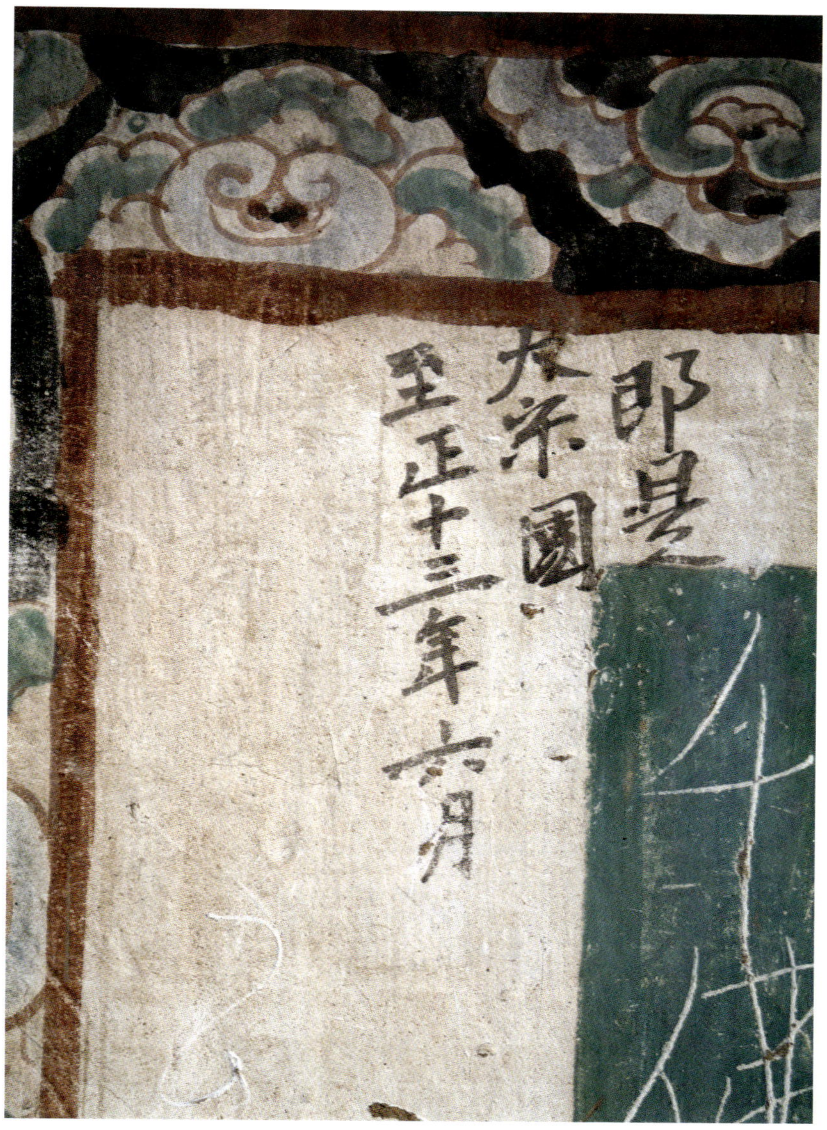

2013

2　游人题记之二（东壁门北侧）

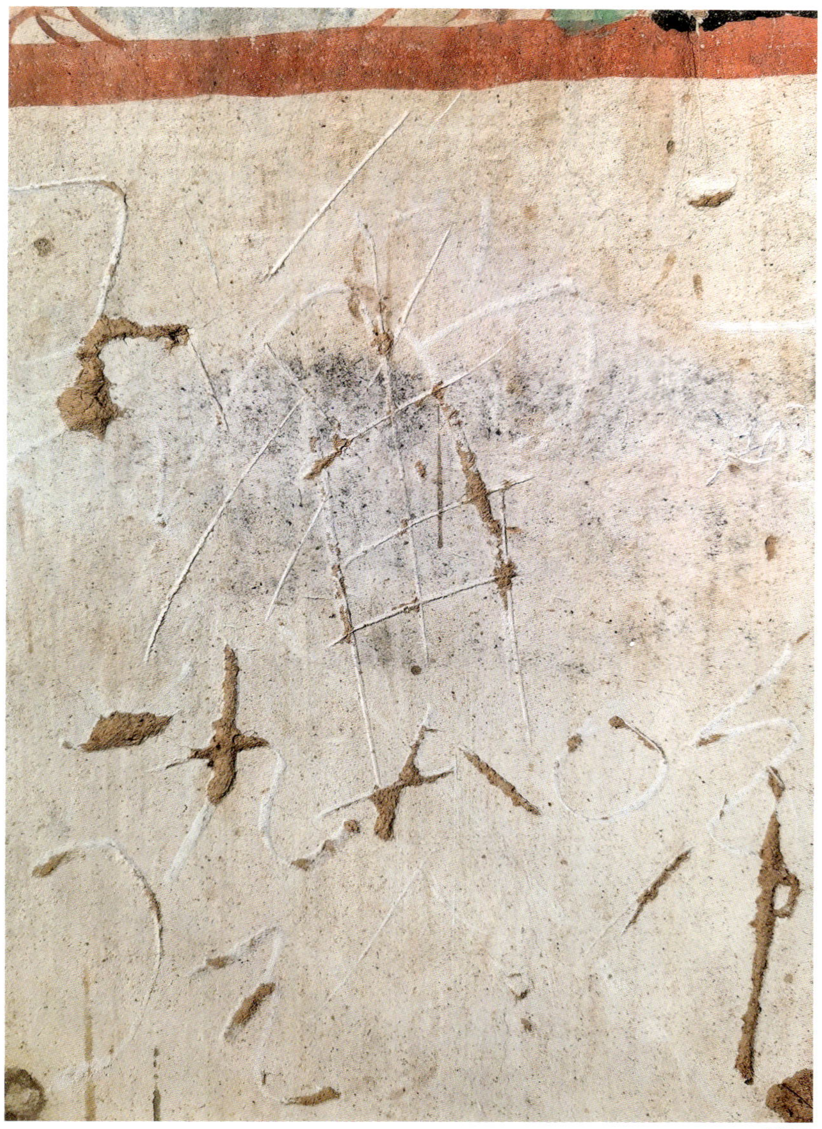

2023

3　游人题记之三（东壁门南侧，蔡伟堂　摄）

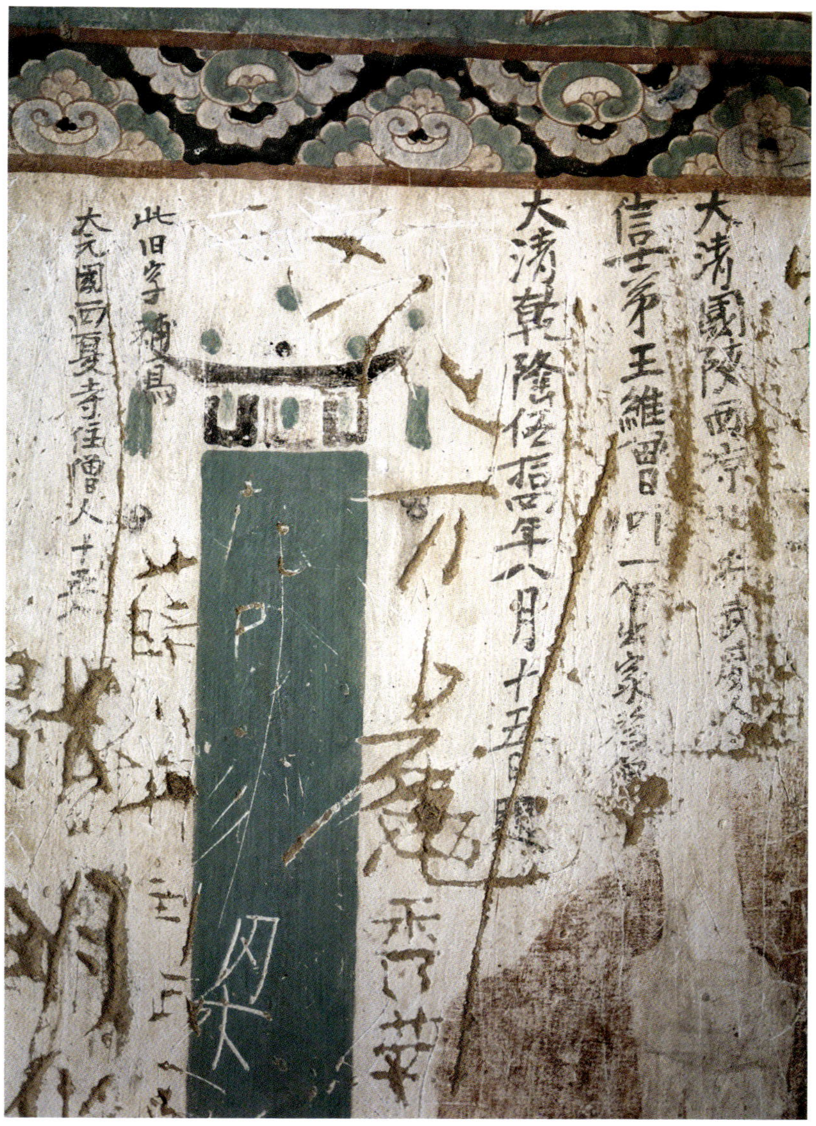

2013

4　游人题记之四、之五（东壁门南侧）

第 256 窟主室游人题记